Die Denkmale in
Berlin-Reinickendorf

Die Denkmale in Berlin-Reinickendorf

Die Denkmalbereiche, Baudenkmale, Gartendenkmale
und Bodendenkmale des Bezirks

Herausgegeben vom
Bezirksamt Reinickendorf von Berlin

Texte
Angelika Mahler, Wolf-Borwin Wendlandt
und Ingolf Wernicke

Fotos
Günter Schneider

Jaron Verlag

*Dieses Buch ist mit freundlicher Unterstützung
der Herlitz Falkenhöh AG entstanden*

Die Luftaufnahmen wurden mit der Firma Rotorflug GmbH
(mit Sitz Berlin, Flughafen Tempelhof, und Friedrichsdorf b. Frankfurt/M.) produziert

Fotos auf dem Umschlag
Vordere Umschlagseite, von oben nach unten und von links nach rechts:
Dorfkirche Lübars, Rathaus Reinickendorf, Weiße Stadt,
Gut »Schloß Tegel«, Ludolfinger Platz, Borsigtor
Hintere Umschlagseite: Borsigturm

Originalausgabe
1. Auflage 1998
© 1998 Jaron Verlag GmbH, Berlin
Alle Rechte vorbehalten. Jede Verwertung des Werkes und aller seiner Teile ist nur
mit Zustimmung des Verlages erlaubt. Das gilt insbesondere für Vervielfältigungen,
Übersetzungen, Mikroverfilmungen und die Einspeicherung und Verarbeitung
in elektronischen Medien
Umschlaggestaltung: Atelier Kattner, Berlin, unter Verwendung von Fotos von Günter Schneider
Satz und Repro: LVD GmbH, Berlin
Druck und Bindung: cayfosa, Industria Gráfica, Barcelona
Printed in Spain

ISBN 3-932202-25-2

INHALT

Bezirksbürgermeisterin Marlies Wanjura
Grußwort
6

Bezirksstadtrat Dr. Diethard Rüter
Vorwort
7

Editorial
8

Wolf-Borwin Wendlandt
Denkmalpflege
9

Angelika Mahler
Denkmallandschaft Reinickendorf
11

Wolf-Borwin Wendlandt / Ingolf Wernicke
Frohnau *15*   Heiligensee *55*   Hermsdorf *69*
Konradshöhe *91*   Lübars *97*   Reinickendorf *111*
Tegel *145*   Waidmannslust *179*   Wittenau *191*

Denkmalschutzgesetz
215

Denkmalliste Berlin-Reinickendorf
219

Literatur
240

GRUSSWORT

Für den Bezirk Reinickendorf sind die Denkmalpflege und damit die Maßnahmen zur Pflege und Erhaltung von kunst- und kulturhistorischen Werken von hoher Bedeutung. Das vorliegende Buch soll daher der Öffentlichkeit nicht nur die rund 1000 Denkmale in Reinickendorf vorstellen, sondern darüber hinaus den Bürgerinnen und Bürgern als Information und Leitfaden dienen und ihnen den Denkmalschutz näherbringen.

Wenn man sieht, wie sich Touristen mittelalterliche Fachwerkbauten in Städten wie Celle oder Rothenburg begeistert ansehen, wird man verstehen, daß nicht nur das »Humboldt-Schloß« in Tegel oder die Dorfkirche in Alt-Wittenau, sondern auch die ganz normalen Wohnhäuser in Frohnau, Heiligensee, Hermsdorf, Konradshöhe, Lübars, Waidmannslust sowie die zahlreichen Siedlungen in Reinickendorf erhalten bleiben müssen. Nicht zuletzt hat das besondere Flair des Dorfes Lübars zu seiner 750-Jahr-Feier die Besucher überzeugt.

Geschützt werden aber nicht nur Schlösser oder Wohnhäuser, sondern auch Industrieanlagen, und so muß ich in diesem Zusammenhang auf das Borsiggelände an der Berliner Straße in Tegel hinweisen. Hier hat die Firma Herlitz Falkenhöh AG mit großem Engagement und erheblichen Kosten den alten Borsigturm bereits wiederhergestellt. Als nächstes werden die alten Hallen zu einem Kaufzentrum umgebaut – Hallen, in denen 50 Prozent aller Lokomotiven, die früher durch Europa fuhren, von Borsig gebaut wurden.

Die Firma Herlitz Falkenhöh AG hat sich nun bereit erklärt, die Kosten für dieses Buch, »Denkmale in Berlin-Reinickendorf«, zu übernehmen. Gerade in einer Zeit, in der immer mehr gesellschaftspolitischer Einsatz gefragt ist, möchte ich mich dafür im Namen des Bezirks ganz herzlich bedanken.

Ihre

Marlies Wanjura
Bezirksbürgermeisterin

VORWORT

Eine gelungene Stadtgestaltung trägt wesentlich zur Lebensqualität der Bürger bei. Dazu gehört nicht nur eine geordnete städtebauliche Entwicklung, sondern auch der qualifizierte Umgang mit historischer Bausubstanz.

In Reinickendorf hat die Zusammenarbeit von Stadtplanung und Denkmalpflege unter dem Dach der Abteilung Bau- und Wohnungswesen des Bezirks eine lange Tradition. Schon bevor 1996 die Untere Denkmalschutzbehörde im Stadtplanungsamt angesiedelt wurde, ermöglichte die Verbindung von denkmalpflegerischen Aspekten und städtebaulichen Kriterien im Einvernehmen mit dem Vertreter des Landeskonservators eine positive städtebauliche Entwicklung.

Als hervorragendes Beispiel möchte ich hier die zeitgemäße Aktivierung der denkmalgeschützten Anlagen der ehemaligen Humboldtmühle nennen. Das gelungene Zusammenwirken von Denkmalpflege und Stadtplanung, das Ausloten des städtebaulich Möglichen unter Einbeziehung kreativer Umnutzung bot hier die Chance, historische Bausubstanz zu erhalten und mit moderner qualitätvoller Architektur zu ergänzen.

Der hohe Stellenwert, den die Denkmalpflege im Bezirk Reinickendorf hat, drückt sich in vielfältiger Weise aus. So wurde hier zum Beispiel 1987 zusammen mit dem Landeskonservator der erste Tag der Denkmalpflege für Berlin veranstaltet, erschien mit dem Buch »Baudenkmale in Berlin. Bezirk Reinickendorf. Ortsteil Reinickendorf« die erste denkmaltopographische Veröffentlichung für die Stadt. Außerdem werden mit dem alle zwei Jahre vom Bezirk ausgelobten Bauherrenpreis neben engagierten Neubauprojekten regelmäßig auch Bauherren ausgezeichnet, die sich besonders für den Erhalt von Baudenkmalen eingesetzt haben.

Ich hoffe, daß dieses Buch dazu beitragen wird, Denkmaleigentümer von der Bedeutung des Denkmalschutzes zu überzeugen; es möge sie ermutigen, stolz und aktiv ihr Eigentum zu erhalten und zu pflegen.

Meinen besonderen Dank im Zusammenhang mit diesem Buch möchte ich dem langjährigen Leiter des Stadtplanungsamtes Werner Weber und seinen Mitarbeitern sowie dem Vertreter des Landesdenkmalamts Wolf-Borwin Wendlandt aussprechen.

Dr. Diethard Rüter
Bezirksstadtrat für Bau- und Wohnungswesen

EDITORIAL

In der vorliegenden Publikation »Die Denkmale in Berlin-Reinickendorf« werden zum ersten Mal die Denkmale eines Berliner Bezirks umfassend dargestellt. Dabei handelt es sich um Denkmalbereiche – Ensembles und Gesamtanlagen –, Baudenkmale, Gartendenkmale und am Rande auch um Bodendenkmale.

Der einleitende Text von Wolf-Borwin Wendlandt, Denkmalfachbehörde beim Landesdenkmalamt, gibt einen Überblick über Denkmalpflege, ihre Geschichte und Philosophie. Angelika Mahler, Untere Denkmalschutzbehörde beim Bezirksamt Reinickendorf von Berlin, informiert über die Denkmallandschaft Reinickendorfs und über die Aufgaben und Probleme der bezirklichen Denkmalpflege.

Im Hauptteil werden die neun Ortsteile Berlin-Reinickendorfs in alphabetischer Reihenfolge vorgestellt. Nach jeweils einem kurzen geschichtlichen Abriß des Historikers Dr. Ingolf Wernicke, Leiter des Heimatmuseums Reinickendorf, werden einzelne herausragende Objekte (die auf den zugehörigen Karten gekennzeichnet sind) mit Farbfotos illustriert und in ihrem Denkmalwert sowie in ihrer historischen Einbindung von Wolf-Borwin Wendlandt beschrieben. Darauf folgen vollständig die weiteren Baudenkmale mit jeweils einer Schwarzweißabbildung, soweit nicht äußere Gründe der Ablichtung des Objekts entgegenstanden.

In der Denkmalliste im hinteren Teil des Buches trägt jedes Denkmal eine Positionsziffer. Ist die Ziffer *kursiv* und dunkelgrau gedruckt, so findet sich zu dem Denkmal eine Abbildung im entsprechenden Ortsteilkapitel (entweder im Textteil – in Farbe – oder im darauffolgenden Abbildungsteil – in Schwarzweiß).

Der Denkmalliste ist die gesetzliche Grundlage des Denkmalschutzes vorangestellt. Zur weitergehenden Information stehen am Ende des Buches ausgewählte Literaturhinweise zur Verfügung.

Die Abbildungen wurden alle von dem bekannten Architekturfotografen Günter Schneider angefertigt, dem wir an dieser Stelle besonders für seinen Einsatz danken wollen. Ebenso allen Eigentümern, die mit ihrer Erlaubnis zum Fotografieren und Abdrucken ihres Baudenkmals zum Gelingen dieses Buchs beigetragen haben. Bedanken wollen wir uns weiterhin beim Bezirksamt Reinickendorf von Berlin, insbesondere dem Initiator diese Buches, Werner Weber, Leitender Baudirektor und Leiter des Stadtplanungsamtes, sowie Wolf-Borwin Wendlandt, Referent bei Landesdenkmalamt und langjähriger praktischer Denkmalpfleger für den Bezirk. Unser besonderer Dank gilt der Herlitz Falkenhöh AG für die großzügige Unterstützung, die die aufwendigen Vorarbeiten für dieses Buch sowie seinen Druck erst ermöglichten.

DENKMALPFLEGE

von Wolf-Borwin Wendlandt

»Und wenn jetzt nicht ganz allgemeine und durchgreifende Maßregeln angewendet werden, diesen Gang der Dinge zu hemmen, so werden wir in kurzer Zeit unheimlich, nackt und kahl, wie eine neue Colonie in einem früher nicht bewohnten Lande dastehen.«
(Karl Friedrich Schinkel, Memorandum zur Denkmalpflege, 1815)

Denkmalpflege ist ihrem Wesen nach immer zuerst ein geschichtsbezogenes Verhalten und wird ihrerseits so Teil der Geschichte.

Denkmale sind Dinge, die von Menschen geschaffen wurden und an denen Geschichte ablesbar ist. Dinge, die Interesse wecken und zum Denken anregen. Sie können unser Verhalten prägen und Identität fördern.

Denkmale müssen in ihrer ganzen Fülle erfaßt, erforscht und als Ganzes dargestellt werden, denn nur bekannte und in ihrem Wert bewußt gemachte Zeugnisse der Geschichte und Kultur sind in der Gesellschaft wirklich vorhanden, und damit wird auch erst das Interesse an ihrer Erhaltung und Pflege geweckt.

Die Erforschung und Erhaltung der Denkmale ist ein Teil ihrer Geschichte und kann niemals abgeschlossen sein – sie ist in die gesellschaftliche Entwicklung eingebunden und damit prozeßhaft. Die Denkmalpflege ist also Teil der Geschichte eines Denkmals. Sie ist nicht nur Anwalt der Denkmale in der Auseinandersetzung mit der gesellschaftlichen Aneignung von Kulturobjekten, sondern auch subjektiv beteiligt am Bewahren von kulturgeschichtlichen Zeugnissen für zukünftige Generationen. Der Überlieferung von gebauter Geschichte sind Grenzen gesetzt, die sich nicht nur aus dem Erhaltungszustand und den daraus zu entwickelnden Konservierungsmöglichkeiten ergeben, sondern auch aus mangelnder Akzeptanz, dem vorhandenen Wissen und der Benutzbarkeit. In der Regel erhalten nur akzeptierte und durch sinnvolle Nutzung ins allgemeine Interesse gerückte Kulturdenkmale die nötigen materiellen Mittel für ihren Erhalt.

Schon für August Ferdinand von Quast (1807–1877, seit 1843 erster Konscrvator in Preußen) war ein Denkmal nur als Ganzes ein vollständiges Zeugnis der Geschichte, mit allen gesellschaftlichen und künstlerischen Ablagerungen. Modischer Rückbau oder gar stilistische Verbesserungen waren für ihn Geschichtsverfälschungen, nur in begründeten Ausnahmen hielt er einfühlsame Eingriffe und Zutaten für möglich: »Unser Geist verlangt in solchen Dingen keine Täuschung, sondern Wahrheit. (…) Wir treten die ganze Erbschaft (…) an.«

Denkmalpflege hat die immerwährende Aufgabe, möglichst viele der historisch bedeutsamen materiellen Informationen den zukünftigen Generationen zu übereignen. Ein Kulturgut ist also nicht allein das Original, wie es sich nach seiner Entstehung dargestellt hat, sondern schließt alle Spuren ein, die Eigentümerwechsel, Veränderungen in der Gesellschaft, Nutzungsänderungen und Wertewandel hinterlassen haben. Als Träger von Geschichte ist es ohne die Spuren seiner gesamten Entwicklung entstellt. Und da die Geschichte des Originals nicht heute endet, gehört es auch zu den Aufgaben der Denkmalpflege, neben dem Konservieren und Reparieren, der heutigen Zeit (gleich-)berechtigt Möglichkeiten einzuräumen, denn Zeit kann man nicht einfrieren.

Insbesondere brauchen Baudenkmale einerseits eine zeitgemäße Nutzung, andererseits die Aneignung durch die Gesellschaft, um weiterexistieren zu können. Museale Nutzung allein kann keine Antwort auf einen würdigen Umgang mit gebauter Geschichte sein. Alt und Neu muß in ein architektonisches Spannungsverhältnis gebracht werden, damit beide sich in einem neuen Ensemble wechselseitig erläutern. Diese Dialektik setzt allerdings eine Haltung voraus, die das Moderne mit Qualitätsanspruch dem historischen Baudokument gegenüberstellt, ohne dabei die Geschichte überwinden zu wollen. Das neu Erbaute soll als notwendig hinzugefügter Teil verstanden werden; durch die Zusammenführung von Alt und Neu entsteht ein Drittes, ein symbiotisches Ensemble.

Gelingt es nicht, einen Konsens zwischen den Elementen des Neugestaltens und gleichberechtigt denen des Bewahrens herzustellen und das Verständnis für eine Stadtlandschaft zu wecken, die ihre Zukunft auch auf der Geschichte aufbaut, d. h. nicht überwiegend das Mittel der Zerstörung einsetzt, wird Schinkel wohl recht behalten, und wir werden bald »nackt und kahl dastehen«.

Die Geschichte der Denkmalpflege in Deutschland beginnt am Anfang des 19. Jahrhunderts, einer Zeit, in der das historische Interesse rasant zugenommen hat und Architekten wie Gilly, Weinbrenner und Schinkel nicht nur Avantgardisten waren, sondern sich auch für den Erhalt von historischen Bauzeugnissen eingesetzt haben. Gleichzeitig ging eine bis dahin nie dagewesene Zerstörungswelle über das Land, ausgelöst durch die französischen Heere und dann fortgeführt und gesteigert durch die Auflösung der geistlichen Fürstentümer wie auch der Zisterzienser und der geistlichen Ritterorden infolge des Reichsdeputationshauptschlusses von 1803. Die durch Kriege oder Enteignung entstandenen leeren Hüllen verkamen oft zu Steinbrüchen und in der Folge zu Ruinen, die dann wiederum die Sehnsucht der Romantiker beflügelten, aber auch das Bewußtsein für die Schutzbedürftigkeit solcher Bauwerke förderten.

Schinkel, der sicher bedeutendste Architekt seiner Zeit, war auch ihr bedeutendster Denkmalpfleger. Für ihn war die Instandsetzung von Kunstdenkmälern »(…) ein Gegenstand des allgemeinen Interesses und ein Gegenstand der Ehre des Staates, weil sich darin die beste Bildung unserer Zeit ausspreche kann«. Auch heißt es 1843 in einem Rundschreiben der Königlichen Oberbaudeputation, »(…) daß es nie der Zweck einer Restauration sein könne, jeden kleinen Mangel, der als Spur vorübergegangener Jahrhunderte zur Charakteristik des Bauwerkes beitrage, zu verwischen und dem Gebäude dadurch das Ansehen eines neuen zu geben. (…) Diejenige Restauration wäre die vollkommenste zu nennen, welche bei Verbesserung aller wesentlichen Mängel gar nicht zu bemerken wäre.«

Die über viele Jahrzehnte bis heute geführte Debatte über das »Restaurieren oder Konservieren« hat sicherlich auch ihre Wurzeln in Frankreich. »Die Geringschätzung alter Gegenstände und die Sucht nach Neuerungen; der Mangel an verständiger Würdigung des künstlerischen oder geschichtlichen Wertes dieser Monumente (…)« (1852) war für den »Inspecteur des Monuments Historiques« Ludevic Vitet das große Problem bei seiner Aufgabenbewältigung.

Romantischer Übereifer und die bis heute vorhandene Auffassung, daß Restaurieren der richtige Weg sei, stilreine Monumente im Geist ihrer Erbauer wiederherzustellen, führte über weite Strecken des 19. Jahrhunderts zu großen Verlusten an vielschichtigen Geschichtszeugnissen. In England mahnte John Ruskin 1849: »Kümmert euch um eure Denkmale, und ihr werdet es nicht nötig haben, sie wiederherzustellen« – pflegen, nicht restaurieren müsse man sie.

Mit der Auseinandersetzung über die Behandlung des Heidelberger Schlosses fand Ende des 19. Jahrhunderts diese Diskussion in Deutschland ihren Höhepunkt (»Konservieren geht vor Restaurieren« – Georg Dehio). Da dieser Disput überwiegend von jeweils extrem auseinanderliegenden Standpunkten geführt wurde, ist diese gern zitierte Auseinandersetzung für die meisten heutigen denkmalpflegerischen Probleme wenig hilfreich. Die eine Seite ging von einer historisierenden Rekonstruktion mit überwiegender Erneuerung der überkommen Baureste aus, die andere Seite vom unangetasteten Erhalt der historischen Ruine, dem romantischen Geschichtszeugnis. Die verwendeten Begriffe, die schon in damaliger Zeit oft mißverständlich benutzt wurden, bedürfen einer Klarstellung:

– *Konservieren* kann nicht heißen, nichts zu tun. Es ist immer nötig, materiell etwas hinzuzufügen, um den Bestand in seinem Wesen zu sichern.

– *Restaurieren* ist zu keiner Zeit nur die Wiederherstellung eines alten Zustandes, sondern vielmehr bautechnisch das sinnvolle Hinzufügen und Ergänzen von Fehlendem, um vom Materiellen her eine Nutzbarkeit wiederherzustellen und auch den Bestand langfristig zu sichern.

– *Rekonstruieren* erst ist die Wiedererschaffung von nicht mehr Vorhandenem oder von nicht im Bestand Reparierbarem.

Die Pflicht, etwas zu konservieren, schließt auch das Recht zum Restaurieren ein (Konrad Lange, 1906). So ist die Feststellung Dehios von 1905, »Denkmalpflege will Bestehendes erhalten, die Restauration will Nichtbestehendes wiederherstellen«, heute sehr mißverständlich. Aber wenn er die Aufgabe der Denkmalpflege folgendermaßen formuliert: »Denkmäler schützen heißt nicht Genuß suchen, sondern Pietät üben. Ästhetische und selbst kunsthistorische Urteile schwanken (…)«, spricht er bis heute Gültiges an. Der Drang, eine verlorene oder auch nur vermeintlich bessere Vergangenheit durch Wiederherstellung (bei Dehio Restauration – gemeint ist aber eine Rekonstruktion) wiederzugewinnen, wird zu Recht verurteilt. Geschichte kann nicht rückgängig gemacht werden. Dies darf aber nicht dazu führen, daß Denkmalpflege nur von einem weltfremden kunsthistorischen Standpunkt aus erklärt wird. Selbst Dehio sagt: »Das konservative Prinzip bedeutet nicht Verzicht auf jegliche Wertunterscheidung«, und an anderer Stelle: »Weiter werden wir ausnahmsweise auch umfassende Wiederherstellung gelten lassen; es kann sehr gute Gründe für sie geben (…).«

Denkmalpflege kann nur heißen, sehr behutsam und mit Pietät zu agieren, dabei immer die zugrunde gelegten Kriterien offenzulegen. Dabei wird es sich stets um eine Auseinandersetzung mit dem Unikat, dem Einzelfall handeln. Eine nur kunsttheoretische und die vielschichtigen gesellschaftlichen Belange ausschließende Haltung kann und darf nicht allein entscheiden. Auch ist jene Haltung zu hinterfragen, die den romantischen Standpunkt (mit einem gewissem Recht) verurteilt, der nach Vollkommenheit strebt, dabei aber einem anderen – der Sehnsucht nach dem antiken Arkadien – verfallen ist.

Baudenkmalpflege ist überwiegend die Auseinandersetzung mit gebauten Geschichtszeugnissen, die in der Regel einen großen materiellen Wert darstellen und für eine bestimmte Funktion konzipiert wurden. Sie müssen also neben ihrem Denkmalwert auch einen Gebrauchswert in die Zukunft transportieren. Romantische Ruinen, die in Würde vergehen dürfen, mögen herausragende Einzelfälle bleiben.

DENKMALLANDSCHAFT REINICKENDORF

von Angelika Mahler

Der heutige »Grüne Norden« von Berlin präsentiert sich mit einer Vielzahl von Bauformen, unterschiedlich in Art und Nutzung, wie kaum ein anderer Berliner Bezirk. Klar erkennbar sind heute noch die historischen Strukturen der niederbarnimschen Dörfer, die vor Berlin lagen, abseits der Stadt. Die Visitenkarte dieses Bezirks weist auf Höhepunkte der Baukunst und Gartenarchitektur hin, die es wert sind, als Denkmale aus der Masse hervorgehoben zu werden. Dabei liegt der besondere Reiz in der Vielzahl von unterschiedlichen, großen und kleinen Einzelbauten, bekannten und weniger bekannten Bauwerken, Gartenanlagen oder archäologischen Fundstätten, Ensembles oder Gesamtanlagen: Vom Schloß bis zur Kate, vom Bauerngarten zum Landschaftspark, vom Grabmal bis zum Ehrenmal reicht der Denkmalbestand Reinickendorfs. Dazu gehören auch Gasthäuser und Schänken, Kirchen und Hochhäuser, städtische Wohnanlagen und Kleinhaussiedlungen, Dorfanger und Sackgassendörfer (Rundlinge), öffentliche Gebäude oder private Ein- bzw. Mehrfamilienhäuser, Meilensteine und Garteneinfriedungen, Feuermelder und Wassertürme.

Reinickendorf hat im Vergleich zu allen anderen Berliner Bezirken die größte Anzahl von Bau- und Gartendenkmalen, d. h. mindestens doppelt so viele Denkmaleigentümer bzw. Verfügungsberechtigte wie anderswo.

Das Faszinierende für den Bewohner oder Besucher des heutigen Berliner Bezirks Reinickendorf ist, daß nach der Gründung von Groß-Berlin im Jahre 1920 die neun damaligen Ortsteile immer klar erkennbar geblieben sind. Das zeigt, wie die hier lebenden Menschen mit den traditionellen Baustrukturen umgegangen sind, sich mit ihnen identifiziert und sie weiterentwickelt haben. Die Ortsteile seien hier kurz vorgestellt:

– FROHNAU: 1908 geplant angelegte Villen- und Landhauskolonie »Gartenstadt« Frohnau; Einzelhaussiedlungen; Ein- und Mehrfamilienhäuser;
– HEILIGENSEE: großes, guterhaltenes Angerdorf (1308) mit erkennbaren Bauerngehöften (drei bzw. vier Seitenhöfe), Büdner- und Kossätenhöfe; Gasthäuser mit Saalanbauten; Wohnen in unterschiedlichsten Siedlungsformen; historische Chaussee – Poststraße mit Gut und Siedlung Schulzendorf; parallel dazu Einzelhäuser;
– HERMSDORF: mit unscharfer historischer Dorfstruktur (1349); Wohn- und Mietshausarchitektur mit Ausflugs- und Kurcharakter vergangener Zeiten; Doppelhäuser; wichtige historische Ziegeleibauten;
– KONRADSHÖHE: vom Ausflugsort zum Wohnort; ufernahe Gartenhauslokale, Restaurants mit Tanzsälen; Bootshäuser und Einzelhausbebauung;
– LÜBARS: Angerdorf (1247) mit seiner vollständig erhaltenen Dorfstruktur und bäuerlichen Gehöften in familiärer Tradition; Wohnen im Bauernhaus, Ein- bzw. Zweifamilienhaus; kleinere Siedlungshäuser; Doppelhäuser; Dorfkrug mit bedeutendem Tanzsaal;
– REINICKENDORF: Angerdorf (1345), schon stark verstädtert; bedeutende Wohnanlagen, Siedlungsbauten, Mietshausgruppen, einige wenige Hochhäuser, Industriestandort;
– TEGEL: Sackgassendorf (1322) am Tegler See; historischer Mühlenstandort; Gut Schloß Tegel, kulturelles und geistiges Zentrum des 19. Jahrhunderts; für Berlin beispielgebende Industriestandorte mit zahlreichen Werkanlagen; städtischer Wohn- und Geschäftsstandort;
– WAIDMANNSLUST: Wohnstandort, Villen und Landhäuser, mehrgeschossiger Mietwohnungsbau und öffentliche Grünanlagen sowie ein privates Jagdschlößchen;
– WITTENAU: Angerdorf (1351) mit noch gut erhaltener, sichtbarer, dörflicher Struktur; 1879 Ansiedlung der ersten Berliner Irrenanstalt; Entwicklung zu einem Wirtschafts-, Verwaltungs- und Wohnstandort mit bedeutender Industriearchitektur und Siedlungsbauten mit öffentlichen Grünanlagen; Mietshäuser mit städtischem Charakter.

Die Vertreter der Denkmalpflege sind als Mittler zwischen Vergangenheit und Zukunft tätig. Sie sind Sprecher der stummen Zeitzeugen und setzen sich für sie ein. Die in diesem Buch teilweise näher beschriebenen und nahezu vollständig abgebildeten Bau- und Gartendenkmale des Bezirks Reinickendorf bringen uns die Aufgabenstellung der Denkmalpflege näher. Für das Überleben von Baudenkmalen ist es in den meisten Fällen notwendig, sie einer zeitgemäßen Nutzung zuzuführen. Die Aneignung dieser Kulturgüter durch die Gesellschaft und durch den Bürger und deren Identifizierung damit sind die Bedingung für die weitere Existenz. Der vorliegende Band soll allen Denkmalliebhabern und Denkmalskeptikern, Eigentümern und

Verfügungsberechtigten bewußt machen, wie wichtig es für uns alle ist, dieses unwiederbringlich und einmalige Kulturgut einen Augenblick lang in seiner Geschichte zu begleiten, es zu schützen und der Nachwelt zu erhalten.

Viele Bürger erkennen den besonderen Reiz der Baudenkmale gegenüber dem Alltäglichen. Ein kleines Detail, keine Massenware, das individuelle Einzelstück, das selten erhalten gebliebene Unikat der Mannigfaltigkeit menschlicher Ideen gilt es zu erkennen und zu bewahren.

Jeder ist darauf stolz, Eigentümer eines besonderen Möbels, Schmuckstücks oder anderer Gegenstände aus altem Familienbesitz oder vergangener Zeit zu sein, weil sie eben kein anderer besitzt, deshalb ist es notwendig, daß auch im größeren Rahmen der Bau- und Gartendenkmale die Zeugnisse unserer Kultur anerkannt werden.

Es macht Freude, die Kleinteiligkeit der historischen Dorfstrukturen vor allem in den Angerbereichen heute noch zu erleben und auf einem Spaziergang zu entdecken. Der Atem vergangener Zeiten, der uns von den Zeugen der Vergangenheit entgegenweht, läßt uns für einen kurzen Moment den Großstadtlärm, den Staub und die damit verbundene Hektik vergessen.

Bedeutend für den Bezirk ist die ihn schon früh prägende Wechselbeziehung zwischen Stadt und Land. Schon im 13. Jahrhundert war dieser Landstrich von Slawen besiedelt. Die Kolonisation der Deutschen führte in dieser Zeit zu der Anlage von Angerdörfern wie Reinickendorf, Wittenau, Heiligensee und Lübars sowie Sackgassendörfern wie Tegel und Hermsdorf. Der Stadtbürger entdeckte gegen Ende des 18. Jahrhunderts den landschaftlichen Reiz der freien Natur. Die wasserreiche Gegend mit dem Tegeler See, dem Heiligensee und der Havel gab diesem Ausflugsziel für die Städter einen Erholungswert, auf den sie bald nicht mehr verzichten wollten. 1920 erfolgte die Bildung von Groß-Berlin. Die Dörfer Reinickendorf, Wittenau, Tegel, Heiligensee, Hermsdorf und Lübars sowie die Kolonien Konradshöhe und Waidmannslust bildeten gemeinsam mit der Gartenstadt Frohnau nun den Berliner Bezirk Reinickendorf. Der individuelle Reiz jedes einzelnen der neun Ortsteile mit den dort vielen uns erhaltenen Zeugen der Vergangenheit macht die Denkmallandschaft Berlin-Reinickendorfs so einzigartig. Die unterschiedlichen Charaktere der einzelnen Ortsteile ergeben sich aus ihrer geographischen Lage und ihrer historischen Entwicklung. Die in Jahrhunderten entstandene Denkmallandschaft ist hier in Form der Denkmalliste erfaßt und dargestellt, so wie wir sie heute sehen können. Ausgehend von den neun Ortsteilen, wird anhand ausgesuchter Beispiele die Vielschichtigkeit des Denkmalbestands im folgenden dargestellt.

Der »Tag für Denkmalpflege« wurde 1987 im Bezirk Reinickendorf ins Leben gerufen. Außerdem wurde 1988 die »Denkmaltopographie der Bundesrepublik Deutschland für Berlin« mit dem Bezirk Reinickendorf (Ortsteil Reinickendorf) begonnen. Diese Reinickendorfer Initiativen zeigen den hohen Stellenwert, den der Bezirk der Denkmalpflege gibt. Mit dem Tag der Denkmalpflege wurde der Versuch unternommen, generell das Verständnis für die Denkmalpflege zu wecken.

Im Interesse der Allgemeinheit verpflichtet das Denkmalschutzgesetz Berlin alle Denkmaleigentümer und Verfügungsberechtigten, Denkmale zu schützen und zu erhalten. Das Berliner Denkmalschutzgesetz unterscheidet Baudenkmale, Denkmalbereiche und Ensembles sowie Gartendenkmale und Bodendenkmale. Die Denkmalliste ist das öffentliche Verzeichnis, in das die zum Denkmal erklärten Objekte nachrichtlich aufgenommen sind bzw. werden. Die Aufnahme in die Liste ist jedoch kein Verwaltungsakt, sondern dient der Information, denn der Denkmalschutz wird kraft Gesetzes begründet.

Der Bezirk Reinickendorf weist in der Liste einen Denkmalbestand von zur Zeit rund 130 Ensembles und Gesamtanlagen, 610 Einzelobjekten und 40 Garten- und Bodendenkmalen aus. Das sind mehr als 800 Listenpositionen, die damit etwa 10 Prozent der gesamten Berliner Baudenkmäler ausmachen.

Ein weiteres Zeichen für den großen Stellenwert der qualitativ hochwertigen Bautätigkeit im Bezirk Reinickendorf ist die nun schon zur Tradition gewordene Vergabe des Bauherrenpreises. Mit diesem Preis werden 1998 zum vierten Mal im zweijährigen Rhythmus Grundstückseigentümer ausgezeichnet, die sich um die Architektur des Bezirks und die Erhaltung von historischen Anlagen verdient gemacht haben. Die preisgekrönten Bauwerke in der Kategorie Denkmalschutz sind hier zusammengefaßt dargestellt und sollen zum Nacheifern anregen.

Bauherrenpreis 1992

9 Oranienburger Chaussee, Ortsteil Frohnau
  Waldsiedlung Frohnau, Denkmalbereich (Gesamtanlage)
Mit sehr viel Liebe zum Detail ist hier der Wiederaufbau des Gartenpavillons in Holzbauweise auf der Grundlage historischer Unterlagen gelungen. Lobend erwähnt sei hier die Vermittlung des Eindrucks, daß der Pavillon so und nicht anders schon über viele Jahrzehnte zum Ortsbild Frohnaus gehörte. (siehe weitere Ausführung S. 17 f.)

96 Ludolfinger Platz 5, Ortsteil Frohnau
  Villa Wutke, Baudenkmal
Das Haus ist ein Dokument der Landhausbewegung, die kurz nach 1900 begann. Diese Villa ist wegen ihrer differenzierten Gestaltung des Baukörpers und wegen der Raumbildung im Inneren ein repräsentatives Beispiel eines Landhauses der 20er Jahre. Die denkmalgerechte Instandsetzung der 1926 erbauten

Villa, kombiniert mit der gärtnerischen Gestaltung und Wahrung der historischen Aussage, ist hier beispielhaft gelungen. Damit ist es nicht nur geglückt, ein für die Gartenstadt Frohnau charakteristisches Baudenkmal zu erhalten, sondern gleichzeitig einer sinnvollen Nutzung zuzuführen. (Siehe weitere Ausführungen S. 21)

243 Ruppiner Chaussee 139/141, Ortsteil Heiligensee
    Gut Schulzendorf, Baudenkmal
Dem Wohnhaus wird ein Alter von rund 200 Jahren zugeschrieben. Gewürdigt wurde hier das große Interesse des Bauherren an der Denkmalpflege, verbunden mit einer schonenden konservierenden Instandsetzung und eine Modernisierung des Landarbeiterwohnhauses. Als hausgeschichtliche Rarität sind hier die Ausführungen der Feuerungsanlagen nach dem Prinzip der Rauchküche in jeder der 8 Wohnungen zu sehen. (Siehe weitere Ausführungen S. 59)

719 Zehntwerderweg 41A, Ortsteil Waidmannslust
    Jagdschloß Mehlich, Baudenkmal
Als Ende des 18. Jahrhunderts die Gebiete Nordberlins noch wenig besiedelt und stärker bewaldet waren, hatte sich der gutsituierte Fabrikbesitzer Mehlich an jener Stelle ein Jagdschlößchen bauen lassen. Abgesehen vom Turmaufbau, der um 1950 wegen »Altersschwäche« abgetragen werden mußte und nun wiederhergestellt wurde, steht es heute im urprünglichen Zustand. Dem besonderen Einsatz des Bauherren ist die Wiederherstellung des äußeren Erscheinungsbildes und damit der Erhalt des für den Ortsteil Waidmannslust so charakteristischen Jagdschlößchens zu verdanken.

726 Räuschstraße 3, Ortsteil Wittenau, Kolonie Borsigwalde, Werkssiedlung, Denkmalbereich (Ensemble)
Die hier durchgeführte Modernisierung mit Dachausbau und die Wiederherstellung der Fassade entsprechend dem historischen Zustand stehen im Kontext mit der Gesamtanlage Räuschstraße. Der Altbau aus dem Jahre 1899 ist beispielhaft für viele Gründerzeitbauten dieser Straße.

741 Jansenstraße 21, Ortsteil Wittenau, Siedlung Wittenau
    Umgebungsschutz im Denkmalbereich (Gesamtanlage)
Die Zusammenarbeit des Bauherren mit der Denkmalbehörde und dem Stadtplanungsamt hat ermöglicht, daß die Integration von Neubauten in die unter Denkmalschutz stehende Muthesiussiedlung gestalterisch gut gelungen ist.

756, 757 Alt-Wittenau 37 und 38, Ortsteil Wittenau
    Bauernhof Siedtmann und Lehnschulzenhof Rosentreter
    Zwei Einzeldenkmale im Denkmalbereich (Ensemble)

Hier ist die Kombination von Erhaltung der historischen Bausubstanz, verbunden mit Neubaumaßnahmen und einem der historischen Anlage angepaßten Grün- und Freiflächenkonzept, gelungen. Der Verfall der denkmalwerten Substanz wurde gestoppt. Der Dorfanger in Wittenau erhielt mit dieser Wohnanlage eine nachhaltige Aufwertung. (Siehe weitere Ausführungen S. 198)

Bauherrenpreis 1994

5 Zeltinger Platz 5, Ortsteil Frohnau
    Wohn- und Geschäftshaus
    Umgebungsschutz im Denkmalbereich (Ensemble)
Durch die gelungene Anbindung an die vorhandene Altbausubstanz, durch eine gekonnte Lückenschließung und eine den städtebaulichen Vorgaben entsprechende Gestaltung des Neubaus wurde die historische Gestalt des Zeltinger Platzes im Sinne des Denkmalschutzes weiterentwickelt.

579 An der Mühle 5–9, Ortsteil Tegel
    Humboldtmühle, Denkmalbereich (Gesamtanlage)
Reaktivierung des denkmalgeschützten historischen Mühlenstandorts durch die symbiotische Verbindung des historischen Bauensembles der ehemaligen Humboldt-Mühle mit selbstbewußter zeitgenössischer Architektur. Alt und Neu sind in ein architektonisches Spannungsverhältnis gebracht worden, so daß das historische Baudokument dem modernen mit Qualitätsanspruch so gegenübersteht, daß die Geschichte nicht überwunden wird, sondern die Neubauten sich als notwendiger Teil verstehen. Die Umnutzung zum ausgebauten Handels- und Dienstleistungsstandort mit Büro- und Hotelfunktion hat sich bewährt. (Siehe weitere Ausführungen S. 150)

741 Elsenpfuhlstraße 54/60, Ortsteil Wittenau
    Siedlung Wittenau, Denkmalbereich (Gesamtanlage)
Das Ergebnis, wie Wohnraum im Rahmen des öffentlich geförderten Dachausbaus geschaffen wurde, erhält hier besondere Würdigung. Die denkmalwerte Architektur und die Dachlandschaft berücksichtigend, wurde hier hochwertiger Wohnraum erstellt.

Bauherrenpreis 1996

5 Zeltinger Platz 5, Ortsteil Frohnau, Neubau mit
    vorbildlicher Werbeanlage, Denkmalbereich (Ensemble),
    (Bauherrenpreis 1994 für den Neubau)
Hinsichtlich des sehr umstrittenen Themas Werbung ist bei diesem Neubau eine in höchstem Maße qualitätsvolle und zurückhaltende Ausführung gelungen. Die Werbung mit Einzelbuch-

staben, die angestrahlt werden, unterstreicht zusätzlich das Erscheinungsbild des Gebäudes im denkmalgeschützten Bereich.

136 Rüdesheimer Straße 12, Ortsteil Frohnau
Sanierung eines Wohnhauses, Baudenkmal

Die Restaurierung und Modernisierung dieses Frohnauer Wohnhauses ist so eindrucksvoll gelungen, daß alle wesentlichen Denkmaleigenschaften für die Zukunft gerettet werden konnten. Das Konzept der Erneuerung und Erweiterung der inneren Treppenanlage in Form einer Stahlskelettkonstruktion entspricht nicht nur dem Charakter des Hauses, sondern ist konstruktiv und gestalterisch von höchster Qualität.

351 Alt-Lübars 2B und 2C, Ortsteil Lübars
Ausbau der ehemaligen Remise mit ergänzendem Neubau zu zwei Wohnbereichen
Umgebungsschutz im Denkmalbereich (Ensemble)

In beispielhafter Weise sind hier zwei Wohngebäude unter Einbeziehung der vorhandenen Gartenlage als Ensemble behutsam in die Struktur der dörflichen Umgebung eingefügt worden. Während die Instandsetzung und bauliche Erweiterung der denkmalgeschützten Remise insbesondere in Detail und Material bestechen, ist bei dem neuerstellten Wohngebäude im hinteren Grundstücksteil die Schlichtheit und Funktionalität – in Harmonie mit der Nutzung als Atelier – besonders auffallend.

580 Borsigturm, Ortsteil Tegel
Bürohochhaus, Denkmalbereich (Gesamtanlage)

Bei der Restaurierung des Borsigturms wurde nicht nur die gesamte Denkmalsubstanz fachgerecht behandelt, sondern es wurde auch durch die zukunftsweisende und denkmalverträgliche Nutzung ein Signal für die Neustrukturierung des ehemaligen Borsigwerkes gesetzt. Diese Symbiose zwischen Alt und Neu ist in vorbildlicher Art und Weise für die gesamte Denkmal Landschaft Berlin geschehen. (Siehe weitere Ausführungen S. 150 ff.)

724, 729 Eichborndamm 167/187, Ortsteil Wittenau
Fassadensanierung der ehem. Deutschen Waffen- und Munitionsfabrik
Denkmalbereich (Ensemble und Gesamtanlage)

Bei der Restaurierung und Modernisierung des Teilbereichs der ehemaligen Waffen und Munitionsfabrik ist der behutsame Umgang mit den historischen Details und Materialien zu loben. Insbesondere die detailgetreue Erneuerung der Fenster ist als beispielhaft zu würdigen. Wegen der ezeitgemäßen Nutzung der Büroflächen wurden Eingangsüberdachungen in sensibler Gestaltung hinzugefügt. (Siehe weitere Ausführungen S. 193 ff.)

Weitere mit Erfolg durchgeführte Bauvorhaben des Bezirks Reinickendorf, bei denen das Engagement der Bauherren festen Bezug zum vorhandenen Denkmalbestand nimmt, sollen hier genannt werden

297 Hermsdorfer Damm 179/181, Ortsteil Hermsdorf
Hotel mit Restaurant und Tanzsaal, 1897 von Schmidt
Baudenkmal

306 Kurhausstraße 41, Ortsteil Hermsdorf
Villa Margarete mit Vorgarteneinfriedung,
1898 von W. Schulz, Baudenkmal

349 Scharfenberger Straße 41, Ortsteil Konradshöhe
Terrassen am See, Baudenkmal

372 Alt-Lübars 37, Ortsteil Lübars
Hofanlage mit Wohnhaus (1844), Stallgebäude
(ca. 1870) und Scheune (ca. 1890), Baudenkmal

394 General-Barby-Straße 2/4, 6–22, 24/52,
Ortsteil Reinickendorf, Wohnanlage
Denkmalbereich (Ensemble)

722 Alt-Wittenau 64, Ortsteil Wittenau
Pfarrhaus, Denkmalbereich (Ensemble)

787 Oranienburger Straße 204, Ortsteil Wittenau
Landhaus Bausdorf, 1909–10 von Sommerschuh,
Baudenkmal

797 Rotbuchenweg 10/12, Ortsteil Wittenau
Siedlung Stadtpark, Baudenkmal

FROHNAU

5 *Ludolfinger Platz, Ortskern Frohnau*

Die Geschichte der Gründung Frohnaus beginnt im Jahre 1907, als Guido Graf Henckel Fürst von Donnersmarck von Baron Werner von Veltheim/Schönfließ 3000 Morgen Wald der Stolper Heide kaufte. Er überließ den Grundbesitz der ihm unterstehenden Berliner Terrain-Centrale GmbH, um eine Gartenstadt zu errichten. Nach der Ausschreibung eines Wettbewerbes zur städtebaulichen Planung im Jahre 1908 wurde die Anlage der »Gartenstadt Frohnau« (»Frohe Aue«) von den Gewinnern, den Charlottenburger Architekten Joseph Brix und Felix Genzmer, verwirklicht. Die Gesamtanlage umfaßte etwa 284 Blöcke unterschiedlicher Größe und Form, die in 6000 Parzellen von je 1000 Quadratmetern aufgeteilt werden sollten. Die nach englischem Vorbild errichtete Gartenstadt sollte maximal 30000 Menschen Unterkunft geben.

Das gesamte Grünsystem – die Gestaltung der Plätze, des Friedhofes, des Poloplatzes und die Bepflanzung der Straßen und Alleen mit 10000 Bäumen – wurde von Ludwig Lesser konzipiert, der 1908 zum Gartendirektor der Berliner Terrain-Centrale ernannt worden war.

Die Einweihung Frohnaus fand am 7. Mai 1910 statt. Zu den ersten Bewohnern der Gartenstadt Frohnau, die sich zu einer Villen- und Landhauskolonie für Bessergestellte entwickelte, zählten nach einem Ansiedler-Verzeichnis von 1912 im wesentlichen Bankiers, Fabrikbesitzer, Wissenschaftler, Kaufleute, gehobene Beamte und Handwerksmeister. Als architektonisches Wahrzeichen der Gartenstadt erhebt sich direkt am Bahnhof der 30 Meter hohe Casino-Turm. Das Zentrum wird bis heute durch den Ludolfinger- und Zeltinger Platz gebildet, die durch eine Brücke, unter der die S-Bahn entlangfährt, verbunden sind.

Während des Ersten Weltkrieges stagnierte die Besiedlung. Weite Teile Frohnaus nördlich der Schönfließer Straße und östlich des Oraniendamms im Bereich der heutigen Besiedlungsgrenze bis zum Hubertussee, der 1910 ausgehoben und als Grundwasser- und Sammelbecken geschaffen wurde, wurden nie bebaut. Die Straßen mit Pflasterungen, Bordsteinen und Bürgersteigen waren in diesem Bereich jedoch bereits errichtet worden und existieren heute noch inmitten des Waldes.

Nach dem Ersten Weltkrieg verbesserte sich die Verkehrsanbindung nach Berlin mit der Elektrifizierung der Nordbahn im Jahre 1925. In den zwanziger und dreißiger Jahren wurden in Frohnau verschiedene Siedlungen erbaut, wie z.B. die Siedlung Frohnau (1923–24) am Maximiliankorso von Paul Mebes und Paul Emmerich, die Waldsiedlung Frohnau (1924–25) an der Oranienburger Chaussee von Franz Vogt oder die Invalidensiedlung am Staehleweg (1937/38).

Eine besondere Attraktion stellt das von 1922 bis 1924 vom Berliner Arzt Dr. Paul Dahlke nach Plänen von Max Meyer errichtete Buddhistische Haus am Edelhofdamm 54 dar.

Zwischen 1933 und 1945 mußten zahlreiche Juden aus ihren Frohnauer Villen und Landhäusern emigrieren, in die oftmals Mitglieder von NS-Organisationen einzogen. Nach dem Krieg wurden bis Anfang der fünfziger Jahre von den französischen Alliierten zahlreiche Wohnhäuser als Wohnsitz für höhere Offiziere und für die Dienststellen der Militärverwaltung genutzt. Ein Zeugnis dieser Periode ist das »Centre Bagatelle« in der Zeltinger Straße 6, das 1925 von dem Architekten Poser als Privatwohnsitz erbaut wurde, bis 1945 Sitz der Ortsgruppe der NSDAP war, später als Offizierskasino und Kulturzentrum der französischen Alliierten fungierte und seit 1993 vom Bezirksamt Reinickendorf als Veranstaltungsort genutzt wird. Nach dem Bau der Berliner Mauer 1961 begann in Frohnau die Verdichtung des Baubestandes durch Mietanlagen und die bis heute anhaltende Zersiedlung durch Teilung der Grundstücke.

2, 7, 190 *An der Buche 17, 18, 19, 21, Landhausgruppe an der Buche*
1910 von Heinrich Straumer und Hans Herrmann
Denkmalbereich (Ensemble und Gesamtanlage) sowie Gartendenkmal als öffentliche Grünanlage von Heinrich Straumer und private Villengärten von Ludwig Lesser

Die Landhäuser des Architekten Heinrich Straumer entstanden in der ersten Bauphase Frohnaus, die bis zum Ersten Weltkrieg gerechnet wird. Aber auch die folgende zweite Bebauungswelle, die bis in die dreißiger Jahre andauerte, weist herausragende Architekten wie Paul Poser, Max Taut, Paul Mebes und Paul Emmerich, Hans Herrmann, Leo Nachtlicht, Otto Rudolf Salvisberg und Fritz Schopohl auf.

Die Besonderheit dieses Ensembles liegt im Zusammenklang aller Teile. Die Buche am Wegesrand mit Bank und Brunnen scheint direkt einem Märchenbuch zu entspringen. Die Wohnhäuser beiderseits der Straße vermitteln Ruhe und Geborgenheit. Die vier Häuser von Heinrich Straumer, die er teilweise 1910 mit dem Architekten Hans Herrmann geplant hatte, sind aus einem Guß, aber jedes stellt eine eigene Antwort auf das Wohnen im Landhaus dar. Die Gestaltung ist schlicht und gediegen, mit stark betonten Dachflächen. Diese »aufrichtige« Architektur kommt ohne große Schmuckelemente aus, variiert Dachneigung, Dachdeckung, Fensterformate und Körpergliederung.

Die Landhausgruppe stellt in Verbindung mit den sorgfältig geplanten Außenanlagen ein bau- und gartengeschichtliches Ensemble von hohem Rang dar. Den Architekten ist es gelungen, den beschränkten Raum durch geschickte Gruppierung so auszunutzen, daß die bewegte Topographie mit Futtermauer aus Granitfindlingen ein unverwechselbares Bild ergibt, das trotz strenger Unterordnung unter die Forderung der frühen Sachlichkeit gestaltungsreiche Vorgartenbereiche und Eingangssituationen zeigt. Die malerische Anordnung von Zugangswegen, Freitreppen, Platz, Terrassen und Pavillonanlagen zeigt eine große Liebe zum Detail. Hinter den jeweiligen Gebäuden schließt sich noch eine ausreichende Gartenfläche als Schmuck- bzw. Terrassenfläche an, um dann im hinteren Drittel zum Nutz- bzw. Obstgarten zu werden.

Entsprechend der architektonischen und städtebaulichen Bedeutung, wurde bei allen Instandsetzungsmaßnahmen an den jeweiligen Objekten ein Höchstmaß an konservatorischem Anspruch einvernehmlich durchgesetzt.

9 *Oranienburger Chaussee 45–58, Waldsiedlung am Pilz*
1924–1925 von Franz Vogt
Denkmalbereich (Gesamtanlage)

Die gemeinnützige Wohnungsbaugesellschaft »Gewerkschaft-Treu-Abteilung, Landhaus Frohnau« erbaute die Waldsiedlung

2 *An der Buche 17–21*

9 Oranienburger Chaussee 45–58, Waldsiedlung Frohnau

in Frohnau unter Verwendung von Hauszinssteuer-Hypothekenmitteln in den Jahren 1924–1925. Architekt war Franz Vogt. Trotz der vorgegebenen Größen- und Ausstattungsvorschriften der Wohnungsfürsorgegesellschaften der Stadt, ist es dem Architekten hier gelungen, den bei vielen Siedlungen dieser Zeit vorhandenen uniformen Charakter zu vermeiden. Jedes Haus der aus 27 Gebäuden bestehenden Siedlung unterscheidet sich vom Nachbargebäude durch die Gestalt des Baukörpers, die Dachform und Details an Fenstern, Eingängen, Erkern und Vordächern.

Die Anlage setzt in vorbildlicher Weise die ursprüngliche Idee der »Gartenstadt Frohnau« dadurch fort, daß sie mit einfachen funktionalen Bauformen und traditionellen Landhauselementen (Erker, Dachlandschaft, Vordächer, Fenstergestaltung) den Charakter der Gebäude als »Landhaus im Garten« aufs eindringlichste betont und die städtebauliche Konzeption der Gartenstadt Frohnau durch einen eigenen Charakter bereichert. Eine besondere künstlerische Bedeutung kommt der qualifizierten handwerklichen und individuellen Gestaltung jedes Einzelhauses zu. Diese Vielfalt auch an Details war in jenen Jahren selten zu finden.

Der durchgehend sehr gute Erhaltungszustand gerade dieser Elemente macht die Siedlung, die überwiegend aus Doppelwohnhäusern besteht, für die Architekturlandschaft Berlins unverzichtbar.

Die schrittweise Privatisierung der bedeutsamen Gebäude hat die Aussagekraft der Landhaussiedlungsarchitektur nicht negativ berührt.

Im Rahmen von Einzelbemühungen – wie Instandsetzungen oder Modernisierungen – wird dabei überwiegend nach Denkmalpflegekonzepten verfahren.

10, 202 *Staehleweg 1–47, 49/53, Invalidensiedlung*
1937–1938 vom Heeresbauamt I Berlin (Kallmeyer und Hagen)
Denkmalbereich (Gesamtanlage) und Gartendenkmal

Die durch die topographische Lage und die architektonische Gestalt geschlossene Anlage der Invalidensiedlung stellt nicht allein für Reinickendorf eine Besonderheit dar. Sie wurde 1937/38 von den Architekten Kallmeyer und Hagen im Heeresbauamt I gartenstadtähnlich in den Wald hineinkomponiert; sie ist eine hufeisenförmige Anlage, die aus zweigeschossigen Wohngebäuden besteht, mit jeweils einer bis vier Wohnungen für Invalide und Schwerbehinderte sowie deren Angehörigen. Die Gebäude sind aus rotbraunen Klinkern errichtet, mit Satteldächern ohne Überstand. Stichbogenfenster, Resalite, Lisenen, profilierte Türleibungen aus Sandstein erinnern stark an städtische Architektur des 18. Jahrhunderts. Die Sandsteinreliefs über den Türen weisen direkt auf den historischen Kontext hin; sie nehmen Bezug auf gewonnene und verlorene Schlachten Friedrichs II.

Die Siedlung setzt die Tradition des alten Invalidenhauses vor dem Oranienburger Tor fort. Nach Beendigung des zweiten Schlesischen Krieges realisierte Friedrich II. die schon unter seinem Vater geborene Idee eines Invalidenhauses. Die vom Baumeister Isaak Petri entworfene Anlage wurde am 15. November 1748 bezugsfertig. Ausstattung und Organisation richteten sich nach der »Instruktion vor dem Kommandanten des Invalidenhauses vom 31. 8. 1748«. Das Anliegen der Instruktion war es, kriegsgeschädigten Soldaten und Offizieren ein Unterkommen, Verpflegung sowie ärztliche Betreuung kostenlos zur Verfügung zu stellen. Die Organisation war einer militärischen Einheit nachgebildet und unterstand einem Kommandan-

10 Staehleweg 1–53, Invalidensiedlung

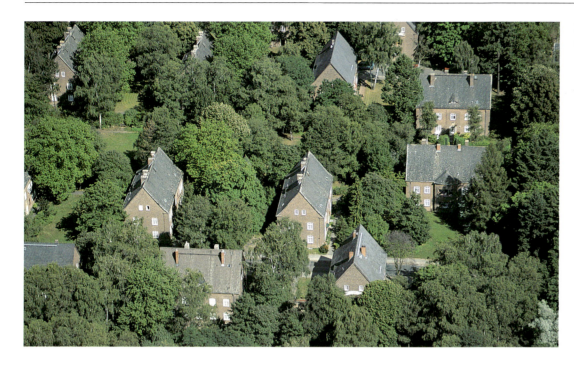

202 Staehleweg 1–53, Invalidensiedlung

ten. Das Invalidenhaus beschäftigte der Zeit entsprechend Geistliche beider Konfessionen, hatte außerdem ein eigenes Parochialrecht und war selbständige Gemeinde mit eigenem Zivil- und Strafrecht.

Diese Ausgestaltung blieb im wesentlichen bis zum Ende des Ersten Weltkrieges bestehen. Sie vermittelt so ein wichtiges Stück preußischer Geschichte und verkörpert eine gute Tradition preußischer Sozialpolitik.

1937 wurde das Invalidenhaus der Verantwortlichkeit des Kriegsministeriums unterstellt, und die Baulichkeiten Friedrichs II. wurden für die Erweiterung der militärischen Akademie herangezogen.

Der Gründer Frohnaus, Graf Henkel Fürst von Donnersmarck, hatte aufgrund seiner Erfahrung mit Kriegsopfern im Ersten Weltkrieg ein großes Stück Wald des heutigen Frohnaus und 4 Millionen Mark für den Bau einer medizinisch-wissenschaftlichen Einrichtung zur Verfügung gestellt. Erst 1937 erinnerte man sich an diese Stiftung und errichtete die heutige Invalidensiedlung.

Der Staehleweg ist nach dem letzten Kommandanten benannt, einem Gegner des NS-Regimes, der jüdische Mitbürger versteckte und durch die Nähe zum Deutschen Widerstand nach dem 20. Juni 1944 verhaftet und kurz vor Kriegsende erschossen wurde.

Noch heute wird die Invalidensiedlung als Wohnanlage in vergleichbarer Form genutzt. Nach anfänglichen Auseinandersetzungen werden im Rahmen der Instandhaltung und Instandsetzung die denkmalpflegerischen Gesichtspunkte vertretbar berücksichtigt.

38, 192 *Edelhofdamm 54, Buddhistisches Haus*
1924–1927 von Max Meyer und Paul Dahlke
Baudenkmal und Gartendenkmal

Geboren in Ostpreußen als Sohn einer preußischen Beamtenfamilie, mußte Paul Dahlke die häufigen Versetzungen seines Vaters mitmachen. Den dadurch verursachten schulischen Problemen versuchte er zu begegnen, indem er Gelassenheit zeigte, breitgefächerten Interessen nachging und zur rechten Zeit Eifer entwickelte. Dies und seine besondere Neigung zur Dichtkunst sowie das mustergültige Studium des von ihm aus Interesse gewählten Fachs der Medizin formten wohl seinen Charakter. Die Erfolge als Arzt ermöglichten es ihm schon im Alter von 33 Jahren, 1898 eine Weltreise anzutreten, insbesondere nach Fernost. Dort muß er vom Buddhismus fasziniert gewesen sein, denn eine zweite große Reise diente ausschließlich der Suche nach buddhistischen Wegen und insbesondere der Verwirklichung seines Traums, Indien eingehender kennenzulernen.

Er wurde selbst bald Buddhist und Lehrer dieser Religion. Seine Begabung zum Schreiben glich seine Schwächen als Redner gut aus. So entschied er sich sehr bewußt, ein buddhistisches »Leben für die Lehre« zu führen. Er schrieb in buddhistischen Zeitschriften, verfaßte Bücher zum Thema und übersetzte alte buddhistische Texte aus dem Pali, einer alten indischen Sprache, ins Deutsche. Er war dabei als Arzt, Schriftsteller und Lehrer sehr erfolgreich.

Ihm wurde jedoch das fehlende Zentrum des Buddhismus in Europa immer mehr bewußt. Nach ersten Überlegungen, auf der Insel Sylt ein Kloster zu errichten, wählte er einen besonderen

38 Edelhofdamm 54, Buddhistisches Haus

Ort in direkter Nähe zur Reichshauptstadt. Auf einem 30 600 Quadratmeter großen Grundstück in Frohnau, einem bewaldeten kleinen Berg mit einer großen Mulde in der Mitte, weitab vom Trubel der Großstadt, sollte sein »Buddhistisches Haus« stehen. Mit den Baulichkeiten beauftragte er den Architekten Max Meyer, aber die Freiflächenanlage mit allen Ausstattungen konzipierte er selbst nach seinen Interpretationen buddhistischen Lebens und seinem religiösen Empfinden.

Im August 1924 war der erste Teil des Hauptbaus fertiggestellt. Erst mit Dahlkes Tod am 29. Februar 1928 endete die rege Bautätigkeit auf den Hügeln.

Am Fuß des Hügels am Edelhofdamm betritt man das Grundstück durch das Elefantentor, das den Toren des Dagoba von Sañchi (Sri Lanka-Ceylon) nachempfunden ist. Die steile zum Haupthaus führende große Treppe des »edlen 8fachen Pfades« besteht aus unregelmäßig gehauenen Steinen, die ein konzentriertes und bewußtes Begehen erreichen sollen. Das Haupthaus mit dem sich anschließenden Tempel und dem Versammlungsplatz sind als Einheit anzusehen und entsprechen in ihrer Funktion der Vibara, dem Ort des Lebens. Dieser Teil stellt gleichzeitig den gestalterischen wie geistigen Mittelpunkt der Anlage dar. Alle Wege führen auf dieses Zentrum zu, das durch die natürliche hügelige Lage unterstrichen wird.

Viele der von Dahlke konzipierten Ausstattungselemente sind noch erhalten und machen den fremdartigen Charakter der Anlage aus. So die Harmika (Reliquienurne) auf dem Versammlungsplatz, die Lampen, die Gestalt des Tempels und die Grundstücksumwehrung mit den Toren und Türen (»Tor der Zuflucht« am Oppenheimer Weg, »Elefantentor« am Edelhofdamm). Besonders hervorzuheben ist der von Dahlke erdachte und entworfene »Vertiefungsteich«, eine ins Gelände eingebaute, nach oben sich verjüngende kaskadenförmige Anlage, welche die vier »Versenkungen« symbolisieren soll. In der ersten Vertiefung sind noch die vier Vertiefungsglieder vorhanden (vitakka) – Gedankenfassung, vicāra – diskursives Denken, piti – geistige Verzückung, sukha – physisches Glücksgefühl und die »Einspitzigkeit« des Geistes). Durch Abstreifen erreicht man die zweite bzw. dritte Vertiefung, den Zustand, wo nur noch physische Glücksgefühle und »Einspitzigkeit« vorhanden sind. Auf der vierten Vertiefung wird noch das physische Glücksgefühl durch Gleichmut (upekkhā) ersetzt und ein Zustand frei von Glück und Leid ist erreicht.

192 Edelhofdamm 54

Das Buddhistische Haus mit einer großen Bibliothek ist das erste bauliche Dokument in Deutschland zur Verbreitung des buddhistischen Gedankengutes. Es zeugt von der großen Bedeutung Dahlkes Wirkens. Die künstlerische Qualität der Anlage liegt in der Konzeption der Symbiose von Naturlandschaft und symbolträchtigen Bauten. Dieses einmalige Kulturgut ist ein Teil der vielschichtigen religiösen Landschaft Berlins, ein Zeugnis traditioneller preußischer Toleranz. 1960/61 hat die German Dharmaduta Society (Colombo, Sri Lanka) das Erbe Dahlkes von seinen Geschwistern übernommen.

Bei gleichbleibender Nutzung als Europäisches Buddhistisches Zentrum mit größerem öffentlichen Interesse ist der Gesamtbestand der Anlage fast unverändert. Durch zu geringe Instandhaltungsmaßnahmen sind jedoch einige Verluste an Denkmaldetails zu verzeichnen.

96 Ludolfinger Platz 5, Villa Wutke

96 *Ludolfinger Platz 5, Villa Wutke*
1924–25 von Paul Poser
Baudenkmal

Die Wutke-Villa ist eines der wenigen erhalten gebliebenen Gebäude am Ludolfinger Platz. Sie ist ein beispielhaftes Dokument der Berliner Landhausbewegung, die um 1900 von Hermann Muthesius durch Bauten und Schriften ausgelöst wurde und bis in die Anfänge der dreißiger Jahre dauerte. Die besondere künstlerische Bedeutung beruht auf der ausgewogenen Innenraumausbildung und der äußeren Baukörpergliederung. Die Verwendung von höchst qualitätsvollen Materialien, Ausstattungsstücken sowie Baudetails führt zu einer beeindruckenden Gesamtheit.

Dem bekannten Landhausarchitekten Paul Poser (1876 bis 1940) ist hier in jeder Hinsicht ein bauliches Kunstwerk gelungen, das auch den Bauherren mit seinen Ansprüchen und Neigungen sowie familiären Eigenarten bis heute nicht verleugnet. Stilistisch zeigt Poser hier trotz traditioneller Grundhaltung, zurückhaltende Jugendstilmerkmale.

Der Bauherr, Juwelier Karl Wutke, führte sein Geschäft seinerzeit in der Friedrichstraße (Berlin-Mitte) und baute in Frohnau ein Wohnhaus. Man liebte die Kochkunst und die Natur. So erhielt das freistehende zweigeschossige Landhaus einen eingeschossigen Küchenflügel mit direkter Zuordnung zum Eßzimmer und vorgelagerter ovaler Veranda sowie zugeordneter Gartenterrasse. Dieser Gartenplatz ist dann Zentrum der parkähnlichen Gartenanlage. Brüstungsfelder des über der Veranda liegenden Balkons sind mit in Naturputz gearbeiteten Reliefs geschmückt. Sie zeigen die vier Töchter des Hauses als Genien (Tugend, Häuslichkeit, Sparsamkeit, Sauberkeit).

Von der großzügigen Wohn-Eßzimmer-Anlage zum Garten hin erreicht man durch eine Verbindungstür das straßenseitige Herrenzimmer (die klassische Raumtrias des Landhauses). Von der mittig durch Erker betonten Straßenfassade erschließt sich das Gebäude. Ein Windfang führt links noch heute in eine stilvoll ausgestattete große Garderobe mit WC-Anlage. Der sich hier anschließende Wirtschaftstrakt besteht aus einem Wirtschaftsflur mit Ausgang zum Garten sowie der – noch mit der hochwertigen Originalausstattung versehenen – Küchenanlage.

Mittig liegt die Treppenhalle des Hauses, von der auch alle drei Wohnräume zu erreichen sind. Im Obergeschoß und Dachgeschoß sind die Schlafräume, Töchterzimmer sowie Gästezimmer und eine Mädchenkammer im Walmdach über der Küche untergebracht. Der Elterntrakt hat zwei Schlafräume mit jeweils zugeordnetem Ankleidezimmer sowie Badezimmer (alles zeitgenössisch fest möbliert).

Das äußere Erscheinungsbild wird nicht nur durch die architektonische Gestalt, sondern auch durch die verwendeten Materialien und Konstruktionen geprägt. Alle Metallarbeiten des opulenten Mansard-Walmdaches sind aus Kupfer. Die reich gegliederte Naturputzfassade hat sparsamen Bildschmuck. Alle Fenster sind Kastendoppelfenster mit feiner Sprossung und Leibungsbetonung. Die Gartenumfriedung, eine aufwendige Staketenzaunkonstruktion, grenzt das Grundstück mit der Villa Wutke vom Südrand des Ludolfinger Platzes ab, ohne die Frohnauer auszugrenzen.

Im Rahmen der komplexen denkmalpflegerischen Wiederherstellung von 1990/91 wurden außergewöhnlich gute restauratorische und konservatorische Ergebnisse erzielt. Aus der reinen privaten Wohnung ist durch ein neues Raumnutzungskonzept eine flexible Bürostruktur möglich geworden, ohne daß die besonderen Gegebenheiten des Hauses und die äußerst zahlreichen Ausführungsdetails zerstört wurden.

22 FROHNAU

Bezirk Reinickendorf

Ortsteil Frohnau

Bereich der Baudenkmale
Bereich der Gartendenkmale
Objekte mit ausführlicher Beschreibung

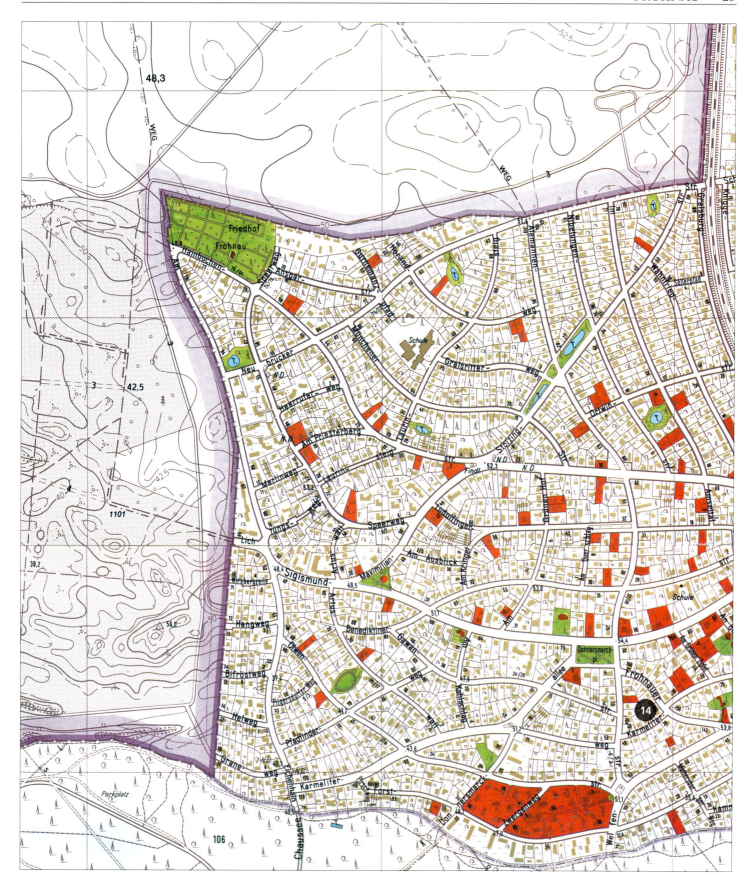

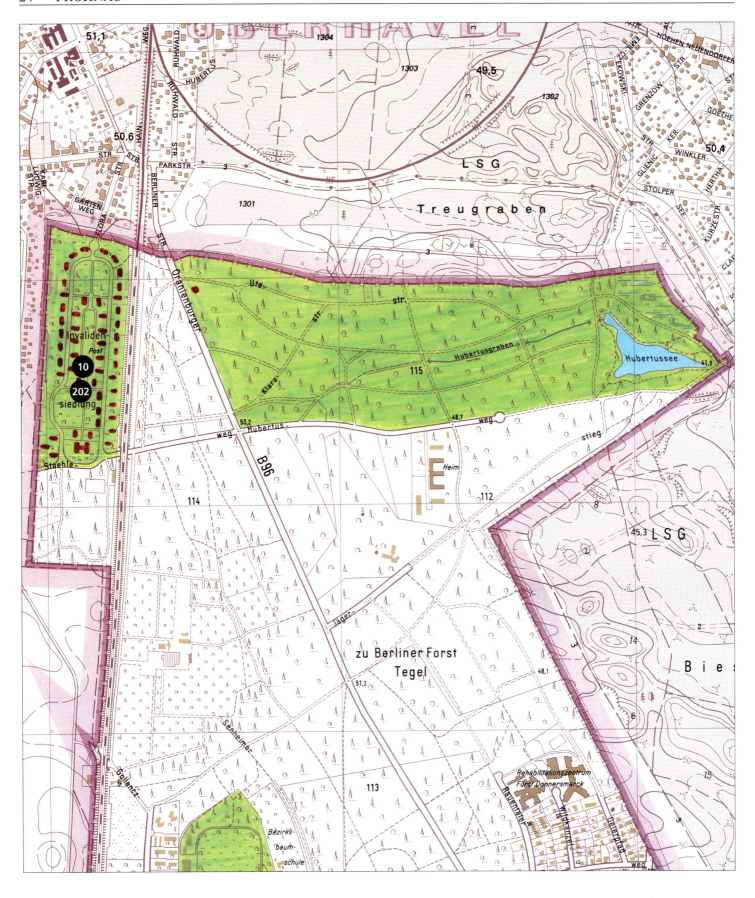

8 Maximiliankorso 6, Siedlung Frohnau

13 Zerndorfer Weg 55/77

11 Welfenallee 25/29

14 Alemannenstraße 16, Kupfer-Castell

12 Welfenallee 72/74, Siedlung Barbarossahöhe

15 Alemannenstraße 36

16 *Alemannenstraße 69*

19 *Am Grünen Hof 17*

17 *Am Grünen Hof 6*

20 *Am Grünen Zipfel 5*

18 *Am Grünen Hof 7*

21 *Am Grünen Zipfel 6*

22   Am Priesterberg 14/16, Fasanen-Hof

25   An der Buche 20

23   Am Rosenanger 8

26   Artuswall 26

24   Am Rosenanger 14

27   Benediktinerstraße 12

28 Benediktinerstraße 32

31 Edelhofdamm 24

29 Donnersmarckplatz 1

32 Edelhofdamm 31

30 Edelhofdamm, Park-Pavillon

33 Edelhofdamm 32

34 Edelhofdamm 36

37 Edelhofdamm 45

35 Edelhofdamm 40

39 Edelhofdamm 58

36 Edelhofdamm 42

40 Edelhofdamm 67

41 Forstweg 25

42 Forstweg 75

43 Frohnauer Straße 112–122, Friedhof Hermsdorf, Wasserturm

44 Frohnauer Straße 112/122, Friedhof Hermsdorf

45 Frohnauer Straße 112/122, Friedhof Hermsdorf

46 Frohnauer Straße 130

47 Frohnauer Straße 144

51 Fürstendamm 27

49 Fürstendamm 6

52 Fürstendamm 30

50 Fürstendamm 25/26

53 Fürstendamm 52

54 Fürstendamm 63

57 Gollanczstraße 18/24, Victor-Gollancz-Schule

55 Fürstendamm 68

58 Gurnemanzpfad 52

56 Gollanczstraße 3/5

59 Hainbuchenstraße 1

60 Hainbuchenstraße 9

61 Hainbuchenstraße 22

62 Hainbuchenstraße 26

63 Hainbuchenstraße 54

64 Hainbuchenstraße 56

65 Hainbuchenstraße 64/76, Friedhof Frohnau

66 *Hohenheimer Straße 13*

69 *Hohenheimer Straße 36*

67 *Hohenheimer Straße 19*

70 *Horandweg 5/7*

68 *Hohenheimer Straße 31*

71 *Horandweg 28*

72 Im Amseltal 3–5

75 Im Fischgrund 1

73 Im Amseltal 19

76 Im Fischgrund 2

74 Im Amseltal 24

77 Im Fischgrund 41

78 Im Fischgrund 44

81 Karmeliterweg 4

79 Jostweg 13, Kupfer-Castell

82 Karmeliterweg 9

80 Kammgasse 20

83 Karmeliterweg 32

84 Karmeliterweg 34

87 Kniggeweg 1–2

85 Kasinoweg 3

88 Königsbacher Zeile 7

86 Kasinoweg 4

89 Langohrzeile 7

91   Ludolfinger Platz, S-Bahnhof Frohnau

94   Ludolfinger Platz 2, Geschäftshaus Frohnau

92   Ludolfinger Platz, S-Bahnhof Frohnau

95   Ludolfinger Platz 4

93   Ludolfinger Platz 1/3, Kasino Frohnau

97   Ludolfinger Weg 17

98 Ludolfinger Weg 35

101 Ludolfinger Weg 61

99 Ludolfinger Weg 39

102 Ludolfinger Weg 73

100 Ludolfinger Weg 54

103 Markgrafenstraße 18

104 Markgrafenstraße 24

105 Markgrafenstraße 45

106 Markgrafenstraße 65

107 Markgrafenstraße 69

108 Markgrafenstraße 74

109 Markgrafenstraße 89

110   Maximiliankorso 3

113   Maximiliankorso 37

111   Maximiliankorso 12

114   Maximiliankorso 50

112   Maximiliankorso 16

115   Maximiliankorso 60

116 Maximiliankorso 66

120 Mehringerstraße 23

117 Mehringerstraße 3

121 Minheimerstraße 20/22

119 Mehringerstraße 20

122 Nibelungenstraße 8

123 Olwenstraße 51

126 Oranienburger Chaussee, Pilz

124 Olwenstraße 62

127 Oranienburger Chaussee 68

125 Oranienburger Chaussee, Verkaufspavillon

128 Oranienburger Chaussee 68A

129   Ortwinstraße 3

130   Ortwinstraße 5/7

131   Ortwinstraße 14

132   Rauentalerstraße 3

133   Remstalerstraße 10

134   Remstalerstraße 11/13

135 Remstalerstraße 32

138 Schönfließer Straße 12A

136 Rüdesheimer Straße 12

139 Schönfließer Straße 18/20

137 Rüdesheimer Straße 18

140 Schönfließer Straße 95

141 Senheimer Straße 19

144 Senheimer Straße 49 A

142 Senheimer Straße 22

145 Senheimer Straße 53A

143 Senheimer Straße 35, kath. St. Hildegard Kirche

146 Sigismundkorso, Pilz

147 Sigismundkorso 1–2

150 Sigismundkorso 15

148 Sigismundkorso 5

151 Sigismundkorso 19

149 Sigismundkorso 13–14

152 Sigismundkorso 22

153 Sigismundkorso 25–26

156 Sigismundkorso 63

154 Sigismundkorso 34

157 Sigismundkorso 79A

155 Sigismundkorso 57

158 Sigismundkorso 82

159 Sigismundkorso 84

162 Speerweg 30/32

160 Sigismundkorso 86

164 Tannenstraße 5

161 Speerweg 16/18

165 Wahnfriedstraße 1

166 Walporzheimer Straße 4

169 Welfenallee 47/49

167 Welfenallee 11

171 Wiltinger Straße 15

168 Welfenallee 15

172 Zeltinger Platz, Brunnen

176 Zeltinger Platz 17–18, ev. Johanneskirche

177 Zeltinger Straße 6

178 Zeltinger Straße 9

179 Zeltinger Straße 15

180 Zeltinger Straße 16

181 Zeltinger Straße 23

182   Zeltinger Straße 25

185   Zeltinger Straße 39/41

183   Zeltinger Straße 29

186   Zeltinger Straße 53

184   Zeltinger Straße 31

187   Zeltinger Straße 54

188 Zerndorfer Weg 24

195 Gollanczstraße 32/38

189 Zerndorfer Weg 25

196 Hattenheimer Straße 10

190 An der Buche, Platz mit Brunnen

197 Im Fischgrund 41

200 Sigismundkorso 25–26

204 Welfenallee, Platzgestaltung

203 Straßen- und Grünflächensystem Frohnau

HEILIGENSEE

206 *Alt-Heiligensee, Ortskern*

Über das alte Dorf Heiligensee erzählt man sich einige Sagen, die von einer im See versunkenen Glocke oder der Weihung des Sees mit einem silbernen Heiligenbild und dessen Heilkraft, Lahme wieder gehend zu machen, berichten. Fakt ist jedoch, daß in der ersten urkundlichen Erwähnung des Dorfes aus dem Jahre 1308 von dem Verkauf einer Spandauer Wiese an das Spandauer Nonnenkloster berichtet wird. In einem nur wenige Jahre jüngeren Dokument, von 1313, wird bereits eine Fähre erwähnt, die bis zum Jahre 1506, als man eine Brücke bei Hennigsdorf errichtete, stark frequentiert wurde. Seit 1383 führte der Pilgerweg nach Wilsnack über Heiligensee und sicherte die Einnahmen der Fähre.

Als Rittergut von zehn Hufen war Heiligensee 1441 im Besitz von Johannes von Bredow. 1472 übernahm die Familie von Pfuhl das Dorf und die freien Ritterhufen. Um aus ihren Besitzungen höhere Erträge zu erzielen, richteten sie ein Vorwerk und eine Schäferei ein. Im Jahre 1544 tauschte Kurfürst Joachim II. das Gut Heiligensee mit seinen reichen Wald- und Wildbeständen gegen zwei Dörfer ein und unterstellte es dem Amt Mühlenhof. 1607 erfaßte die Pest das gesamte Dorf. In der zweiten Hälfte des 17. Jahrhunderts gehörte es zum Amt Mühlenbeck. Ab 1829 war es dem Amt Spandau und von 1874 bis 1920 dem Amt Tegel unterstellt. Alt-Heiligensee hat bis heute wegen seiner Entfernung zu Berlin, und weil es in seiner Ausdehnung aufgrund seiner Lage zwischen dem Heiligensee und der Havel weitgehend eingeschränkt war, seine Form als Angerdorf bewahrt. Die alte Dorfkirche aus dem 15./16. Jahrhundert mit dem barocken Westturm von 1713, die an der Stelle einer mittelalterlichen Vorgängerin errichtet wurde, liegt heute eingebettet in dem alten Dorffriedhof, auf dem bereits um die Jahrhundertwende aus Angst vor Seuchen die Bestattungen verboten waren. Er wurde durch den Städtischen Friedhof an der Sandhauser Straße ersetzt.

Zu dem historischen Angerdorf Heiligensee gehören das neben der Dorfkirche stehende Spritzenhaus und das später angefügte Amtshaus, die alte Schmiedewerkstatt Alt-Heiligensee 61 und das hinter der Schmiede gelegene Wirtshaus Alt-Heiligensee 67 von 1869. Um die Dorfaue herum sind zahlreiche Bauern- und Kossätenhäuser mit Stuckfronten erhalten (Alt-Heiligensee Nr. 22, 76, 82/84 und 83/85). Besondere Attraktionen sind das aus dem 18. Jahrhundert stammende Bürgerhaus aus Fachwerk (Alt-Heiligensee 43) und das um 1780 errichtete Wohnhaus eines Kossätenhofes in Alt-Heiligensee 71. Auf der Ostseite des Angers, dem Heiligensee zugewandt, befindet sich das heute als Werkstatt und Atelier umgestaltete ehemalige Straßenbahndepot (Alt-Heiligensee 73/75), das mit der Einrichtung der Straßenbahnverbindung nach Tegel und einem Abzweig nach Tegelort 1912/13 errichtet worden war. Seit den zwanziger Jahren wurden die Gebiete zwischen dem alten Dorf Heiligensee und der Ruppiner Chaussee bebaut. Anfang der dreißiger Jahre enstanden die Siedlungen der »Heimstättengesellschaft Primus mbH« und der »Gemeinnützigen Heimstättengesellschaft Tempelhofer Feld« westlich der Straße Am Dachsbau in Neu-Heiligensee. In dem ehemaligen Flugwärterhäuschen am Eingang eines von 1915 bis 1919 genutzten Flugfeldes (An der Wildbahn 33) wohnte von 1938 bis zu ihrem Tode 1978 die berühmte Malerin und Mitbegründerin der Berliner Dada-Bewegung Hannah Höch. Im Nordosten von Heiligensee entstand 1935 hinter der Ruppiner Chaussee eine Werkssiedlung der »Gemeinnützigen Siedlungsgenossenschaft Borsigscher Werksangehöriger eGmbH« (Borsigsiedlung genannt) und der »Henningsdorfer Siedlungsgesellschaft mbH« (AEG), eine reine Arbeitersiedlung, die durch kleine Häuser mit Vorgärten geprägt ist. Die Gebäude der ehemaligen Flakkasernen von 1936/37 (Ruppiner Chaussee 268) schließen sich direkt daran an. Hier befinden sich heute die Polizei, Abschnitt 11, eine Feuerwehrschule und das Landeseinwohneramt.

Einige hundert Meter südöstlich der Kaserne erstreckt sich auf einem Terrain zwischen dem Forstamt im »Tegelgrund« und der Beyschlagstraße der Ortsteil Schulzendorf, der 1772 bei einem Teerofen (als Gut Schulzendorf) gegründet wurde. Bereits 1743 wurde in der Nähe des Teerofens ein Bierausschank mit einer Postkutschen-Versorgungsstation gebaut, die dann um eine Herberge für Durchreisende erweitert wurde. 1822 ließ sich der Kolonist Wilhelm Neue nieder, dessen Nachkommen heute unter dem Namen Neye in Schulzendorf ansässig sind und seit mehreren Generationen das Restaurant »Sommerlust« betreiben.

206, 227 *Alt-Heiligensee 67, Gasthaus »Zur Dorfaue«*
Wohn- und Gasthaus, 1869 von Otto Przewisinski, mit Saalbau, 1888 von Julius Thiele und einem Stallgebäude, 1910 von Ernst Busse.
Baudenkmal und Teil des Denkmalbereichs (Ensemble) Alt-Heiligensee

Die besondere ortsprägende Bedeutung des Gasthofs erklärt sich durch den für Berliner Dörfer seltenen Standort auf dem Dorfanger. Beim Brand des Dorfs Heiligensee um 1860 fiel das alte Gasthofsgebäude neben großen Teilen des Dorfs den Flammen zum Opfer. 1869 wurde es nach den Plänen des Spandauer Maurermeisters O. Przewisinski für August Peter, dem Gastwirt auf dem Dorfanger, neu gebaut, nun aber als Wohnhaus mit Gaststätte und Stallungen. Im Jahre 1888 wurde die Anlage noch um einen direkt an das Hauptgebäude anschließenden Saalbau erweitert.

Das eingeschossige sechsachsige Gebäude in Massivbauweise mit Satteldach auf hohem Kniestock entspricht einem weitverbreiteten Haustyp in den märkischen Dörfern. Ein Mittelflurtyp (eigentlich als Fünfachser vorkommend, mit Achsen sind die nebeneinanderliegenden Fenster und Türen gemeint) bei dem in der östlichen Hälfte die Wohnung mit Stube, Kammer, Küche lag und sich auf der westlichen Seite zwei Galerie mit einer Schlafstube befanden. Eine Holzstiege im Flur führte in den Dachraum mit der Nutzung als Boden sowie als Schlafstuben in Kammern an den Giebeln. Der Kehlbalkendachstuhl wurde mit Biberschwanzziegeln in Krondeckung gedeckt. Der fünfachsige Saalbau besteht ausschließlich aus einem großen, nicht unterteilten Saal (13,55 mal 11,40 Metern, der von der Gaststube, vom Hof und vom Dorfanger aus zugänglich ist. Der Saal ist von einem Hängewerk stützenfrei überspannt. Der Gasthof zeigt heute noch im wesentlichen die äußere Erscheinung des historischen Gebäudes am alten Standort und verkörpert gemeinsam mit den Höfen der Dorfanlage, der Kirche, der Schmiede das historische Ensemble des Dorfs nach dem Brand. Der angegliederte Saalbau zeigt die Entwicklung des Dorfs Heiligensee zum Berliner Ausflugsziel am Ende des 19. Jahrhunderts.

Dem wichtigen dörflichen Standort entsprechend, konnte die Nutzung als Restaurant im Rahmen einer Modernisierung gehalten werden. Auch der für dieses Bauensemble wichtige ehemalige Tanzsaal ist für den Dorfkrug erhalten geblieben. Die denkmalpflegerischen Ansprüche haben sich im wesentlichen auf das Äußere bezogen.

206, 237 *Alt-Heiligensee 104, Bootshaus Havelblick*
1930 von Karl Krüger
Baudenkmal und Teil des Denkmalbereichs (Ensemble) Alt-Heiligensee

Das Bootshaus Havelblick wurde 1930 vom Architekten Karl Krüger für den Landwirt Adolf Dannenberg in der Architektur des »neuen Bauens« konzipiert.

Es ist als dreischiffige Halle auf einer Grundfläche von 9,60 mal 33,40 Metern in reiner Holzkonstruktion über sechs Jochen errichtet. Mit einfachen Ziegeln sind die großen Außenwandfachwerkflächen ausgemauert. Im Erdgeschoß befindet sich die eigentliche Bootshalle, die durch vierteilige, liegende Fensterbänder belichtet wird. Im Obergeschoß sind die Schrank- und Umkleideräume in strenger Reihung entlang einem Mittelgang angeordnet, der am Kopfende des Baus zum Wasser hin zum Clubraum führt.

Diese Architekten beschränkten ihre Gebäudeform funktio-

227 Alt-Heiligensee 67, Gasthaus »Zur Dorfaue« mit Saalbau

237 Alt-Heiligensee 104, Bootshaus Havelblick

nal und sparsam auf das Notwendigste. Die unterschiedlichen Nutzungen sind in Räumen von überzeugender Sachlichkeit und Ästhetik untergebracht.

Der gefundene Konsens für eine akzeptable Nutzung und bauliche Behandlung hat ein denkmalpflegerisches Ergebnis erbracht, das die wichtigen bauhistorischen Aussagen weiter existieren läßt.

238, 252 *An der Wildbahn 33, Haus Hannah Höch*
Holzhaus 1912/20 von Carl Höhr & Co und Garten 1940 von Hannah Höch
Baudenkmal und Gartendenkmal

Das Häuschen an der Ecke An der Wildbahn 33 und An der Hasenfurt 1 ist wie auch seine Vorgänger unscheinbar. 1913 entstand hier eine erste kleinere Holzlaube auf dem zum Flugplatz Schulzendorf gehörenden von Kiefern bewachsenen Grundstück des Berliner Flugsportvereins. Carl Höhr, Nutzholzhändler, zeigte hier für seine Werbezwecke Holzbauten der verschiedensten Art (Gartenhäuschen, Zäune, Holzverbindungen, Einzelteile, Rohmaterialien, Sägehölzer). Erst ab 1920 wurde daraus ein festeres Sommerhaus.

Bauliche Erweiterungen und eine Heizungsanlage, Nebengebäude, Schornstein und Veranden gaben dem Gebäude nun etwas Dauerhaftes und zum Wohnen Geeignetes. Die baulichen Erweiterungen sind von landschaftsbezogener »Liebenswürdigkeit« und entwickeln einen eigenen Gartenhauscharakter.

Am 4. Dezember 1939 wird Hannah Matthies, geb. Höch, Berlin/Friedenau, Rubensstraße 89, Eigentümerin des 1172 Quadratmeter großen Grundstücks mit seinen Gebäuden. Hier beginnt ihre eigene Emigration: »… ich verreise in meinen Garten …«, schreibt sie 1953 an ihre Schwester. Hannah Höch (geboren am 1. November 1898 in Gotha, gestorben am 31.5.1978 in Berlin) als Künstlerin und Persönlichkeit hat über Deutschland hinaus Bedeutung erlangt und gilt als herausragende Dadaistin. In Collagen und Fotomontagen versucht sie mit außergewöhnlichem Erfolg, aggressiv und sarkastisch in kritisch-ironischer Distanz ihren gesellschaftspolitischen Ort zu formulieren.

Das Ausstellungsverbot von 1933 hemmt ihren künstlerischen Weg und führt »zum Rückzug ins Grüne«. Ihre Poesie von Garten, Pflanze und Blüte lebt nun in exotisch schönen Landschaften mit verträumten Grotesken. In dieser Zeit ist ihr Garten Quelle und Thema ihrer Fotos und Fotomontagen. Haus und Garten sind bis zu ihrem Tod ihr Kunstwerk, Schutzort und Refugium. Von hier aus rettet sie viele Werke ihrer künstlerisch tätigen Freunde vor den Säuberungsaktionen der Nazis. Sie hinterläßt einen großen und bedeutenden Dada-Fundus.

238 An der Wildbahn 33, Haus Hannah Höch

Haus und Garten sind nicht nur ein Denkmal der Beharrlichkeit, des Widerstands gegenüber Intoleranz und Vergessen, sondern sie sind selbst geschaffenes und gelebtes Kunstwerk dieser bedeutenden Frau und Künstlerin, die hier mit Natur und Kunst in Symbiose lebte.

207, 241, 243 *Ruppiner Chaussee 139/141, Gut Schulzendorf*
Familienhaus, Wohnhaus für ehemals acht Familien und Stallgebäude, um 1770
Baudenkmal und Bestandteil des Denkmalbereichs (Ensemble) Gut Schulzendorf

Nördlich hinter dem Schlößchen Tegel beginnt die heutige Karolinenstraße und etwas weiter die Ruppiner Chaussee. Sie bildeten den alten Postweg von Berlin nach Hamburg bzw. nach Rheinsberg und Neuruppin. Der heutige »Alte Fritz«, früher als »Neuer Krug« bezeichnet, war Haltepunkt, Ausspannung und Krug mit Bierausschank und lag am Ende einer Kolonistenansiedlung aus der Mitte des 18. Jahrhunderts, von der heute nur noch die »Alte Waldschänke« gegenüber erhalten ist, die anfangs Seidenraupenzucht betrieben hatte. Ein von Berlin aus gesehen einen Kilometer weiter liegendes, hell gestrichenes, zweigeschossiges und längliches Wohngebäude auf der südlichen Seite der Ruppiner Chaussee gibt dem aufmerksamen Betrachter sicherlich Rätsel auf.

Hier handelt es sich um den ältesten Teil einer Anlage, die früher das Gut Schulzendorf darstellte und das aus dem Betreiben eines Teerofens entstand. Der preußische Oberkonsistorialrat Anton Friedrich Büsching sagt in der »Beschreibung seiner

Reise von Berlin nach Kyritz in der Prignitz, welche er vom 26ten September bis zum 2ten Oktober 1779 verrichtet hat«: »(…) auf der Ösfeldischen Karte von der Gegend um Berlin steht der Neue Krug zu weit von dem Schlößchen ab, und da wo der Teer-Ofen bemerkt ist, ist nun der Ort Schulzendorf (…). Er war ehedessen unter dem Namen des heiligenseeischen Teer-Ofens bekannt, und neben dem Teer-Ofen stund ein Krug oder Wirtshaus (…), welches der Hofrath Schulze schon 1746 gepachtet hatte, und für die Erlaubnis, Ruppiner Bier verkaufen zu lassen, jährlich 8 Thaler an das Königliche Amt Mühlenbeck zahlte (…), eben der selbe erlangte 1754 ein Stück Landes und die Erlaubnis auf dem selben 8 Tagelöhner Familien anzusetzen. Er machte nun die Anlage zu einem ziemlich großen Garten, starb aber vor dessen Vollendung. Seine hinterlassene Witwe heiratete den Salz-Schiffahrts-Direktor, Herrn Andreas Wiesel, welcher nicht nur den Garten völlig ausführte, sondern auch 1761 alles, was zu dem genannten Teer-Ofen gehörte, nebst noch einem Stück Landes in Erbpacht bekam, die Wohn- und Wirtschaftsgebäude und den Krug ganz neu baute, auch noch vier ausländische Tagelöhner-Familien ansetzte und sich den ganzen Ort nebst dem Recht Bier zu brauen und Branntwein zu brennen und zu verkaufen und mit Unter- und Ober-Gerichten als ein Erbzins-Gut, unter dem Namen Schulzendorf erteilen ließ, worüber 1772 die königliche Bestätigung erfolgte (…).« Mit den Worten »Der Ort liegt ganz angenehm. Auf drei Seiten ist er mit Wald eingeschlossen, gegen Nord-Westen aber ist freyes Feld, über welches man von hier bis nach Heiligensee und an die Havel eine gute Aussicht hat (…)« endet Büschings Beschreibung Schulzendorfs.

Die unveränderte Situation, ein Wohnen in Stube, Kammer und Küche für acht Familien (Mietparteien) blieb bis in die siebziger Jahre dieses Jahrhunderts bestehen. Weder Veränderungen noch Modernisierungen waren zu verzeichnen. Erst der allgemeine schlechte bauliche Zustand führte dann zum Leerstand, und nach intensiven denkmalpflegerischen Forschungen und Planungen zusammen mit einem neuen Eigentümer erfolgte die konservatorische Instandsetzung und behutsame Modernisierung zum zeitgemäßen Wohnhaus.

Da fast alle historischen Bauteile und Strukturen erhalten waren, ist dies ein wichtiges Baudokument der preußischen Landbaukunst des 18. Jahrhunderts von herausragender Bedeutung. Es handelt sich um ein in seiner Zeit sehr »modernes« Gebäude, das zur Gruppe der »Familienhäuser« oder »Kolonistenhäuser« gehört. Die Anlage ist symmetrisch und besteht aus acht Fensterachsen und zwei Eingangsachsen. Der zweigeschossige Mauerwerksbau hat ein Satteldach, das an beiden Enden halb abgewalmt ist. Hinter den beiden Eingangstüren erstreckt sich ein durchgehender, nur im hinteren Teil durch die Küche leicht eingeschnürter Mittelflur mit jeweils einer Tür zum Hof. Von diesem Mittelgang gehen jeweils pro Geschoß zwei Wohnungen ab (d. h. pro Eingang vier Wohnungen) und die Stiege vom Erdgeschoß übers Obergeschoß ins Dachgeschoß. Eine Wohneinheit besteht aus der für diesen Haustyp typischen Aufteilung in Stube zur Straße und Kammer und Küche zum Hof. Hier wurden die für die damalige Zeit modernen Rauchküchenanlagen eingebaut, d. h. ein querliegender, die ganze Raumbreite (2,55 Meter) überspannender Rauchfang mit einem Belichtungsfenster. Alle Rauchküchenanlagen hatten sich hier in fast komplettem Zustand erhalten und wurden in das Restaurierungskonzept aufgenommen.

Dieses Gebäude charakterisiert die konsequente und einfache Funktionalität eines zweiseitig erschlossenen und belichteten Hauskonzepts, das sich in beliebiger Anzahl reihen ließe, ohne daß diese Art der Einfachheit auf Kosten einer guten Architektur ginge. Es stellt durch die Fülle von erhaltener Originalsubstanz und der komplett erhaltenen Struktur sowie die große Zahl der Handwerkszeugnisse des 18. Jahrhunderts ein herausragendes Zeugnis der »preußischen Landbaukunst«, wie sie von David Gilly in weiten Teilen mitbestimmt wurde, dar.

Da dieses Gebäude in seinem Orginalbestand aus dem 18. Jahrhundert nie modernisiert worden ist, aber auch kaum instand gehalten wurde, kam es um 1970 zum vollständigen Leerstand und einem daraus notwendig folgenden Verfall der acht Kleinstwohnungen. Dem Abrißantrag folgte ein schwieriger Umdenkungsprozeß im Sinne historischer und denkmalpflegerischer Belange. Konservieren, Restaurieren, Modernisieren führten hier zu einer faszinierenden, zeitgemäßen Symbiose. Der Umbau des Wohnhauses unter Integrierung des Stallgebäudes zu vier modernen Wohneinheiten erfolgte, ohne Originalstrukturen und Handwerksdetails zu zerstören. Auch Stall und Pavillon konnten dabei einer aktiven Nutzung zugeführt werden.

243 *Ruppiner Chaussee 139/141, »Familienhaus«*

60 HEILIGENSEE

Bezirk Reinickendorf

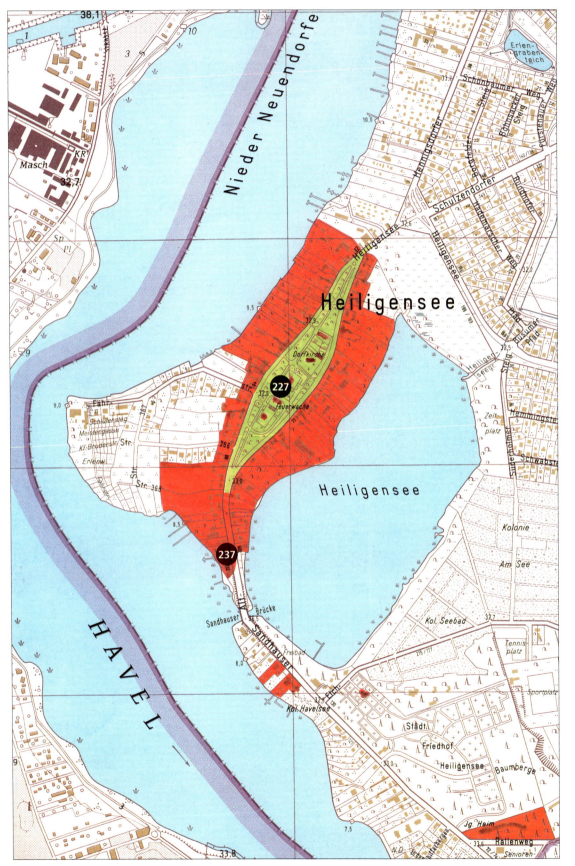

Ortsteil Heiligensee

Bereich der Baudenkmale
Bereich der Gartendenkmale
Objekte mit ausführlicher Beschreibung

HEILIGENSEE

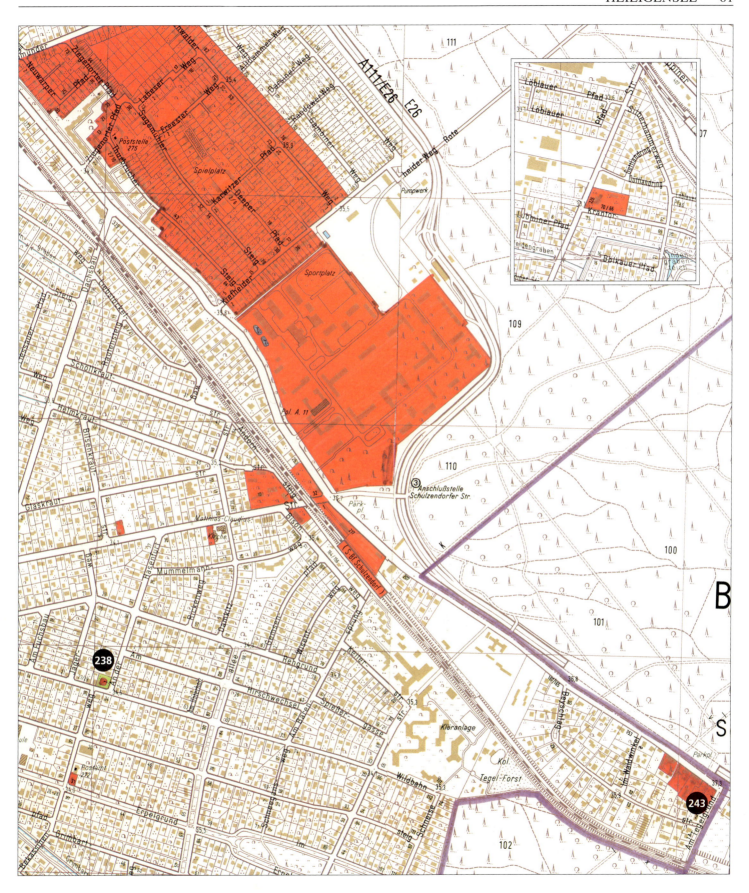

207 Ruppiner Chaussee 139/145B, Gut Schulzendorf

211 Schulzendorfer Straße 10/12

209 Alt-Heiligensee 107/109

212 Ziegenorter Pfad 9, 11–40, 42/66, 67–74, Borsigsiedlung

210 Ruppiner Chaussee 268, Kaserne

213 Alt-Heiligensee, Dorfanger, ev. Dorfkirche Heiligensee

214 Alt-Heiligensee 12/16

217 Alt-Heiligensee 39

215 Alt-Heiligensee 33

218 Alt-Heiligensee 43

216 Alt-Heiligensee 38

219 Alt-Heiligensee 45/47

220 Alt-Heiligensee 50

221 Alt-Heiligensee 52/54, Pferdestall

221 Alt-Heiligensee 52/54, Café-Pavillon

222 Alt-Heiligensee 55

221 Alt-Heiligensee 52/54, Gaststätte (Hotel)

223 Alt-Heiligensee 56/58, Küster- und Schulgehöft

224 Alt-Heiligensee 57/59

228 Alt-Heiligensee 68, Amtshaus Heiligensee

225 Alt-Heiligensee 60/62

229 Alt-Heiligensee 73/75, ehemaliger Straßenbahnhof

226 Alt-Heiligensee 61–61A, Dorfschmiede

230 Alt-Heiligensee 76

231 Alt-Heiligensee 77/79

234 Alt-Heiligensee 90/92

232 Alt-Heiligensee 82/84

235 Alt-Heiligensee 93/95

233 Alt-Heiligensee 83/89

236 Alt-Heiligensee 96/98

239 Bekassinenweg 18

242 Ruppiner Chaussee

240 Henningsdorfer Straße 126

244 Ruppiner Chaussee 217, S-Bahnhof Schulzendorf

241 Rallenweg 2/4

245 Ruppiner Chaussee 235, Beamtenwohnhaus

246 Sandhauser Straße 78/130, Friedhof Heiligensee

249 Schulzendorfer Straße 23

247 Sandhauser Straße 139/145, Gaswerk Heiligensee

250 Schulzendorfer Straße 44

248 Schulzendorfer Straße 3

HERMSDORF

253 *Alt-Hermsdorf, Ortskern*

HERMSDORF

Hermsdorf (ehem. »Hermansdorp«) wurde im Verlauf des 13. Jahrhunderts gegründet und erhielt seinen Namen wahrscheinlich von dem Lokator Hermann. Die Dorfform, die geringe Landausstattung und die fehlende Hufeneinteilung lassen einen slawischen Ursprung des Dorfs vermuten. Nach der ersten urkundlichen Erwähnung von 1349 hieß der Dorfherr Busse Mylow. Im Landbuch Kaiser Karls IV. von 1375 wird als Besitzer von Hermsdorf der Ritter Johann von Buch genannt. Im 15. Jahrhundert kam es zu häufigen Besitzerwechseln. Die Äcker waren karg, und die Bauern gaben häufig ihre Hofstellen auf, ohne daß sich sofort ein Nachfolger fand. Die Familie Goetze bemühte sich um die Erhöhung der Wirtschaftlichkeit des Dorfs, indem sie 1620 eine Wasser- und Windmühle erwarb. 1626 umfaßte das Rittergut über 1000 Morgen, jedoch wurden der Rittersitz und die Wirtschaftsgebäude während des Dreißigjährigen Kriegs (1618–1648) vollständig zerstört. Im Jahre 1752 erwarb Oberamtmann Niethe durch Erbverschreibung vom 22. Januar 1752 das Erbzinsgut Hermsdorf mit der Auflage, acht Kolonistenfamilien anzusiedeln und eine Maulbeerplantage einzurichten. Mißernten, Viehsterben, das schlechte Gedeihen der Maulbeerbäume und der Siebenjährige Krieg (1756–1763) verhinderten jedoch das Vorhaben, Neu-Hermsdorf zu einer ertragreichen Siedlung zu entwickeln.

Bis 1836 wechselte das Rittergut Hermsdorf dreizehnmal den Besitzer! Aufgrund der Tonvorkommen wurde nach 1836 vom Gutsbesitzer Wernicke eine Ziegelei übernommen, die in den sechziger Jahren des 19. Jahrhunderts noch um eine Tonwarenfabrik erweitert wurde, die auch Baukeramik herstellte.

Hermsdorfer Ziegel wurden für viele Berliner Backsteinkirchen und Schulbauten des 19. Jahrhunderts verwendet. Bereits 1880 mußte die Fabrik Konkurs anmelden. In den Fabrikräumen befand sich von 1883 bis in die 1960er Jahre hinein das Ausflugs- und Gartenlokal »Seeschloß« mit Tanzsaal und Kegelbahn. Bei einem Spaziergang durch Alt-Hermsdorf kann man die Spuren dieser frühen Fabrik in einem rein ländlich geprägten Gebiet heute noch entdecken.

Als letzter Gutsbesitzer von Hermsdorf förderte Leopold Lessing nach 1860 die industrielle Entwicklung des Orts. 1872 gründete er in der Nähe der Trasse der im gleichen Jahr eröffneten Nordbahn eine weitere Ziegelei. Durch seine frühen Bebauungsunternehmen in der Bahnhof-, Schloß- und Auguste-Viktoria-Straße trug Lessing dazu bei, daß sich Hermsdorf nach der Anbindung an den Berliner Vorortverkehr im Jahr 1891 zu einem Villen- und Wohnvorort entwickelte.

Auf Betreiben Lessings wurde 1897 eine Kreis-Chaussee (Hermsdorfer Damm) als Verbindung zwischen Hermsdorf und Tegel geschaffen. Wenige Jahre nach seinem Tod im Jahre 1900 erwarben die Deutsche Volksbaugesellschaft, die Berliner Baugenossenschaft, die Gesellschaft zur Gründung eigener Heimstätten, die Hermsdorfer Boden-Aktiengesellschaft und private Bauleute die Grundstücke des ehemaligen Ritterguts und bebauten sie mit Ein- und Mehrfamilienhäusern.

Nachdem Hermsdorf um die Jahrhundertwende zum Sommerausflugsgebiet für die Berliner geworden war, avancierte der einstige Berliner Vorort in den ersten Jahrzehnten des 20. Jahrhunderts zu einem mittleren bis gehobenen Wohnvorort mit 6000 Einwohnern und einer Schule für höhere Töchter, die 1917 als Lyzeum anerkannt wurde. In den Jahren 1908/1909 verweilte der Maler Max Beckmann in der Ringstraße 8 in Hermsdorf. 1930 wurde das Hermsdorfer Realgymnasium, die heutige Georg-Herwegh-Oberschule, errichtet. Den Zweiten Weltkrieg überstand Hermsdorf ohne nennenswerte Zerstörungen.

In dem alten Dorfschulhaus (Alt-Hermsdorf 35) befindet sich seit 1980 das bezirkliche Heimatmuseum und Archiv. Es verzeichnet mehrere tausend Fotos, Negative, Postkarten, Zeitungsartikel sowie einige Urkunden und Landkarten. Auf dem Hof befindet sich ein rekonstruiertes germanisches Gehöft aus der Zeit um 200 n. Chr. Das Museum bietet eine ständige Ausstellung sowohl zur Vor- und Frühgeschichte als auch zur Regional- und Bezirksgeschichte und zusätzlich Wechselausstellungen.

Im Jahre 1996 hatte Hermsdorf insgesamt 17 051 Einwohner.

253 Alt-Hermsdorf, Archäologische Befunde
Bodendenkmal

Schon im 12. Jahrhundert haben sich hier Deutsche Siedler auf dem dürftigen Boden niedergelassen. 1373 erwarb Kaiser Karl IV. die gesamte Mark Brandenburg für seine unmündigen Söhne und ließ eine genaue Beschreibung seines neuen Besitzes anfertigen: das Landbuch von 1375, eine Quelle für jegliche Ortsgeschichte. Mit häufigen Besitzerwechseln, dem Dreißigjährigen Krieg mit seiner Zerstörung, mit Friedrich II. und dem Siebenjährigen Krieg erlebte das Dorf eine äußerst bewegte Geschichte von Armut, Brand, Verwüstung und Brache. So ist es für die Geschichtsforschung von Hermsdorf von besonderer Bedeutung, wenn archäologische Grabungen stattfinden. An drei Stellen haben Archäologen in den letzten Jahren Grabungen vorgenommen:

– Feld auf dem Rest der alten Dorfaue gegenüber Alt-Hermsdorf 8/9. Da die vollständige Auswertung der Grabung noch nicht vorliegt, ist hier nur zu vermerken, daß der hier gefundene Friedhof bereits im 13. Jahrhundert Begräbnisstätte der Siedler auf diesem Land und mindestens zweimal Standort einer Kirche war.
– Grundstück Alt-Hermsdorf 10 A. Die Auswertung der Untersuchungen auf diesem Grundstück ist noch nicht abgeschlossen.
– Grundstück Alt-Hermsdorf 9. Bei der Grabung auf diesem Grundstück wurden Fundstücke entdeckt, die ein bäuerliches Gehöft aus der Frühzeit Hermsdorfs im 13. Jahrhundert bzw. frühen 14. Jahrhundert nachweisen. Das Fehlen von Funden aus der Zeit des mittleren 14. Jahrhunderts, des 15. Jahrhunderts bzw. frühen 16. Jahrhunderts läßt berechtigt vermuten, daß in dieser Zeit keine Bewirtschaftung des Bauerngehöfts stattfand. Ein Kellerfund, der auf eine Zerstörung im ersten Drittel des 17. Jahrhunderts hinweist, und Fundstücke aus älterer Zeit sprechen für eine Wiederbelebung erst im 16. Jahrhundert.

Nach der vollständigen Zerstörung ganz Hermsdorfs im Dreißigjährigen Krieg, gab es 100 Jahre lang keinerlei Besiedelung und Aktivitäten mehr. Erst infolge der Besiedelungspolitik Friedrichs II. entstand an dieser Stelle wieder ein Bauerngehöft (bewiesen durch den Fund einer datierten Flaschenscherbe von 1755 in einem Kellerrest) unter dem Oberamtmann Niete, der in Erbverschreibung das Erbzinsgut Hermsdorf mit der Auflage, Kolonisten anzusiedeln, bekommen hatte. Aber auch dieses Gebäude wurde zerstört, es brannte vermutlich um 1760 im Siebenjährigen Krieg ab. Es ist anzunehmen, daß zwischen 1760 und 1790 kein Wiederaufbau erfolgte.

Die Lage der Gebäude bis dahin war giebelseitig. Nun, um 1790, war ein Gebäude traufständig entstanden. Der umfangreichste und haustypologisch einwandfreie Fund ist dieser Grabungsteil mit einem zusätzlichen, auf gleichem Grundriß liegenden Befund von 1819 (Dorfbrand). Die archäologische Grabung ermittelte ein Bauernhaus, das dem des mitteldeutschen Doppelstubenhauses entspricht, wie es in jener Zeit für Kossäten, Kolonisten und Landarbeiter verwendet wurde. Die Maße von 9,60 mal 13 Metern entsprechen im Prinzip den Forschungen an anderer Stelle.

Der Mittelflur ist von beiden Seiten durch Haustüren zugänglich. Die Hausfront verlief unmittelbar auf der Grundstücksgrenze. Die gefundenen Fundamentteile bestehen ausschließlich aus Feldsteinen, die mit Lehm verlegt sind. Vom Vorderteil des Mittelflurs betrat man rechts bzw. links die jeweilige Stube, von der dann zum Hof hin eine Kammer zu erreichen war. In der Mitte lag die »schwarze Küche« (unbelichteter, sich nach oben verjüngender Rauchfang für die Feuerstelle – von Ruß geschwärzt), gemeinsam für beide Familien zu benutzen. Hier lag auch der Zugang zum Keller. Die Größe der Küche wurde auf 4 mal 3,20 Meter gemessen. Reparaturteile mit gestempeltem Hermsdorfer Ziegel weisen auf die Zeit der Hermsdorfer Ziegelei (1801, 1830 bis 1880) hin.

Die archäologischen Befunde belegen ihren Stellenwert bei der Orts- und Baugeschichtsforschung, insbesondere in Verbindung mit anderen historischen Quellen und Bauforschungen.

266 Alt-Hermsdorf 35, Gemeindeschule Hermsdorf (Heimatmuseum)
1889, Erweiterung 1897–98 von Ernst Busse, Schulhaus auf dem Hof, 1905–06 von Gustav Hoffmann (?)
Baudenkmal

Das straßenseitige, auf hohem Sockel stehende Gebäude ist der Berliner Backsteinbaukunst zuzurechnen. Diese berlintypische Bauform geht auf mittelalterliche Bautraditionen der norddeutschen Backsteingotik zurück, die mit der Vorliebe zu Stuck- und Putzfassaden im 16./17. Jahrhundert verlorenging. Erst Karl Friedrich Schinkel hat mit seinem ersten ziegelsichtigem Bau, der Militärarrestanstalt und Kaserne in der Lindenstraße (Luisenstadt) (1817/18) die Backsteinbaukunst neu belebt. Er löste eine neue Technologie und Architekturform aus, die als Berliner Schule des Backsteinbaus zu bezeichnen ist.

Das Heimatmuseum Reinickendorf wurde im Jahre 1980 im ehemaligen Schulhaus in Alt-Hermsdorf gegründet und übernahm die Sammlung der seit dem Jahre 1959 im Gutshaus Wittenau existierenden heimatkundlichen Schau, die wiederum ihren Vorläufer in der ersten heimatkundlichen Ausstellung im Reinickendorfer Realgymnasium in der Berner Straße (heute Friedrich-Engels-Oberschule in der Emmentaler Straße) im Jahre 1930 hatte.

266 Alt-Hermsdorf 35, Gemeindeschule Hermsdorf

Die über 65jährige Sammlungsperiode sowie zahlreiche Schenkungen und Neuerwerbungen von 1980 bis heute haben den Fundus des Heimatmuseums so vergrößert, daß es heute als das zentrale Archiv zur Geschichte Reinickendorfs bezeichnet werden kann.

Die ständige Ausstellung erstreckt sich auf teilweise ineinander übergehende Räume auf drei Etagen. Im Erdgeschoß sind die Abteilungen Vor- und Frühgeschichte, Handwerk/Industrie und Verkehr untergebracht, das Obergeschoß beschäftigt sich mit Geographie, mittelalterlicher und neuerer Geschichte Reinickendorfs und stellt inszenierte Räume zur Schau: Bauernstube, Klassenzimmer, Biedermeierzimmer und Jägerstube. Im Kellergeschoß geht es weiter mit der Berliner Arbeiterküche von um 1920 und der Waschküche. Im Hof gibt es ein germanisches Gehöft aus Wohn-/Stallhaus, Spinn- und Webhaus und Speicher zu sehen.

Das umfangreiche für die Öffentlichkeit zugängliche Regionalarchiv umfaßt eine große Anzahl nicht nur von Fotos, sondern auch Dias, Bildplatten und Postkarten, Urkunden, Landkarten und Zeitungsartikel, unveröffentlichte Manuskripte, Denkschriften und Festschriften zur Geschichte des Bezirks. Das Archiv wird außerdem durch eine Präsenzbibliothek ergänzt.

Das Gebäude ist also nicht nur ein Geschichtszeugnis und stellt Geschichte aus, sondern es lädt auch jedermann zur Geschichtsforschung ein.

253, 267 Alt-Hermsdorf 39, Büdner- und Schlachthofanlage Brückmann
vor 1769, 1866; 1884, 1904, Wohnhaus mit Seitenhaus und Schlachthaus, Wohnhaus mit Räucherhaus und Stallungen
Baudenkmal und Bestandteil des Denkmalbereichs (Ensemble) Alt-Hermsdorf

Die Siedlungspolitik Friedrichs II. – menschenarmes Land durch Neuansiedlung von Ausländern zu beleben –, führte zur Erbverschreibung Hermsdorfs an den Oberamtmann Niete im Jahr 1752 mit der Auflage, acht Kolonisten anzusiedeln. Drei Bauern und fünf Kossäten aus Braunschweig, Hannover und Sachsen erhielten das neu verteilte Land – 60 Morgen für jeden Bauern und 2 Morgen für jeden Kossäten. Auch das Grundstück Alt-Hermsdorf 39 geht auf diese Zeit zurück. 1769 erhält der Tagelöhner Martin Schuster durch Erbverschreibung von der Grundherrschaft die halbe Büdnerstelle neben der des Jochen Müller. Beide Ursprungsbauten bestehen bis auf den heutigen Tag. Das Wohnhaus muß vor 1769 entstanden sein, denn in der Erbverschreibung wird ihm ein neues gemeinsames Dach mit Müller auf vorhandenen Gebäuden erlaubt.

Niete baute 1756 vermutlich auch eine neue Kirche an einem neuen Standort, mit Kirchhof. Der alte Friedhof (von vor 1756) wird 1909 geschlossen und später archäologisch untersucht. Diese Kirche wird schon 1830 durch einen neuen Steinbau er-

267 Alt-Hermsdorf 39, Büdnerhof Bruckmann

setzt. Häufiger Besitzerwechsel führte 1836 zur Übernahme des Guts durch Wernicke. Das bis ins 19. Jahrhundert sehr kleine und arme Dorf wurde einerseits vom Gut, andererseits von seinen Mühlen geprägt (1449 entstand die Wassermühle, 1620 die Windmühle, 1702 die Sägemühle). Mit dem neuen Gutsbesitzer kommt nun ein weiterer Bereich hinzu. Er baut die schon 1801 erwähnte Ziegelei zu einer wichtigen Tonwarenfabrik aus, die dann 1860 vom Nachfolger Lessing erweitert wird. Durch die Aufhebung des Mehlzwangs geraten die Hermsdorfer Mühlen so in Druck, daß sie aufgeben.

Die Tonwarenfabrik (Manufaktur) in der heutigen Junostraße hatte vermutlich eine recht umfangreiche und qualitätvolle Produktion. So weist auch der Gebäudekomplex Alt-Hermsdorf 39 eindrucksvolle Terrakottaschmuckelemente sowie Ziegel aus Hermsdorfer Produktion auf.

Das alte Wohnhaus aus dem 18. Jahrhundert gehört zum in der Mark weitverbreiteten »mitteldeutschen Doppelstubenhaus« mit im Mittelflur liegender »schwarzer Küche« sowie einer Stube zur Straße und Kammern zum Hof. Wichtige Bauteile dieser Zeit sind erhalten geblieben, so auch die Holzbalkendecke mit Lehmstaken und ornamental-farbig gefaßtem Lehmstrich. Erweiterungen und Ergänzungen um 1823, 1866 und 1878 führten 1884 zum Neubau eines großen Wohnhauses auf der Nordseite neben dem alten Büdnerhaus, das 1904 mit einem Fachwerkgeschoß als Räucherhaus erweitert wurde. In der Bauphase von 1866 wird der ehemalige Stall vom damaligen Eigentümer Brückmann zu einem Schlachthaus umgebaut.

Das heutige Bild dieser Gesamtanlage zeigt fast alle Phasen der Entwicklung von Hermsdorf – von der bäuerlichen Bewirtschaftung zum gewerblichen Betrieb, vom Tagelöhnerhaus des 18. Jahrhunderts bis zum repräsentativen spätklassizistischen Wohnhaus, vom einfachen Ziegel bis zur qualitätvollen Terrakotta. Eine umfassende Sanierung und Modernisierung zu einer privat genutzten Wohnanlage hat diesen historischen Bauten einen würdigen Weiterbestand verschafft.

303 Junostraße 7/7a, Hermsdorfer Ton- und Zementwarenfabrik/Restaurant Seeschloß
ca. 1860, 1866, 1894, 1900 (Architekt E. Busse), 1926
Baudenkmal

Die Baulichkeiten auf den Grundstücken Junostraße 7 und 7 a sind noch heute miteinander verbunden und Teile eines einst zusammengehörigen Denkmalensembles, das nachweislich ab 1866 anstelle älterer Anlagen als »Ziegelei- und Tonwarenfabrik zu Hermsdorf« entstanden ist. Die Baugeschichte der idyllisch am Tongrubensee östlich der Seebadstraße liegenden Anlage ist ein wichtiger Abschnitt der Hermsdorfer Geschichte.

Der Gutsbesitzer Wernicke erwarb 1836 das Gut Hermsdorf.

Er errichtete zu dieser Zeit eine Ziegelei, über die wenig bekannt ist. Sein Nachfolger (ab 1860), der Rittergutsbesitzer Leopold Lessing, ersetzte diese erste Anlage durch eine größere Fabrik, von der bis heute wichtige Bauzeugnisse überkommen sind: Brennofen mit Schornstein sowie das sogenannte Arbeiterwohnhaus. Lessings Wirken hatte über die Tonwarenfabrik hinaus für Hermsdorf weitreichende Folgen. Seine Fabrik genoß einen recht guten Ruf und produzierte neben Ziegeln (Signaturen z. B.: Hermsdorf, Hermsdorf bei Berlin), die in Berlin weit verbreitet waren, auch dekorative und skulpturale Bauteile, von äußerst hoher Qualität. Sie sind im Ort u. a. am Arbeiterwohnhaus, am Wohnhaus vor dem Saalbau und am Gebäude Alt-Hermsdorf 39 verwendet worden, außerhalb Hermsdorfs im Bezirk Wedding am Luisenbad, an der Thomas-Kirche in Kreuzberg und am Roten Rathaus in Berlin-Mitte. Als 1880 aus nicht bekannten Gründen ein Wassereinbruch in den beiden Tongruben zur Einstellung des Ziegeleibetriebs führte, unterhielt Lessing eine mäßig erfolgreiche Zementgußproduktion und versuchte durch Erdbohrung eine Solquelle zu erschließen. Die Entwicklung zum Kurort wurde zwar vorangetrieben, aber die Quelle versiegte bald. Die Umwandlung zum Ausflugslokal Restaurant Seeschloß hingegen wurde erfolgreich von Lessings Nachfolger betrieben.

303 Junostraße 7–7 A, Hermsdorfer Ton- und Zementwarenfabrik

Der aus dem Rheinland zugewanderte Hermann Schulze baute das Erdgeschoß des Arbeiterwohnhauses zum Tanzsalon um. Er errichtete Gartenhalle und Kegelbahn, gestaltete den Fabrikationshof zum Gartenrestaurant um und errichtete den großen Saal mit den Nebengebäuden. Noch 1926 wurde die alte offene Kegelhalle durch eine neue Kegelbahn mit darüberliegender Gartenhalle ersetzt.

Das gesamte Ensemble, in mehreren Bauphasen entstanden, ist zwar teilweise durch Veränderung und Mißnutzung stark verunstaltet, zeigt aber immer noch Substantielles aus den jeweiligen Baukulturen. Der entstellte Sockelbereich des Kopfbaus des Restaurationssaalgebäudes wird noch immer von dem recht gut erhaltenen, ziegelsichtigen, zweigeschossigen Baukörper überlagert, der mit einem ornamentalen Terrakottafries geschmückt ist. Der Saalbau zeigt die sehr eindrucksvolle spätklassizistische Formsprache des Architekten Ernst Busse, trotz Änderungen und zerstörerischer Einbauten. Von der eigentlichen Fabrikationsanlage aus der Zeit um 1860 sind noch der ziegelsichtige Schornstein mit Zierdekor und ein dazugehöriger Brennofen mit Einströmöffnungen in der alten Gartenmauer und Resten der Terrakottaproduktion vorhanden.

Diese Anlage ist das einzige industrie- und technikgeschichtliche Zeugnis dieser Art in Berlin. Das ehemalige Arbeiterwohnhaus, ein dreigeschossiger Mauerwerksbau, war ursprünglich ziegelsichtig, mit umfangreichen Dekorationen aus eigener Produktion, und ist heute verputzt. Wenige gut erhaltene Ornamente befinden sich über dem Haupteingang, der eine gut erhaltene Halle mit Ausstattung und Farbwandfassung erschließt. Der noch vorhandene Reliefschmuck mit Genien der Wissenschaft und Technik (technische Instrumente, Lokomotiven, Zahnräder, Zange, Fliehkraftregler), Spruchband mit der Jahreszahl 1866 sowie Zirkel, Winkel, Grundriß und einem Porträtrelief zeugt von einer Fortschrittlichkeit und einem Selbstbewußtsein, die noch heute beeindrucken. Trotz Verluste an der Fassade ist die Architektur neben dem verbliebenen Schmuck durch die qualitätvolle Proportion der Achseinteilung und die hierarchisierten Fensteröffnungen von herausragendem Wert. Auch das Kegelbahngebäude ist ein interessantes Zeugnis der Bau- und Ortsgeschichte, insbesondere seine Jugendstilornamentteile.

Das gesamte Ensemble einschließlich seiner Freiflächen und Uferbereiche am Tongrubensee ist ein beeindruckendes Beispiel der regionalen Ziegelbaukunst und -produktion. Da aber gerade diese Bereiche weit über Berlin hinaus in Preußen Bedeutung hatten und Maßstäbe setzten, ist hier ein Stück überregionale Bau- und Manufakturkultur überliefert.

Die bedeutenden Baureste stehen schon seit etwa 1985 im besonderen denkmalpflegerischen Interesse. Viele Konzeptfindungsversuche haben bis heute zu keinem Ergebnis geführt. So sind auch aus jüngerer Zeit einige wesentliche Denkmalverlu-

303 Junostraße 7–7 A, Hermsdorfer Ton- und Zementwarenfabrik

ste zu verzeichnen, die angesichts der Bedeutung der Anlage von besonderer Tragweite sind und die das weitere Bemühen um einen verantwortbaren Umgang mit ihr fördern sollten.

305, 335 *Kneippstraße 35/45, Kneipp-Kurhaus Hohenzollernbad*, 1894/95 von H. Engelke
Baudenkmal und Gartendenkmal

Die historische bauliche Anlage des ehemaligen Altenheims St. Josefstift, die heute zu einem Wohnpark im wahrsten Sinne des Wortes umgebaut ist (einschließlich ergänzender Neubauten im oberen Grundstücksteil), liegt in einer parkartigen Pfuhlsenke, in einer Naturlandschaft, wie sie für Hermsdorf typisch und doch nur noch in wenigen Beispielen vorhanden ist. Der Rittergutsbesitzer Leopold Lessing ließ hier 1894 die ersten Bauten einer Kuranstalt auf seinem Grund errichten: ein eingeschossiges Gieß- und Badehaus. 1895, unter dem neuen Eigentümer Hugo Platz, wurde das große »Kneipp-Kurhaus« errichtet, ein großzügiger Landhotel- und Sanatoriumsbau, der geschickt ländliche Bauform mit traditionellen Stilzitaten verbindet.

Über überhohem Sockel mit einer großzügigen Terrasse erhebt sich das breitgelagerte neunachsige Gebäude. Die Mitte wird durch ein Risalit mit Altan betont. Ein umlaufender Balkon im ersten Obergeschoß und die aufwendigen Gauben bzw. Dachhäuschen sind charakteristisch für das Erscheinungsbild. Auch die großzügigen Terrassenfensteranlagen sowie die kostbaren Sandsteinfensterrahmungen geben dem Gebäude ein herrschaftliches Äußeres. Die Eröffnung fand am 1. Juli 1896 statt. Erweiterungen des Badehauses, der Neubau einer großzügigen herrschaftlichen Remise (Pferdestall mit Kutschenschuppen sowie Kutscherwohnung) folgten. Die Umnutzung 1902 zum Sanatorium Hermsdorf-Berlin, Heilanstalt für Zuckerkranke führte zur Abrundung der baulichen Gesamtanlage; das Gießhaus wird nun gleichfalls zu einer Dominanten mit gutsherrlichem barocken Habitus in der nun edel gestalteten Wohnlandschaft der Hermsdorfer Pfuhlsenke.

Erst der Erwerb 1949 durch die »Kongregation« führte nach einer Zeit von problematischer Nutzung und Umbauten zu einem angemessenen Umgang und einer ebensolchen Nutzung der Anlage. Das Grundstück ist als Gartendenkmal einer Insel gleich, eines der letzten Zeugnisse der natürlichen Topographie Hermsdorfs und zugleich ein herausragendes Beispiel einer Kurparkanlage des ausgehenden 19. Jahrhunderts. Schon im 17. Jahrhundert waren Grünanlagen bei Kurstätten von grundsätzlicher Bedeutung und hatten gartenkünstlerisch einen besonderen Stellenwert. Ganz im Sinne dieser Tradition entstand die Kurparkanlage im landschaftlichen Stil nach englischem Vorbild, die sich bis heute nahezu unverändert erhalten hat. Der alte Baumbestand wird durch neue Pflanzungen im Sinne Lennés ergänzt, um ihre Attraktivität zu steigern. Inmitten der topographisch bedeutsamen Situation am Südhang einer nacheiszeitlichen Schmelzwasserrinne mit Pfuhl, wird, ausgehend von der großen Terrassenanlage, ein Wege- und Wandelnetz in die Natürlichkeit der Landschaft mit dem Pfuhl als Ziel hineinkomponiert. Bei dieser Kurparkanlage handelt es sich wahrscheinlich um die einzige Anlage dieser Art in Berlin.

Der Umbau dieser Gesamtanlage zu einem Wohnpark erfolgte unter behutsamer Behandlung der historischen Bauzeugnisse und städtebaulichen und gartengestalterischen Anlagen. Die Wohnanlage, bestehend aus den historischen Kurbadbauten und modernen Wohngebäuden, eignet sich den alten Kurpark in überzeugender Form an und gewinnt so eine eigene Identität.

305 Kneippstraße 35/45, Kneipp-Kurhaus Hohenzollernbad

76 HERMSDORF

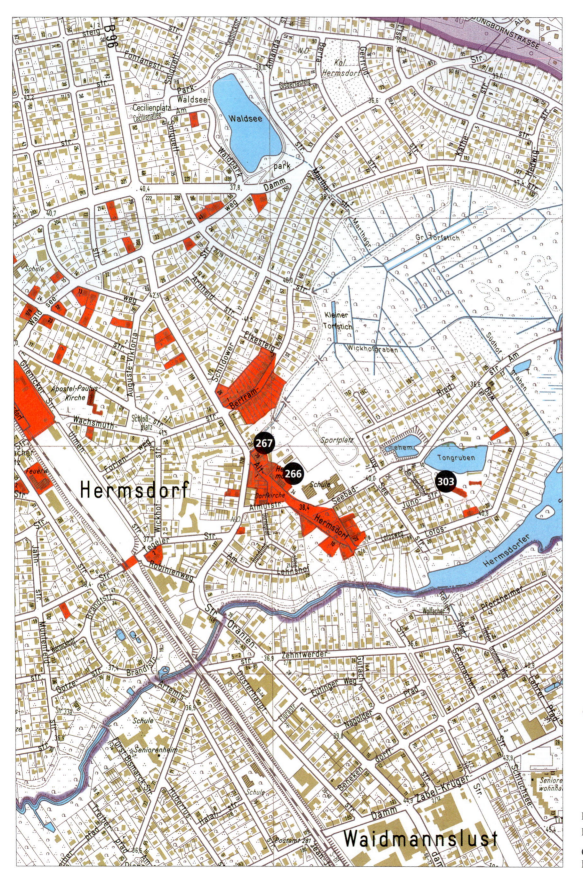

Bezirk Reinickendorf

Ortsteil Hermsdorf

Bereich der Baudenkmale
Bereich der Gartendenkmale

Objekte mit ausführlicher Beschreibung 192

HERMSDORF 77

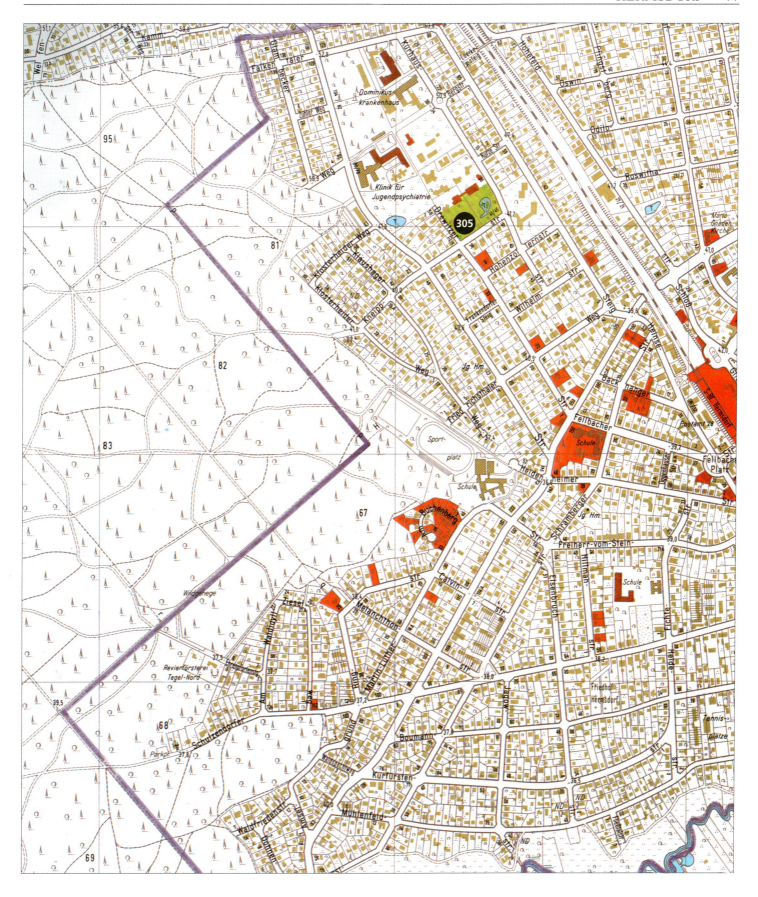

256 Am Buchenberg, Siedlung Waldfried

260 Almutstraße, ev. Dorfkirche Hermsdorf

257 Fellbacher Straße 18–19, Georg Herwegh-Oberschule

261 Alt-Hermsdorf 2–3

258 Glienicker Straße, S-Bahnhof Hermsdorf

262 Alt-Hermsdorf 8

263 Alt-Hermsdorf 10

268 Am Waldpark 14

264 Alt-Hermsdorf 11

269 Auguste-Viktoria-Straße 30

265 Alt-Hermsdorf 27

270 Backnanger Straße 3

271 Backnanger Straße 4

274 Berliner Straße 113

272 Backnanger Straße 5

275 Berliner Straße 116

273 Berliner Straße 112

276 Berliner Straße 132

277 Bertramstraße 7/9

278 Bertramstraße 11/13

279 Bertramstraße 14

280 Bertramstraße 15/19

281 Drewitzer Straße 10

282 Drewitzer Straße 33

283 Falkentaler Steig 16

284 Falkentaler Steig 18

285 Falkentaler Steig 98

286 Fellbacher Straße 29

287 Freiherr-vom-Stein-Straße 31, Gustav-Dreyer-Schule

288 Friedrichstaler Weg 23

289 Friedrichstaler Weg 31

292 Heinsestraße 22, Feuerwache Hermsdorf

290 Frohnauer Straße 74/80, Kindersanatorium Wiesengrund

293 Heinsestraße 23

291 Heidenheimer Straße 39

294 Hermsdorfer Damm 149/151

295 Hermsdorfer Damm 155

298 Hermsdorfer Damm 195, kath. Maria-Gnaden-Kirche

296 Hermsdorfer Damm 176/178

299 Hermsdorfer Damm 216

297 Hermsdorfer Damm 179/181

300 Hermsdorfer Damm 246

301   Hillmannstraße 4, Villenkolonie

306   Kurhausstraße 41

302   Hohenzollernstraße 6

307   Lotosweg 33/35

304   Kurhausstraße 30–34, Dominikus-Krankenhaus

308   Lotosweg 75

309 Martin-Luther-Straße 26

312 Olafstraße 36/38

310 Olafstraße 14

313 Ringstraße 17

311 Olafstraße 26

314 Ringstraße 25

315 Schloßstraße 13

319 Schulzendorfer Straße 13

317 Schramberger Straße 49/51

320 Schulzendorfer Straße 112, Siedlung Heimgart

318 Schulzendorfer Straße

321 Silvesterweg 11

322 Silvesterweg 17

325 Wachsmuthstraße 28, ev. Apostel-Paulus-Kirche

323 Tegeler Straße 2

326 Waldseeweg 7/9

324 Wachsmuthstraße 3

327 Waldseeweg 8/10

328 Waldseeweg 12

331 Waldseeweg 40

329 Waldseeweg 18

332 Waldseeweg 43/45

330 Waldseeweg 29

333 Waldseeweg 47

334 Waldseeweg 49

335 Kneippstraße 35/45, Parkanlage des St. Josefs-Altenheims

KONRADSHÖHE

350 Schwarzspechtweg, ev. Jesus-Christus-Kirche mit Pfarrhaus

Auf der Gemarkung von Heiligensee entwickelten sich im letzten Viertel des 19. Jahrhunderts die Vorortsiedlungen Tegelort, Joersfelde und Konradshöhe. Die älteste Kolonie ist Konradshöhe, wo sich 1868 ein Gehöft mit 45 Morgen befand. Im Jahre 1872 folgten Tegelort und 1891 Joersfelde. Sie übten bereits um 1900 eine große Anziehungskraft auf die Berliner Sommerfrischler aus.

Joersfelde, die ehemalige dritte Kolonie zwischen Konradshöhe und Tegelort, lag einst auf dem Terrain, das durch die Luisenstraße und den Edeltraudweg sowie der heutigen Buntspecht- und Marlenestraße begrenzt wird. Der Name geht auf den Gründer, den Berliner Mützenfabrikanten Otto Joers, zurück und war bis in die vierziger Jahre hinein gebräuchlich. Heute erinnern nur noch eine Straße in Tegelort und der Joersfelder-Segel-Club an die einstige Kolonie.

Das älteste Haus von Konradshöhe wurde bereits 1865, ohne behördliche Genehmigung, von Theodor Rohmann als Kupferschmiede errichtet. Am 22. März 1865 hatte er vom Heiligenseer Bauern Christian Friedrich Lemcke 20 Morgen Land für 1000 Thaler erworben. Im Jahre 1868 wurde Rohmann die behördliche Genehmigung erteilt, und er benannte sein Gehöft »Conradshöhe«, nach seinem ältesten Sohn Conrad. Da sein Gewerbebetrieb in dieser abseits gelegenen Gegend nicht florierte, baute er die Schmiede und das Kesselhaus zu Restaurationssälen und den Stall zu Küche und Büffet um und eröffnete 1891 das Ausflugsrestaurant »Konradshöher Terrassen«. Das Lokal wechselte nach dem Tode Rohmanns mehrmals seinen Besitzer und wurde 1937 zu dem beliebten Ausflugs-, Tanz- und Varieté-Lokal »Feen-Grotte«, einer Art Tropfsteinhöhle mit Restaurationsbetrieb, umgebaut. Das Lokal existierte bis 1979 und mußte dann Doppelhäusern und Eigentumswohnungen weichen. Konradshöhe war ein beliebter Ausflugsort und ist bis heute von Einfamilienhäusern geprägt. Zu seinen interessantesten Bauwerken zählt die 1939 am Schwarzspechtweg errichtete Jesus-Christus-Kirche, deren Architekt Otto Kuhlmann war, der auch für die städtebauliche Gesamtanlage des Spandauer Johannesstifts verantwortlich zeichnete. Der Kirchenbau ähnelt äußerlich einer Dorfkirche, das Innere schmückt ein die gesamte Altarwand einnehmendes Fresko des Künstlers Rudolf Schäfer. Ein kleineres Geschäftszentrum befindet sich am Falkenplatz, dem zentralen Platz von Konradshöhe. Nach Norden ist Konradshöhe durch die Sandhauser Straße über den Ortsteil Sandhausen mit Heiligensee verbunden. In südlicher Richtung erreicht man über die Friederikestraße Tegelort.

Tegelort wurde 1872 von dem Berliner Färber Carl Friedrich Wilhelm Berger gegründet. Es entstand als Kolonie mit einigen hundert Häusern. Im Jahre 1896 wurde die Siedlung von den Behörden zum »Villenvorort Berlins« erklärt. Um die Jahrhundertwende wurden die Kolonien an das Elektrizitäts-, Gas-, Wasser-, und Kanalisationsnetz angeschlossen. Die wichtige Verkehrsanbindung erfolgte im Jahre 1913 durch die Einrichtung der Straßenbahnlinie von Tegelort über Konradshöhe nach Tegel. In dem Bergerschen Haus, Scharfenberger Straße 26, wurde das bis 1995 betriebene Restaurant »Seegarten« eingerichtet. Aus dem einstigen Ausflugsort mit seiner beliebten Gaststättenpromenade und den Lokalen »Schwan«, »Bellevue«, »Seeblick« und »Heideschlösschen« (heute »Terrassen am See«) ist ein reiner Wohnort mit Ein- und Mehrfamilienhäusern geworden. Eines der bekanntesten und heutzutage leider auch eines der letzten Ausflugslokale ist das »Hotel-Restaurant Igel« in der Friederikestraße 20, das sich seit 1952 in Familienbesitz befindet. Das Ausflugsrestaurant besitzt eine große Gartenterrasse mit 300 Plätzen direkt am Tegeler See, in unmittelbarer Nachbarschaft zum Anlegesteg.

Von der Konradshöher Straße bzw. der Habichtstraße gelangt man über die Waldkauzstraße in südöstlicher Richtung zum Strandbad Tegel und von dort über den Schwarzen Weg zur Fähre, die nach Scharfenberg übersetzt. Auf der Insel befindet sich die Schulfarm Scharfenberg, die 1922 als reformpädagogische Schule eingerichtet wurde und heute Gymnasium und Internat ist.

346 *Rohrweihstraße 21, Kupferhaus*
1932 von Hirsch, Kupfer- und Messingwerke AG, Berlin
Baudenkmal
Weitere »Allkupferhäuser« der Baureihe »Favorit« in Reinickendorf: **14** Alemannenstraße 16 (1933), **79** Jostweg 13 (1931), Ortsteil Fohnau

Das Bemühen, durch Fertigteilproduktion und durch Auflage von größeren Serien das Bauen zu vereinfachen und zu verbilligen, fängt im Berliner Raum sicherlich schon durch die Bauteileproduktion in Terrakotta, Zinkguß und Eisen an. Die Freude am Gestalten in der neuen Technologie war zu dieser Zeit jedoch noch stärker ausgeprägt, als es später der Fall war und die technologischen Aspekte in den Vordergrund traten. Große Namen der ersten Hälfte des 19. Jahrhunderts wie Schinkel, Feilner, Geiß sind hier zu nennen. Die neue Technologie hatte einschneidende gesellschaftliche und soziale Folgen. Der Architekt Gustav Lilienthal versuchte z. B. in der ersten Bauphase der Genossenschaftssiedlung »Freie Scholle« in der Egidystraße (1899 bis 1910) durch die Vor-Ort-Produktion von Fertigbauteilen die Genossen nicht nur am Bau zu beteiligen, sondern auch das Bauen zu rationalisieren und zu verbilligen. Es wurden etwa 50 mal 60 mal 15 Zentimeter große Hohlelemente aus einem Zement-Zuschlag-Gemisch gegossen, die mit Torfmull gefüllt und als Mauerwerksteile verlegt wurden. Später, in den zwanziger Jahren, wurden im Wohnungsbau, z. B. beim Großsiedlungsbau, nicht nur Grundrißkonzeptionen und städtebauliche Vorstellungen neu entwickelt, sondern man experimentierte auch mit neuen Materialien und Fertigteilherstellungsmethoden, die dem sozialen Anliegen dienen sollten, auch den weniger begüterten Familien ein eigenes Heim zu ermöglichen. Durch Reduzierung der Bauzeit und den Einsatz von kostengünstigeren Fertigteilen sollte eine Verbilligung erreicht werden. In diesem Rahmen errichtete in den zwanziger Jahren der Architekt Erwin Gutkind die Flachbausiedlung Staaken unter Verwendung von vorgefertigten Betonplatten.

Die Hirsch, Kupfer- und Messingwerke AG betrieb Ende der zwanziger Jahre die Entwicklung eines »Kupferhauses« in Assoziierung mit Walter Gropius, dem bekannten Architekten. Das Haus Rohrweihstraße 21 wurde 1931 für Meta Neumann geb. Isralowitz errichtet. Es ist ein »Allkupferhaus«, von Friedrich Förster und Robert Kraft unter dem Patent 1930 entwickelt. Der hier verwendete Haustyp ist der Sieben-Zimmer-Typ »R«, eine Variante des Typs »Favorit«. Das Haus wurde von der jüdischen Hirsch, Kupfer- und Messingwerke hergestellt, unter der Federführung der hauseigenen Architekturabteilung. Das Gebäude ist eines der recht wenigen in Berlin entstandenen Kupferhäuser. Mit seinem weit überstehenden flachen Zeltdach und seinem kompakten schmucklosen Baukörper

346 *Rohrweihstraße 21, Kupferhaus*

ist dieses Haus stilistisch der »neuen Sachlichkeit« der späten zwanziger/frühen dreißiger Jahre zuzuordnen. Der Baukörper ist auf einen Natursteinsockel mit Terrasse aufgebaut. Die Außenwände sind als Metall-Leichtbauteile für den aufmerksamen Beobachter zu erkennen. Sie sind in geschoßhohen Wandeinheiten als Einzelelemente vorgefertigt worden. Die Baueinheiten bestehen aus einer Kieferrahmenkonstruktion mit beidseitig aufgebrachten Blechen – außen perforierte Kupferplatten, innen reliefierte, nach Wunsch gemusterte Zinkblechplatten. Für die zwischen den Blechen entstandenen Isolierzellen errechnete damals das Bauingenieurbüro Karl Martin eine Vergleichbarkeit mit einer 2 Meter dicken Ziegelwand. Die Decken- und Holzbalkenlagen und die hölzerne Dachkonstruktion, die auch mit Kupfer gedeckt war, wurden auf der Baustelle traditionell gefertigt. Die wissenschaftliche und architektur- bzw. bautechnik- sowie sozialgeschichtliche Bedeutung dieses Gebäudes ist von europäischem Rang. Das Haus steht für »Modernes Bauen«, das von Deutschland stark beeinflußt wurde. Der Bauzustand dieses Gebäudes in Verbindung mit der besonderen Bautechnologie hat noch nicht zu einem vertretbaren Instandsetzungsansatz geführt. So besteht der kaum zu verantwortende Zustand eines ungenutzten und somit stark gefährdeten bedeutenden Denkmals leider fort.

Die beiden anderen o.g. Reinickendorfer Beispiele sind dagegen in gutem Zustand und werden als Wohnhaus genutzt.

94 KONRADSHÖHE

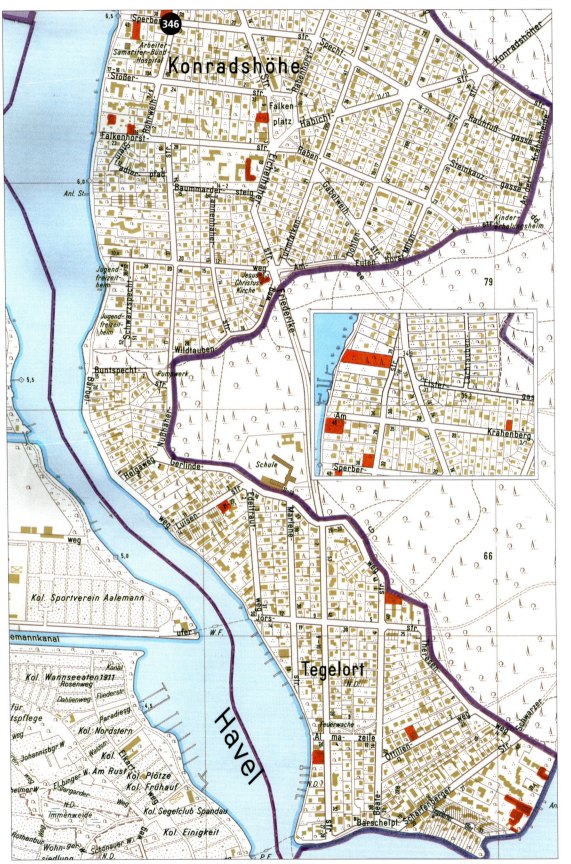

Bezirk Reinickendorf

Ortsteil Konradshöhe

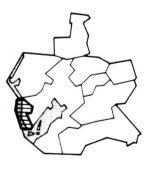

Bereich der Baudenkmale
Bereich der Gartendenkmale
Objekte mit ausführlicher Beschreibung

336 Friederikestraße 20 A–B

339 Am Krähenberg 45

337 Am Krähenberg 8

341 Eichelhäherstraße 19

338 Am Krähenberg 43 A

342 Falkenhorststraße 17–20

343 Falkenplatz 7

347 Rohrweihstraße 41

344 Luisenstraße 21–22

348 Scharfenberger Straße 26, Restaurant Seegarten

345 Ottilienweg 7

349 Scharfenberger Straße 41, Terrassen am See

LÜBARS

351 Alt-Lübars, Ortskern

LÜBARS

Lübars ist nicht nur das einzige in seinem ursprünglichen Zustand erhalten gebliebene Dorf innerhalb der Stadtgrenzen Berlins, sondern auch das älteste Dorf des Bezirks Reinickendorf. Aus dem Jahre 1247 stammt die erste urkundliche Erwähnung, in der die Markgrafen Johann und Otto dem Spandauer Benediktinerinnenkloster die »Beuth«, den Honigertrag der Wildbienen aus Lübars, überließen. 1270 kam das gesamte Dorf in den Besitz des Klosters. Nach der Erwähnung im Landbuch Kaiser Karls IV. von 1375, des ersten bis heute bekannten Dokuments über Lübars, bestand das Dorf zu dieser Zeit aus 28 Hufen, von denen der Pfarrer 4 besaß. Lübars hatte Pacht und Bede in Naturalien und Geld an das Spandauer Nonnenkloster zu leisten. Nachdem 1539 Lübars zum Amt Spandau gekommen war, wurden im Jahr 1590 in dem Erbregister des Amts erstmals die Familiennamen Rathenow, Churt, Rabe u. a. erwähnt, deren Nachfahren zum Teil bis heute in Lübars ansässig sind.

Nach dem Dreißigjährigen Krieg waren lediglich zwei Bauernstellen wüst, die von den Kossäten übernommen wurden, so daß im Landreiterbericht von 1652 noch acht Bauern und vier Kossäten erwähnt werden. Eine große Feuersbrunst im Jahr 1790, die von der Schmiede auf dem Dorfanger ausging, vernichtete zahlreiche Gehöfte und die Lübarser Dorfkirche, die 1793 wieder neu aufgebaut wurde. Die Schmiede wurde später außerhalb des Dorfs errichtet.

In der Mitte des 19. Jahrhunderts erfolgte die Besiedlung des Vogtlands – die erste Dorferweiterung. Zur gleichen Zeit wurde neben der bereits existierenden Kühn'schen Ziegelei am heutigen Zehntwerderweg eine große Ziegelei an der Benekendorffstraße errichtet, die mit Unterbrechungen bis 1924 produzierte. An sie erinnern heute noch zwei Gebäude an der Benekendorffstraße, der Lübarser Ziegeleisee (heute Freibad Lübars) und einige Straßennamen wie Tonstich- und Ziegeleiweg.

1921/22 wurde die Kriegerheimstätten-Siedlung an der Platanenstraße (heute Zabel-Krüger-Damm, benannt nach dem Lübarser Gemeindevorsteher von 1855 bis 1894) erbaut. Ende der zwanziger und Anfang der dreißiger Jahre entstanden mehrere Laubenkolonien auf Lübarser Terrain, die während der Weltwirtschaftskrise von zahlreichen Menschen aus Berlin und Brandenburg ständig bewohnt wurden. Die Kleingartenkolonien tragen Namen wie »Wiesengrund«, »Frohsinn«, »Karpfenteich« oder auch »Waldesfrieden«.

Nach 1933 wurden zwei Siedlungen für Arbeiter und Angestellte der AEG auf Lübarser Gebiet errichtet. 1934 ernannte Reichsbauernführer Darré fünf Höfe zu Erbhöfen. Die Bauernschaft nämlich wurde überall jeweils von einem Ortsbauernführer geleitet. Mit der Einrichtung von Erbhöfen, für die das Anerbenrecht galt, sollte die Ernährungsgrundlage für die deutsche Bevölkerung im Kriegsfall sichergestellt werden. Die Einwohnerzahl stieg in dieser Zeit auf 5500 Menschen an. Während des Kriegs waren zahlreiche französische Zwangsarbeiter bei den Bauern in der Landwirtschaft, die der staatlichen Zwangsproduktion von Lebensmitteln für die Berliner Bevölkerung unterlag, beschäftigt. Nach Räumung des Berliner Stadtguts in Stolpe, das bis 1948 zum französischen Sektor gehörte und in dem ein großer Milchviehbestand zur Versorgung der Berliner Bevölkerung aufgebaut worden war, wurde der größte Teil der Milchkühe nach Lübars gebracht, wo die Bauern nach dem Krieg hauptsächlich Kartoffeln und Kohl anbauten.

Während der Zeit der Teilung der Stadt und der dadurch entstandenen Insellage West-Berlins entwickelte sich Lübars zum Freizeit- und Erholungsgebiet für die Städter. Der Bau der Mauer, die Lübars vom Hinterland abschnitt, und der Strukturwandel zum Reiterdorf ermöglichten den Erhalt der Bauernhöfe und Gehöfte sowie der dörflichen Struktur mit den Familienbetrieben. Von insgesamt acht landwirtschaftlichen Familienbetrieben in Alt-Lübars leben heute sieben von der Pferdepensionshaltung. Heu, Hafer und Winterroggen werden hier angepflanzt. Der Roggen wird zu Mehl verarbeitet, Hafer und Heu dienen als Futter, und das Stroh des Winterroggens wird zur Streu. Die alten Ställe der Lübarser Bauernhöfe sind zu Pferdeboxen umgebaut worden, und aus den ehemaligen landwirtschaftlich genutzten Gehöften wurden Reiterhöfe.

351, 354, 387 *Alt-Lübars, Dorfkirche*
1793
Baudenkmal und Bestandteil des Denkmalbereichs (Ensemble) Ortskern Lübars und des Gartendenkmals, Dorfanger

Lübars ist, von der ersten urkundlichen Erwähnung im Jahre 1247 an gerechnet, nur zehn Jahre jünger als Berlin und war bereits im 13. Jahrhundert unter dem Patronat des Spandauer Klosters. Es ist demnach mit einer Kirche seit diesem Zeitpunkt zu rechnen. Über ihr Aussehen wissen wir so gut wie nichts, es wird aber eine kleine hölzerne Fachwerkkirche gewesen sein. Ein Großfeuer im Jahre 1790 (Eintragung im »Kirchlichen Ausgabenbuch« vom 27. März 1790), das das halbe Dorf niederbrannte, vernichtete auch diese Kirche vollständig. In den Jahren 1791 bis 1794 wurde die heutige rechteckige Saalkirche errichtet. Die gleiche Ausrichtung nach Osten und die Verwendung von Fundamenten des Vorgängerbaus (Bauforschungsfund am Sockel- und Fundamentbereich bei der Restaurierung 1983) läßt die Feststellung zu, daß der Standort der Kirche in Lübars unverändert blieb. Dieser spätbarocke Bau geht vermutlich auf Ideen von Karl-Gotthard Langhans – dem Architekten des Brandenburger Tors – zurück. Bei der in drei Jochen aufgeteilten Kirche ist das Mitteljoch besonders herausgearbeitet worden, durch Risalite mit Quaderung, im Süden durch ein mit profilierten Gewändeteilen versehenes Seitenportal, im Norden hingegen mit einem großen, ähnlich behandelten Rundbogenfenster. Der wuchtige zweigeschossige Westturm auf quadratischem Grundriß ist sowohl in der Ordnung als auch in der Proportion und dem Schmuck dem Kirchenschiff gleichgestellt.

Im Inneren der Kirche fällt der großartige Kanzelaltar ins Auge. Der Altar ist eine Besonderheit, die lange Berliner Geschichte vorzuweisen hat, und bedarf einer besonderen Würdigung. 1739 stiftete König Friedrich Wilhelm I. (»Soldatenkönig«) diesen Altar für den Neubau der Getraudenkirche am Spittelmarkt, welcher die durch die Erweiterung der Friedrichstadt abgerissene altehrwürdige Kapelle von 1411 ersetzen sollte. Diesen Bau ließ der König aus »höchsteigenen Mitteln« errichten. In dieser Zeit hatte der Altar noch die barocke Fassung, vor der zwei Apostelfiguren auf hohem Postament standen. Reparaturen von 1777 und 1790 veränderten nichts. Erst unter Friedrich Wilhelm III. wurde eine radikale Instandsetzung des Äußeren und des Inneren mit zeitgemäßen Veränderungen vollzogen, die die klassizistische Handschrift Schinkels erkennen ließen. Im Inneren wurden die barocken Elemente zurückgedrängt und z. B. die Apostelfiguren durch Schadows Büsten von Melanchton und Luther ersetzt (sichtbare Zeichen für die neue protestantisch aufgeklärte Haltung in Preußen). Durch die Verlegung des Gertrauden-Hospitals im Jahre 1872 in die Wartenburgstraße verlor die Kirche an Bedeutung, verkam zur

354 *Alt-Lübars, Dorfanger, ev. Dorfkirche*

Ruine und wurde 1881 abgerissen. Auf Wunsch von Kaiser Friedrich wurden die wichtigsten Inventarteile in die Kapelle des neuen Gertraudenstifts überführt, unter anderem auch der kostbare Altar nebst den Schadow-Büsten. Aus dem Stift wurde dann das städtische Krankenhaus; Betsaal und Altar fanden nun keine Verwendung mehr. Der Kanzelaltar wurde auf dem dortigen Boden eingelagert und wie durch ein Wunder hat er so den Zweiten Weltkrieg überstanden. Nach dem Krieg und den Reparaturen an der Dorfkirche Lübars entsann sich der Landeskonservator Scheper des vereinsamten Stücks auf dem Dachboden des Krankenhauses und bot es der Kirchengemeinde Lübars an. In etwas veränderter Aufstellung und mit modernem Anstrich zierte er bis 1996 den Kirchenraum. Bei der ersten Teilrestaurierung wurde die historische barocke Fassung entdeckt und es wurden die drei Kanzelaltarfelder quasi als Fenster ins Jahr 1739 freigelegt. Weitere wichtige historische Ausstattungs-

354 Alt-Lübars, ev. Dorfkirche, Kanzelaltar

357 Alt-Lübars 8, Tanzsaal am Dorfkrug

stücke der Kirche sind der bronzene Altarleuchter aus dem 15./16. Jahrhundert, das Kruzifix aus dem Jahr 1717 und eine etwa 250 Jahre alte Eichentruhe, in der früher das Altarsilber verwahrt wurde. Diese Stücke stammen vermutlich noch aus dem Vorgängerbau und sind so neben dem Kirchenbuch, das bis ins Jahr 1746 zurückreicht, wichtige Verbindungsglieder mit der Geschichte Lübars', das 1997 750 Jahre alt wurde.

351, 357 Alt Lübars 8, Dorfkrug
Wohnhaus mit Restauration und Tanzsaal (heute Labsaal), 1899 von Carl Sott
Baudenkmal und Bestandteil des Denkmalbereichs (Ensemble) Ortskern Lübars

Im Landbuch Kaiser Karls IV. von 1375 wird ein Krug in »Lubas« – »der Krug gibt fünf Schilling an den Schulzen« – erwähnt. Erster ausgewiesener Krugwirt war Matthias Rathenow. Um 1700 muß der Krug so verfallen gewesen sein, daß er durch einen Neubau ersetzt wurde. 1810 übernahm Johann Salzmann den Dorfkrug. Auf der Brouillon-Karte von 1838 wird das eingeschossige, wohl strohgedeckte Fachwerkhaus, in dem sich Wohnung und Krug befanden, mit Scheune und Stallungen noch außerhalb der Straßenflucht auf dem Dorfanger an alter Stelle dargestellt. Krüger Karl Seeger erweiterte diese Anlage um 1853 noch durch einen massiven Anbau zum typischen Drei-Seiten-Hof. Diese Situation blieb bis zum Brand vom 2. Februar 1896 erhalten. Durch den Verkauf eines Ackers am Fließ, wo eine Ziegelei entstand, verschaffte sich Seeger die finanziellen Mittel für einen Neubau. Das neue Wohn- und Gasthaus mit seitlich anschließendem großen Tanzsaal wurde vom örtlich bekannten Baumeister Carl Sott um Baukörpertiefe zurückgesetzt errichtet. Diese Baulichkeiten zeigten in der Zusammenstellung des Dorfkrugs mit Wohnung, Tanzsaal, Stall und Remise sowie Kegelbahn mit Gartennutzung die für das ausgehende 19. Jahrhundert typische Ausstattung der Ausflugslokale in den Dörfern und Vororten der Berliner Umgebung. Diese Anlage mit »Ausspannung« entwickelte sich in jener Zeit zu einem beliebten Ziel für Landpartien: »Hier können Familien Kaffee kochen.« Im Zweiten Weltkrieg lagerte man im Saal Flugzeugmotoren der Firma Argus. Später, 1949 wurden in Verbindung mit Ausbesserungen die Stuckteile am Wirtshaus entfernt und der Tanzsaal zum Kino umgebaut (Lichtspiele Lübars). Danach diente der Saal lediglich als Lager für Kali-Düngemittel.

Für den verstärkten Ausflugsverkehr nach Lübars wurde 1969/1973 vor dem Wirtshaus eine Terrasse angebaut, und 1980 wurde die Stuckfassade erneuert. Mit der Gründung des Vereins »Natur und Kultur e. V.« entwickelten sich rund um den alten Tanzsaal neue Aktivitäten. Es wurde ein umfangreiches Restaurierungs- und Nutzungskonzept entwickelt. Die restauratorischen Untersuchungen und die bauforscherischen Ermittlungen brachten einen höchst interessanten Befund zu Tage: Das äußere und innere architektonische Dekorationskonzept war noch überwiegend vorhanden, Fenster und Türen waren aber nur noch von historischen Fotos ablesbar. Die innere Gestaltung zeigte eine außergewöhnlich prachtvolle Farbfassung:
– Die Wandflächen werden durch marmorierte Pilaster gegliedert und durch große gesproßte Rundbogenfenster in den dazwischenliegenden Feldern sowie durch zarte Bemalung aufgelöst.
– Die Pilaster tragen oberhalb ihrer Kapitelle scheinbar das

357 Alt-Lübars 8, Dorfkrug

Stuckgesims, auf dem dann eine illusionistisch gemalte, barockisierende Balustrade mit Rangwerk sitzt
– Der Deckenspiegel öffnet sich durch einen gemalten Himmel in tiefem Blauton mit Wolken, Vögeln und einem Engel sowie kleineren Putten.

Diese Konzeption gibt dem Raum einen leichten, lichtdurchfluteten, nach oben geöffneten Eindruck. Der Saalbau erreicht durch seine Gestaltkonzeption und den noch vorhandenen Originalbefunden eine große architektonische und denkmalpflegerische Qualität. Die Wiederherstellung gestaltete sich entsprechend. So wurde dieser prachtvolle Saal des ausgehenden 19. Jahrhunderts nicht nur als Zeugnis für das Selbstverständnis von Lübars gerettet, sondern erblühte erneut zu einem Mittelpunkt dörflichen, regionalen und kulturellen Lebens.

351, 359 Alt Lübars 10
Arbeiterwohnhaus, 1844 von Seeger, Stallanbau
Baudenkmal und Bestandteil des Denkmalbereichs (Ensemble)
Ortskern Lübars

Von den Dörfern Berlins hat Lübars seine für den Berlin-brandenburgischen Raum typische Dorfform als Angerdorf vollständig bewahrt und ist wohl als besterhaltenes Dorf Berlins anzusehen. Die dörfliche Ortsbildstruktur wird durch die längsrechteckige Gehöftform, die ihren straßenseitigen Abschluß meist durch ein traufständiges Wohnhaus findet, charakterisiert. Diese Situation findet sich auch auf dem Grundstück Alt-Lübars 10, einer Erweiterung des östlich anschließenden Gehöfts Alt-Lübars 11, und stellt eines der wenigen seit der Erbauungszeit komplett gebliebenen Gehöfte dar. Eine gut erhaltene Bauakte aus der ersten Hälfte des 19. Jahrhunderts gibt uns eindeutige Auskunft hierüber. Der Bauer Müller ließ auf seinem Grundstück vom Maurermeister Seeger 1844 ein neues Arbeiterwohnhaus für zwei Familien errichten. Zwei Jahre später wurde der zugehörige Stall gebaut. Beide Gebäude werden in der Bauakte als Massivbauten mit Ziegeldach beschrieben. Neben der exakten Datierung und den für die Zeit ausreichend informativen Plänen steht noch das Wissen über Gebäudenutzung, Bewohner und die funktionalen Zusammenhänge mit dem Stammhof zur Verfügung. Der im Jahre 1844 benutzte Begriff »Arbeiterhaus« für die traditionelle Unterbringung fest beschäftigter Landarbeiter wurde bis in die sechziger Jahre unseres Jahrhunderts beibehalten.

Der fünfachsige Wohnhaustyp hat sich aus dem Vorläuferbau, dem mitteldeutschen Doppelstubenhaus des 18. Jahrhunderts, fortentwickelt und stellt eine sehr moderne Wohnhausform in der ersten Hälfte des 19. Jahrhunderts dar. Die exakt

359 Alt-Lübars 10

symmetrische Teilung gab Raum für zwei Arbeiterfamilien mit Stube zum Anger, Schlafkammer und eigener Küche (»Rauchküche«) zur Hofseite hin. Im gemeinsamen Flur, der durch eine Tür vom Anger her erschlossen wird, gehen neben der Stiege zum Dachraum die Türen zu den beiden Stuben bzw. zu den beiden Küchen ab. In den zwei Giebelkammern im Dachraum konnten noch Einzelpersonen untergebracht werden. Außer dem Wohnrecht hatten die Landarbeiter noch das Recht auf Kleinviehhaltung im Deputatsstall und konnten die ausreichend bemessene Anbaufläche auf dem hinteren Grundstücksteil bestellen. Weitere Existenzgrundlagen der Landarbeiter über das Deputat hinaus waren eine bescheidene finanzielle Entlohnung sowie eine teilweise Mitverköstigung am Hof des arbeitgebenden Bauern. Man muß sich verdeutlichen, daß eine Arbeiterfamilie nicht selten zahlreiche Kinder hatte und so als bewohnbaren Raum ca. nur 26 Quadratmeter (Stube, Kammer) zur Verfügung hatte.

Der Erhaltungszustand des Objekts war vor der Restaurierung katastrophal, aber die noch überkommene Originalität an Bautechnik, Raumstruktur, Handwerksdetails und Ausstattung war so vollständig, daß bei der Restaurierung von 1984 bis 1986 der Dokumentarwert dieses Baudenkmals in keinem Teil verlorenging. Noch heute sind die räumliche Baustruktur, die handwerkliche Tradition und die verwendeten Materialien beeindruckend. Als wichtiger historischer Originalbestand seien hier aufgezählt:
– Biberschwänze (Signaturen Lübarser Ziegeleien), umgedeckt auf rekonstruiertem Dachstuhl (ohne Dachrinne),
– restaurierte Fenster- und Klappläden zum Dorfanger,
– rekonstruierte Eingangstür,
– restaurierte Stiege zum Dachraum,
– Außenwände aus gebranntem Ziegelmauerwerk auf Feldsteinsockel,
– Innenwände aus ungebrannten Lehmpatzen,
– alle Putze wurden als Kalkputz mit Kalkfarbe ergänzt und restauriert,
– alle Raumstrukturen wurden erhalten,
– Küche mit Rauchfang und querliegenden Holzbalken,
– einige restaurierte Innentüren.

Die wenigen denkmalverträglichen Änderungen und Erweiterungen sind nur eine Weiterentwicklung aus dem Jahr 1980 und ermöglichen ein zeitgemäßes Wohnen auf ca. 170 Quadratmetern Nutzfläche.

LÜBARS 103

Bezirk Reinickendorf

Ortsteil Lübars

Bereich der Baudenkmale
Bereich der Gartendenkmale
Objekte mit ausführlicher Beschreibung

104 LÜBARS

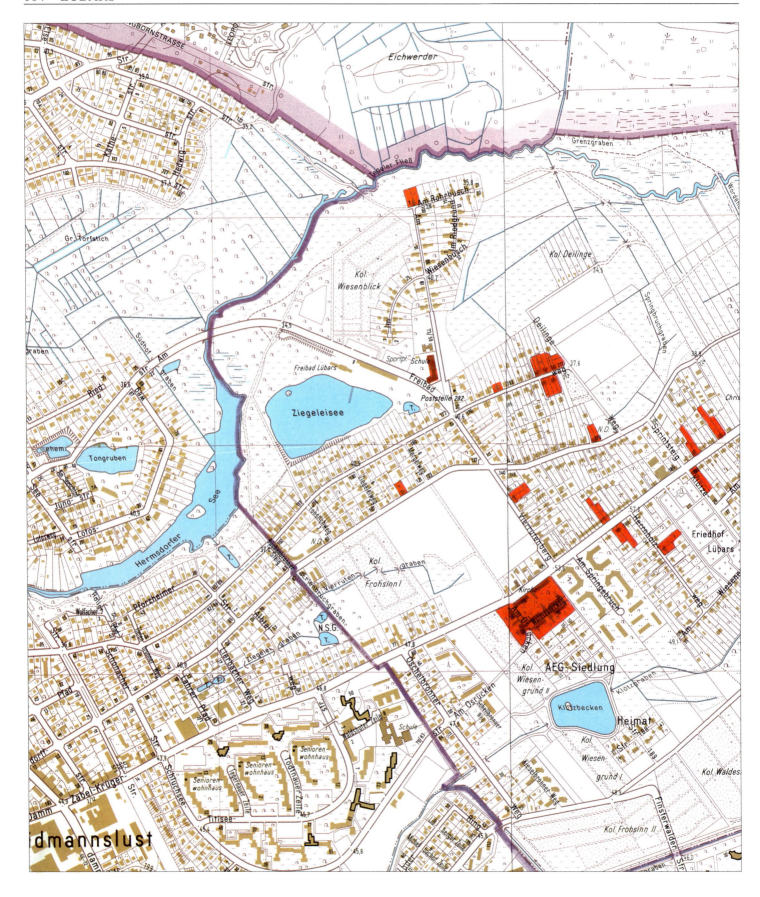

352 Zabel-Krüger-Damm 106/122

358 Alt-Lübars 9

355 Alt-Lübars, Dorfanger mit historischer Telefonzelle

360 Alt-Lübars 11

356 Alt-Lübars 4–5

361 Alt-Lübars 14

362 Alt-Lübars 15

365 Alt-Lübars 20, ehem. Gasthof »Zum lustigen Finken«

363 Alt-Lübars 16

366 Alt-Lübars 21

364 Alt-Lübars 17

367 Alt-Lübars 22, Schäferhütte

368 Alt-Lübars 23

370 Alt-Lübars 27, Backofen

369 Alt-Lübars 25–26

371 Alt-Lübars 29, Stallanlagen

370 Alt-Lübars 27

372 Alt Lübars 37, Dorfschmiedegehöft

373 Am Güterbahnhof, Güterbahnhof Lübars

376 Am Vierrutenberg 59–65, Volksschule Lübars

374 Am Rohrbusch 1/3, Stadtrandsiedlung Lübars

377 Benekendorffstraße 115

375 Am Vierrutenberg 22/24

378 Benekendorffstraße 177/179

LÜBARS 109

379 Herrnholzweg 22A/24

382 Zabel-Krüger-Damm 188/190

380 Zabel-Krüger-Damm 153/155

383 Zabel-Krüger-Damm 193/195

381 Zabel-Krüger-Damm 156/158

384 Zabel-Krüger-Damm 205/207

385 Zabel-Krüger-Damm 228

386 Zehntwerderweg 185/187

REINICKENDORF

389 Alt-Reinickendorf, Ortskern

Das Dorf Reinickendorf, das 1920 dem 20. Berliner Verwaltungsbezirk den Namen gab, wurde im 13. Jahrhundert während der askanischen Kolonisation gegründet. Der Name des im Mittelalter als Reynekendorp bezeichneten Dorfs geht vermutlich auf den Lokator Reinhard zurück. Die erste urkundliche Erwähnung erfolgte 1345 im Zusammenhang mit den Auseinandersetzungen um die Nachfolge der Askanier in Brandenburg. Im Landbuch Kaiser Karls IV. von 1375 ist Reinickendorf im Ortsverzeichnis eingetragen. 1390 wird der Nyenhove, der Neuenhagen oder auch Neue Hof am Schäfersee – ein Rittersitz, der vermutlich die Straße von Spandau nach Berlin schützen sollte – erwähnt. Im Gegensatz zu den anderen Ortsteilen des Bezirks war Reinickendorf von 1397 bis 1632 und ab 1710 nicht im Besitz eines privaten Gutsherren gewesen, sondern gehörte als Kämmereidorf der Stadt Berlin und mußte seine Abgaben an die Stadtkasse leisten.

Der Eintragung im Berliner Stadtbuch zufolge besaß Reinickendorf gegen Ende des 14. Jahrhunderts 40 Hufen, von denen 10 abgabenfrei waren. Neben dem Pfarrer lebten 13 Kossäten im Dorf. Sie leisteten nur geringe Abgaben, da sie sehr arm waren. 1459 wurde Reinickendorf der Probstei Bernau unterstellt. Der Bau der Kirche wurde 1491 vollendet. 1541 wurde Reinickendorf im Kirchenvisitationsprotokoll erwähnt, und die erste vollständige Liste der Bauern stammt aus dem Jahre 1583. Im Dreißigjährigen Krieg wurde das Dorf verwüstet, und die hohen Kontributionszahlungen zwangen den Magistrat von Berlin im Jahre 1632, das Dorf Reinickendorf für 10000 Taler an den Berliner Kaufmann Peter Engel zu verkaufen. Im Jahre 1710 kam die Stadt Berlin wiederum in den Besitz des Dorfes, in dem zu dieser Zeit der Schulze Georg Lienemann, fünf Bauern und sieben Kossäten lebten.

Die Verträge von 1842 und 1852 legten fest, daß Reinickendorf eine freie Gemeinde mit Selbstverwaltung sei und ab 1872 durch die Einführung der Kreisordnung ein Amtsbezirk würde. Während der Gründerzeit wuchsen neue Siedlungen auf Reinickendorfer Bauernland – im Osten auf dem Hausotterplan, an der Residenzstraße und an der Letteallee, im Westen auf dem Eichbornplan und an der Dalldorfer Chaussee.

1910 wurde von den Gemeinden Reinickendorf, Tegel, Wittenau und Rosenthal auf dem Gebiet von Reinickendorf das Zweckverbandskrankenhaus als eine damals sehr moderne Krankenhaus-Anlage errichtet. Das sogenannte Humboldt-Krankenhaus wurde bis 1985, als man in Tegel ein neues Krankenhaus errichtete, genutzt.

Um die Jahrhundertwende siedelten sich Industriebetriebe an. Im Jahre 1907 gab es bereits 35 Fabriken mit 3300 Arbeitern. Das Reinickendorfer Industriegebiet entstand nördlich des alten Dorfangers an der Flottenstraße, in dem von der Nord- und der Kremmener Bahn gebildeten Dreieck zwischen der Roedernallee und Wilhelmsruh. Wenn auch weite Bereiche dieses Industriareals heute einer neuen Nutzung zugeführt werden, gibt es dort immer noch zahlreiche Dienstleistungsbetriebe.

Das Zentrum Reinickendorfs hat sich im Verlauf der letzten 125 Jahre vom alten Dorfkern, wo die Dienststellen der Gewerbepolizei und der Abteilung Finanzen, Wirtschaft und Kultur des Bezirksamts Reinickendorf zu finden sind, nach Süden hin verlagert. Heute bildet die Residenzstraße das Geschäfts- und Einzelhandelszentrum des Ortsteils mit mehrgeschossigen Wohnbauten, einer Markthalle und vielen Geschäften. Sie ist die Verbindungsstraße von Reinickendorf über Wedding nach Mitte zum ehemaligen Stadtschloß, der Residenz. Unter den Siedlungsbauten Reinickendorfs findet man die im folgenden noch beschriebene »Weiße Stadt«, eine der vier Großsiedlungen Berlins der Weimarer Zeit. Seit 1887, als die Berliner Bauordnung auf die Vororte ausgedehnt wurde und durch städtische Miethausbebauung gekennzeichnet war, hat sich westlich und südlich der Ollenhauerstraße der Ortsteil Reinickendorf-West zu einem Wohn-, Geschäfts- und Einkaufszentrum entwickelt, vor allem in dem Gebiet vom südlichen Teil der Ollenhauerstraße über den Kurt-Schumacher-Platz zur Scharnweberstraße.

Zeugnisse der frühen Miethausbebauung von Reinickendorf (West) sind die von Paul Freydank von 1903 bis 1906 entworfenen Mietshäuser an der Scharnweberstraße 64–66.

***403*,** 567 *Aroser Allee 116/193, Weiße Stadt*
1929–1931 von Bruno Ahrends, Wilhelm Büning, Otto Rudolf Salvisberg
Denkmalbereich (Gesamtanlage) und Gartendenkmal von Ludwig Lesser

Der jungen Weimarer Republik war nur ein kurzer Zeitraum vergönnt, um ihren reformerischen Anspruch vor allem an den genossenschaftlichen Wohnungsbau in die Tat umzusetzen. Die Folgen des Ersten Weltkrieges, die Eingemeindung 1920, die wirtschaftliche Rezession von 1925 und 1930 waren doch schon immense Belastungen bzw. Aufgaben. Um so mehr sind die Ergebnisse zu würdigen, da neben dem Bau der Wohnanlagen in der Regel auch noch die Infrastruktur eingerichtet wurde. Im Bezirk Reinickendorf wurden einige Höhepunkte des Siedlungsbaus dieser Zeit konzipiert und errichtet. Beispielhaft seien hier nur einige genannt: »Weiße Stadt«, Freie Scholle, Siedlung Ollenhauerstraße, Wohnanlagen am Schäfersee, an der Breitkopfstraße, der Oranienburger Straße oder am Grünlandweg. Die Großsiedlung »Schillerpromenade«, die der Volksmund dann in »Weiße Stadt« umbenannte, ist südlich des alten Dorfangers Reinickendorf, zwischen der Aroser Allee (früher Schillerpromenade), der Emmentaler Straße und der Genfer Straße gelegen. Schon im Jahre 1909 verabschiedete die damals noch selbständige Gemeinde Reinickendorf einen Bebauungsplan mit der Vorgabe, am Dorfanger eine Allee axial anzulegen, um den Siedlungsbau zu ordnen und das Stadtzentrum zu erschließen. Diese Achse mit dazugehörigem Straßennetz wurde dann bis 1914 weitgehend fertiggestellt. Im Jahre 1928 bewilligte die Stadt Berlin zusätzliche Mittel in Höhe von 15 Millionen Reichsmark für ein Sonderprogramm, das der Beseitigung der Wohnungsnot verstärkt entgegentreten und die Anspruchshaltung des modernen Bauens fördern sollte. Für das Reinickendorfer Projekt wurde als Bauherr die »Gemeinnützige Heimstättengesellschaft Primus mbH bestimmt. Der Aufsichtsratsvorsitzende dieser Baugesellschaft, der Reinickendorfer Bürgermeister Reichhelm, setzte sich für die Wahl der Architekten ein – Otto Rudolf Salvisberg, Wilhelm Büning und Bruno Ahrends sowie der bekannte Garten- und Landschaftsarchitekt Ludwig Lesser. Es entstand eine Siedlung nach den städtebaulichen Vorstellungen der zwanziger Jahre unter Einbeziehung des schon vorhandenen Straßennetzes, das eine staatliche Vorgabe darstellte. Hervorzuheben ist insbesondere die räumliche Zuordnung zum historischen Ort – dem alten Dorf Reinickendorf.

1286 Wohnungen wurden in drei- und viergeschossigen Wohnbauzeilen untergebracht. Städtebauliche Überhöhungen entstanden als Blickfang und Raumbetonungen: das fünfgeschossige Brückenhaus von Salvisberg über der Aroser Allee

403 *Aroser Allee, Weiße Stadt*

sowie die aus der Straßenflucht hervortretenden Torhäuser an der Emmentaler Straße. Der äußerst einfachen und attraktiven Farbkonzeption verdankt die Siedlung ihre Umbenennung durch den Volksmund in »Weiße Stadt«. Die weißen Wandflächen werden durch kräftig farbige Fensterrahmen, Haustüren und Dachüberstände in ihrer Leuchtkraft verstärkt, die wiederum durch die weiße Umgebung zusätzliche Kraft erhalten. Die Ausstattung der Siedlung mit einem Heizkraftwerk, zwei zentralen Wäschereien, einer Kindertagesstätte, 24 Läden für den täglichen Bedarf sowie Arztpraxen verdeutlicht den konsequenten Anspruch einer reformistischen städtebaulichen Haltung. Die Freiraumgestaltung der Schillerpromenade (Aroser Allee) zur parkähnlichen öffentlichen Anlage und die jeweils auf den Baublock bezogene Konzeption von Freiflächennutzung und Gartenflächengestaltung im Blockinneren sind ein weiteres herausragendes Merkmal dieses zukunftsweisenden Städtebaus. Die »Weiße Stadt« wurde in zwei Bauabschnitten von 1929 bis 1931 auf einer Fläche von 115 500 Quadratmetern errichtet, davon wurden 81 500 Quadratmeter Garten- und Freifläche zum das Wohnumfeld bestimmenden Faktor – bis in die heutige Zeit.

Die Wohnanlage wird seit Jahren im Sinne des Denkmalschutzes instandgehalten, und in den Teilen, wo wichtige Denkmalaussagen verlorengegangen waren, wie zum Beispiel bei der besonderen Farbgebung, wird entsprechend wiederhergestellt.

396, 411, 568 *Klemkestraße 9/50, Siedlung Paddenpuhl/Breitkopfbecken*
1927–1939, von Fritz Beyer, Diekmann, Scherer
Denkmalbereich (Ensemble und Gesamtanlage); der Teil Breitkopfstraße ist zugleich Gartendenkmal von Erwin Barth

Der Bezirk Reinickendorf nahm unmittelbar auf die Siedlungstätigkeit in der wohnungspolitisch schwierigen Zeit der zwanziger Jahre durch die personelle Mitgliedschaft des Bürgermeisters Reichhelm, des Stadtrats Krecke und des Oberbaurats Reppin im Aufsichtsrat der »Heimstättengesellschaft Primus« Einfluß. Als rein städtisches Unternehmen arbeitete die Gesellschaft im engsten Einvernehmen mit dem Bezirksamt Reinickendorf. Die Gemeinden, die über die größten Baulandreserven in der Peripherie verfügten, waren vor 1920 nicht in der Lage, mit eigenen Mitteln größere Bauprojekte zur Linderung der Wohnungsnot durchzuführen. Die Gemeinde Reinickendorf hatte aber vor 1920 und dann der Bezirk Reinickendorf während der Inflationszeit von 1922 bis 1923 und 1924 einen Großteil der späteren Siedlungsflächen erwerben können. Diese weitsichtige Grundstücksflächenpolitik zahlt sich bis heute aus. Das spätere Sieldungsgelände beiderseits des Schönholzer Wegs (Klemkestraße) kam so Anfang der zwanziger Jahre in städtischen Besitz und konnte 1925 der »Primus-Gesellschaft« zur Verfügung gestellt werden. Seit 1925 wurde das Terrain auf Planungsskizzen des Hochbau- und Siedlungsamts als »Primus-Gelände an dem Schönholzer Weg« bezeichnet.

Die beiden Bauabschnitte, getrennt durch eine fast zehnjährige Zeitspanne, unterscheiden sich maßgeblich in ihrer Architektursprache. Geprägt von zeitgenössischen Einflüssen, vermitteln sie Fritz Beyers Architekturauffassungen und zeigen einen Wandlungsprozeß, der im zweiten Bauabschnitt ohne die kräftigen Dekore stärker mit reicher Baustruktur gestalten will. Die einheitliche städtebauliche Konzeption, die im Rahmen des ersten Bauabschnitts gültig festgelegt wurde, ist tragende Grundlage für die zeitlich so weit auseinanderliegenden Arbeiten. Als äußerst seltenes Beispiel expressionistischer Architektur der zwanziger Jahre ist der Bauabschnitt 1927–1929 dieses Baudenkmalensembles von besonderem Interesse. In der zeitgenössischen Publikation der »Primus-Heimstätten« beschreibt A. Jaumann diese Architektur Fritz Beyers so: »Seiner Eigenart folgend, hat der Architekt es hier verstanden, die langgezogenen Fassaden durch allerhand architektonische Mittel malerisch zu beleben (…) Beyer liebt es auch, die Fassaden durch ornamentale Ziegel und Klinkerpartien zu unterbrechen, man sieht Laubengänge, Spitzbogenfenster, Erker in abstechenden Farben verblendet, Überbauungen, Brücken und Tore, also motive genug, um auch kilometerlange Gebäudeteile aufzulockern und zu gliedern.« Diese Formensprache ging zu jener Zeit noch konform mit der sich nur langsam öffnenden konservativen Architekturhaltung der Bauherren.

411 Klemkestraße, Siedlung Paddenpuhl/Breitkopfbecken

396 Klemkestraße, Siedlung Paddenpuhl/Breitkopfbecken

»Gewisse Eigentümlichkeiten der modernen Formensprache finden wir hier bei den Primus-Bauten nicht, so nicht die Reinkultur des Kubus und nicht das flache Dach. Die Primus-Gesellschaft glaubt, daß sie für das Volk baut und diesem nicht allzu fremde Gestaltung zumuten darf.« (»Primus-Heimstätten«, 1928)

Beyer gelingt hier eine expressionistische Architektur, die noch einmal nach dem Jugendstil einen eigenen Stil formuliert. Der hier verwendete Formenkanon scheint an das Stadtbild alter deutscher Kleinstädte zu erinnern, vermittelt eine anheimelnde, volkstümliche Atmosphäre und überdeckt so geschickt die Nüchternheit des Massenwohnungsbaus mit den gleichförmigen, minimierten Grundrißlösungen. Der Expressionismus zeigt sich hier, wie dies schon beim Jugendstil vorwiegend der Fall war, als dekorativer Stil, ist sozusagen ein »Stil des Dekors«. Das Kombinieren von klassischen Baukörperelementen mit modernem Städtebau sowie Grundrißlösungen und dem Stil des Expressionismus führt zu einer eigenen, herausragenden Architektur dieser Zeit. Die Straßenfassaden werden rhythmisiert durch vertikal betonte Treppenhäuser oder durch breitgelagerte Doppelbalkone bzw. Loggien. Und im Kontrast dazu erscheinen wuchtig hervortretende offene Erker. An städtebaulich dominierenden Punkten werden noch Akzente durch Eckerker, Rundtürme, eingezogene Ecken oder eigenständige Eckgebäude gesetzt. Die Farbkonzeption unterstreicht diese Architektursprache. Durchgefärbter Kratzputz mit farbig abgesetzten Glattputzflächen gliedern diese Baukörper. In Verbindung mit den besonders herausgearbeiteten und farbig behandelten Architekturteilen wie Fenster, Türen, Eingänge, Erkerpfeiler, Balkon-Loggien, überstehende Dächer, bewirkt diese Gestaltung eine starke expressive Polychromie der Fassaden. Dagegen sind die Hoffassaden ruhiger gestaltet und wirken mit der besonders herausgearbeiteten Gartengestaltung im Hofinneren betont ruhig und gliedern geschickt die Spielbereiche, Zierflächen und Ruhebereiche.

Verantwortungsvolle denkmalpflegerische Instandsetzung und Wiederherstellung der besonderen expressionistischen Farbigkeit ist das Denkmalpflegekonzept und führt hier wieder zu einer besonderen Wohnanlage mit regionaler Identität.

398, 415 Ollenhauerstraße 45/51
Wohnanlage, 1927–1928 von Erwin Gutkind
Denkmalbereich (Ensemble) und Bestandteil des Denkmalbereichs (Gesamtanlage) Ollenhauerstraße

Gutkinds Bauten gehören neben denen von Gropius, Mendelssohn, Scharoun, den Gebrüdern Taut und Luckardt zu den baugeschichtlich bedeutendsten Beispielen des Wohnungsbaus der zwanziger Jahre. Hervorzuheben sind in Gutkinds Berliner Schaffen die zahlreichen Varianten der Blockrandbebauung.

Hier knüpft er städtebaulich an die vorhandenen zeitgenössischen Blockrandbebauungen an, variiert sie aber durch die Zurücknahme des Hauptbaukörpers an der Ollenhauerstraße. In Verbindung mit dem sich nun bildenden Rasenparterre und den besonders gestalteten Flügelbauten an der Kienhorststraße und an der Pfahlerstraße ergibt sich eine dreiflügelige Anlage von einmaligem Reiz. Die in Stahl und Glas aufgelösten Wintergärten dieser Körper bilden einen künstlerisch bedeutsamen Akzent. »Langeweile und Unruhe zu vermeiden, Ruhe und Lebhaftigkeit aber deutlich auszudrücken«, kann sicherlich als sein eigenes Motto noch heute benutzt werden, um seine Architektur zu beschreiben. Man empfindet dies auch ganz unmittelbar, insbesondere wenn man seine Wohnhöfe betritt. Sie sind zu gro-

415 Ollenhauerstraße 45–51, Wohnanlage

ßer Form zusammengefaßt, aber niemals langweilig, vielmehr sind sie lebhaft gegliedert, ohne unruhig zu werden. Gutkind hat den Gegensatz zwischen weißen Putzflächen und rotem Backstein, die Anordnung von Farben und Formen zu einem eigenen Vokabular entwickelt, das durch Entschiedenheit und kräftige Formen sowie insbesondere durch gute Detailausbildung unmittelbar anspricht. Die lange Flucht der Wohnanlage an der Pfahler- und Kienhorststraße besticht durch ihre dynamische Staffelung, durch die Betonung der Waagerechten, insbesondere durch die kraftvoll abgesetzten Erd- und Obergeschosse. Durchlaufende Gurtgesimse unterstreichen diese Gliederung noch. Bauteile unterschiedlicher Funktion wie Läden, Treppenhäuser, Wintergärten oder das Trockenbodengeschoß werden als weitere Gestaltungselemente eingesetzt. Wenige Vertikale wie Treppenhäuser oder die beiden großartigen durchgehenden Klinkermauerscheiben verknüpften die waagerecht geschichteten Bauanlagen zu einem einheitlichen vielschichtigen Gesamtkomplex. Darüber hinaus sind es die Fenster, die bei der Architektur Gutkinds prägend sind. Hier hat er insgesamt 25 nach funktionalen und gestalterischen Gesichtspunkten unterschiedlich ausgebildete Fenstertypen (weiße Holzfenster) entwickelt, die aber in Verbindung mit den Wintergarten-Fensterelementen (graue Eisenkonstruktion) und der Gesamtgliederung wiederum eine lebhafte, aber ruhige und elegante Einheit bilden.

Bei der denkmalpflegerischen Instandhaltung und Instandsetzung dieser Anlage war das für E. Gutkind typische und vielschichtige Fensterproblem eine besondere Herausforderung. Die Rekonstruktion mit kleinen Modernisierungen der Wintergartenglaselemente kann als sehr gutes Ergebnis hervorgehoben werden. So ist das besondere Erscheinungsbild dieser Wohnanlage an der Ollenhauer Straße auch im Rahmen heutiger Anspruchshaltung vollständig erhalten geblieben.

389, 435 Alt-Reinickendorf 35, Büdnerhof Ribbe
1826/1885
Baudenkmal und Bestandteil des Denkmalbereichs (Ensemble) Alt-Reinickendorf

Nach der Einleitung der Reinickendorfer Separation von 1821 entfällt das gemeinsame Hütungswesen, so daß die alten Hirtengrundstücke einer anderen Nutzung zugeführt werden können. Auf dem Grundstück des Kuhhirten werden 1826 zwei Hofstellen eingerichtet: eine kleine vom Kuhhirtengrundstück abgetrennte Hofstelle für den Büdner Ribbe, und unter Verwendung des bestehenden Kuhhirtenhauses die größere Hofstelle für den Bauern Müller (heute Alt-Reinickendorf 33–34). Auf dem kleinen Grundstück für den Büdner Ribbe wird das heute noch bestehende Wohnhaus errichtet. Erst 1885 kommt es zu

435 Alt-Reinickendorf 35, Büdnerhof Ribbe

weiteren Bebauungen auf diesem Grundstück. Ein dreigeschossiger Seitenflügel entsteht auf der östlichen Grundstücksgrenze, erst für Wohn-, später für Gewerbezwecke. Dann wird 1890 das alte Stallgebäude durch einen neuen Stall ersetzt, und auf der westlichen Seite entsteht ein eingeschossiges gewerbliches Quergebäude.

So zeigt sich auf diesem kleinen Grundstück der Wandel des Dorfs im Rahmen eines wachsenden Industrievororts Berlins von der Hofstelle eines Hüters über die eines Büdners zum Wohnen mit Gewerbe. Das kleine Haus an der Straße, traufständig zum Anger hin, ist vermutlich das älteste noch erhaltene Wohnhaus des Angerdorfs und dokumentiert mit der Dorfkirche aus dem 14. Jahrhundert und dem schon erwähnten Nachbargrundstück mit einem Wohnhaus von 1887 den ursprünglichen dörflichen Charakter. Das Haus hat eine Grundfläche von 7,46 mal 7,15 Meter, die Traufhöhe beträgt 2,25 Meter, die Firsthöhe 5,55 Meter. Die originale Grundrißgliederung ist zwar verlorengegangen, kann aber durch den dokumentierten Entstehungszeitraum, die Lage der Fenster- und Türöffnungen in den Außenwänden und durch die Position des erhaltenen Kamins gut rekonstruiert werden. Es handelt sich bei dem Ribbeschen Büdnerhaus um ein (halbes) mitteldeutsches Doppelstubenhaus, dem Haustyp, der in der Mark Brandenburg für kleinbäuerliche Wohnhäuser verwendet wurde, mit Stube, Kammer, Küche und Eingangsflur. Das Satteldach, mit Biberschwänzen bedeckt, zeigt auf der einen Seite einen kleinen Walm und gibt so noch ein Merkmal der äußeren Gestaltung des Typenhauses des 18. Jahrhunderts wieder, das hier noch im ersten Drittel des 19. Jahrhunderts gebaut wurde.

Die Nutzung durch einen kleinen Handwerksbetrieb erhält dem Baudenkmal noch heute seine fast ursprüngliche Erscheinung, ohne besonders aufwendige Instandsetzungen und Modernisierungen.

REINICKENDORF 117

Bezirk Reinickendorf

Ortsteil Reinickendorf

Bereich der Baudenkmale
Bereich der Gartendenkmale
Objekte mit ausführlicher Beschreibung

118 REINICKENDORF

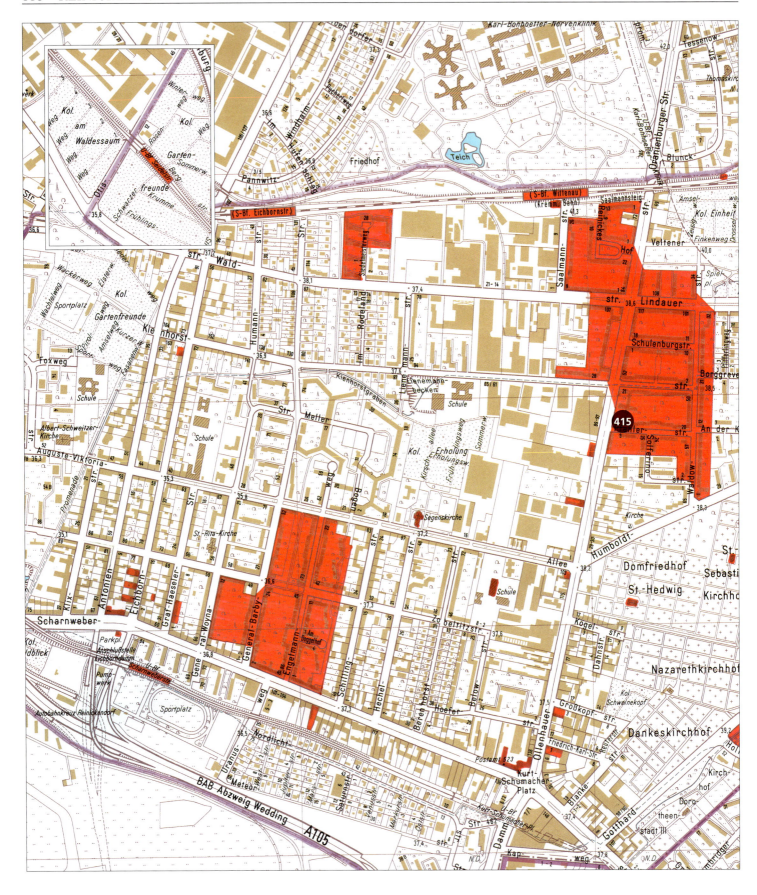

REINICKENDORF 119

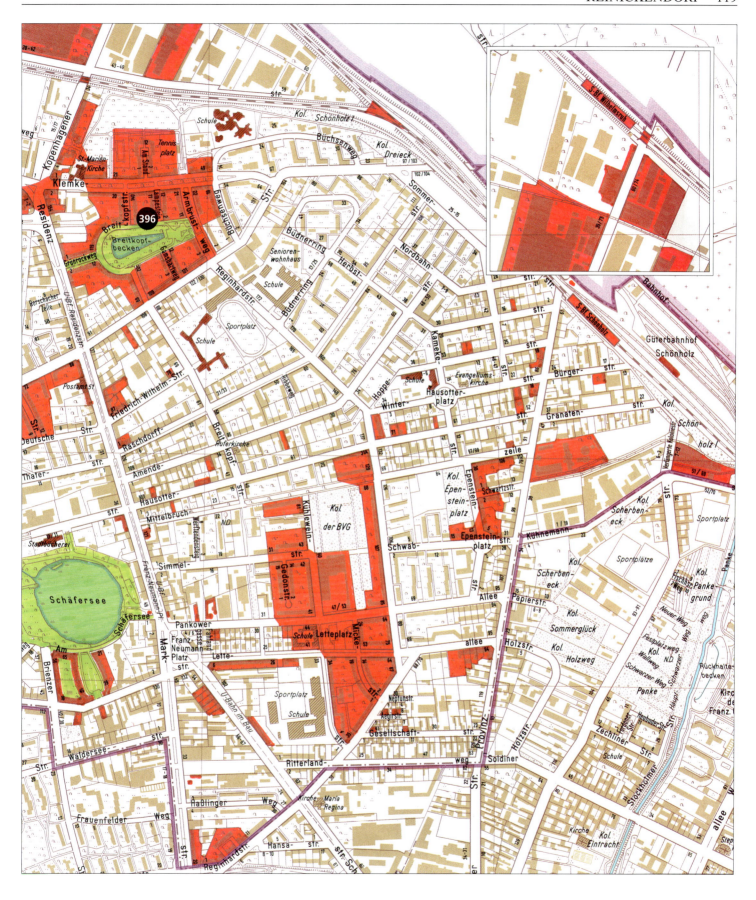

392 Epensteinplatz 4–5

398 Ollenhauerstraße 44A–64, 72, 76–96A

395 Holländerstraße 37–51, Demonstrativbauvorhaben Reinickendorf

400 Residenzstraße 56–61

397 Letteallee 82/94

401 Residenzstraße 130–132A

402 Am Schäfersee 21/67

407 Flottenstraße 28–42, Argus-Motoren-Gesellschaft mbH

404 Becherweg 1–17, 22–28

408 Flottenstraße 50–53, Werksanlage C. L. P. Fleck Söhne

405 Emmentaler Straße 72/86

409 General-Woyna-Straße 2/12

410 Holländerstraße 31–34, Luxuspapierfabrik Albrecht & Meister AG

414 Markstraße 20A–24

412 Kopenhagener Straße 60/74, Eisengießerei Schoening

416 Ollenhauerstraße 52–55

413 Letteallee 6/26, 34/36

417 Ollenhauerstraße 56–60

418 Pankower Allee 35/43

421 Reginhardstraße 85/127

419 Pankower Allee 54/64

422 Reginhardstraße 129/135

420 Provinzstraße 40–44, Werksanlage der Ostdeutschen Spritfabrik

423 Siedelmeister Weg 1/23, 14/28

424 Teichstraße 65, Humboldtkrankenhaus

427 Aegirstraße 10, Kleine Lettekolonie

425 Verlängerte Koloniestraße 7–12, Konservenfabrik

428 Alt-Reinickendorf, Dorfanger, Kirche

426 Aegirstraße 9, Kleine Lettekolonie

429 Alt-Reinickendorf, Dorfanger, Transformatorensäule

430 Alt-Reinickendorf, gußeiserne Bedürfnisanstalt

433 Alt-Reinickendorf 25–27, Schraubenfabrik A. Schwartzkopff

431 Alt-Reinickendorf 20

434 Alt-Reinickendorf 29A

432 Alt-Reinickendorf 21–22

436 Alt-Reinickendorf 36–37

437 Alt-Reinickendorf 38, Amtshaus Reinickendorf

441 Alt-Reinickendorf 54

438 Alt-Reinickendorf 44

443 Amendestraße 12

440 Alt-Reinickendorf 49

444 Amendestraße 22, Amende-Garage

445 Auguste-Viktoria-Allee 17, ev. Segenskirche

448 Blankestraße 12, Kirchhof der Dankes-Gemeinde

446 Auguste-Viktoria-Allee 95–96, Mark-Twain-Grundschule

449 Breitkopfstraße 66–80, Gustav-Freytag-Oberschule

447 Baseler Straße 18, Lutherhaus

450 Büchsenweg 23 A, Kolumbus-Grundschule

451 Bürgerstraße 8–9

454 Eichborndamm 6

452 Eichborndamm, S-Bahnhof Eichbornstraße

455 Eichborndamm 9

453 Eichborndamm 5

456 Eichborndamm 13

457 Eichborndamm 71

461 Emmentaler Straße 100

459 Emmentaler Straße 59/61

462 Flottenstraße 5–6

460 Emmentaler Straße 63/69, Friedrich-Engels-Oberschule

463 Flottenstraße 5–6

465 Flottenstraße 14–20, Maschinenfabrik und Apparatebau

468 Friedrich-Wilhelm-Straße 85

466 Flottenstraße 24, Eisenbauwerkstätten Hein, Lehmann & Co. AG

469 Friedrich-Wilhelm-Straße 86

467 Friedrich-Wilhelm-Straße 78

470 Gesellschaftstraße 35, Kleine Lettekolonie

471 Graf-Haeseler-Straße 2–4

474 Hausotterstraße 53

472 Hausotterplatz 3, Hausotter-Grundschule

475 Hausotterstraße 63

473 Hausotterstraße 6

476 Hausotterstraße 70

477 *Hausotterstraße 71*

480 *Hausotterstraße 101*

478 *Hausotterstraße 72–73*

481 *Herbststraße 12*

479 *Hausotterstraße 93–94*

485 *Holländerstraße 40*

REINICKENDORF 133

487 Holländerstraße 116

488 Holländerstraße 120

489 Hoppestraße 29

490 Hoppestraße 30

491 Humboldtstraße 68–73, Kirchhof der St.-Sebastian Gemeinde

492 Humboldtstraße 74–90, Städtischer Friedhof Reinickendorf

493 Julierstraße 2/4

496 Kopenhagener Straße, Gußstützen der Bahnbrücke

494 Klemkestraße 3/7, kath. St. Marien-Kirche

497 Kopenhagener Straße 2

495 Kopenhagener Straße, S-Bahnhof Wilhelmsruh

498 Kopenhagener Straße 59/75, A. Dinse-Maschinenbau AG

500 Letteallee 82/86, kath. St. Marien Kapelle

504 Mittelbruchzeile 107

502 Lindauer Allee 23–25, Paul-Löbe-Oberschule

505 Ollenhauerstraße 7, Tankstelle

503 Markstraße 30–31, Tankstelle

506 Ollenhauerstraße 11, Tankstelle

507 Ollenhauerstraße 24–28, Domfriedhof St.-Hedwig

511 Ollenhauerstraße 104

508 Ollenhauerstraße 35

512 Ollenhauerstraße 112

509 Ollenhauerstraße 97–99, Messingwerk H. A. Jürst & Seidel

513 Ollenhauerstraße 139–140

514 Otisstraße, U-Bahnhof Seidelstraße

519 Pankower Allee 44, Reginhard-Grundschule

516 Pankower Allee 13–15

520 Pankower Allee 45

517 Pankower Allee 12/14, Große Lettekolonie

521 Pankower Allee 47/53

138 REINICKENDORF

522 Provinzstraße, S-Bahnhof Schönholz

523 Provinzstraße, Güterbahnhof Schönholz

524 Provinzstraße 84

525 Provinzstraße 85

526 Provinzstraße 87

527 Provinzstraße 113–114

528 Reginhardstraße 46, Kleine Lettekolonie

531 Residenzstraße 24–25, Postamt 51

529 Reginhardstraße 54

532 Residenzstraße 26–26A

530 Residenzstraße, Netzstation mit Kiosk

533 Residenzstraße 37–38

140 REINICKENDORF

534 Residenzstraße 56

538 Residenzstraße 97–98

535 Residenzstraße 58

539 Residenzstraße 109

536 Residenzstraße 59

540 Residenzstraße 120–121

541 Residenzstraße 127

544 Residenzstraße 154

542 Residenzstraße 130–131

545 Residenzstraße 155

543 Residenzstraße 132 A

546 Residenzstraße 156

547 Roedernallee, Güterbahnhof Reinickendorf

550 Roedernallee 200–204, Paracelsusbad

548 Roedernallee 2A–2B, S-Bahnhof Reinickendorf

551 Saalmannstraße, S-Bahnhof Wittenau (Kremmener Bahn)

549 Roedernallee 177

554 Scharnweberstraße 1–2, III. Kirchhof d. Dorotheenstädt. Gemeinde

555 Scharnweberstraße 81

558 Stargardtstraße 11/13, Stadtbücherei

556 Scharnweberstraße 64–66

559 Thurgauer Straße 66, Haus der Jugend

557 Scharnweberstraße 108

561 Winterthurstraße 2–2A

562 Winterthurstraße 4–4A

568 Breitkopfstraße, Breitkopfbecken

565 Am Schäfersee

569 Roedernallee, Kienhorstpark

566 Aroser Allee, Promenade

TEGEL

599 *Alt-Tegel, Dorfanger*

Die Ursprünge Tegels gehen auf eine deutsche Gründung im 13. Jahrhundert zurück, jedoch deuten die Dorfform Tegels als Platzdorf (Rundling) und die Ergebnisse der Namensforschung (urspr.: Tygel) darauf hin, daß es sich vermutlich um eine Siedlung slawischen Ursprungs handelt. Erstmalig urkundlich erwähnt wurde Tegel im Jahre 1322, als das Pfarramt mit der Dalldorfer Pfarre zusammengelegt wurde. Eine Urkunde von 1361 belegt, daß das Dorf in Privatbesitz des Cöllner Bürgers Johann Wolf gewesen war und im gleichen Jahr an das Spandauer Benediktinerinnenkloster verkauft wurde.

Neben den Einkünften aus dem Dorf werden erstmalig die hohen Erträge aus der Tegeler Mühle angeführt, die im Jahre 1375 nach den Angaben des Landbuchs Kaiser Karls IV. weit über ein Drittel der Abgaben des Dorfes, dessen Feldflur aus 32 Hufen bestand, deckten. Zu dieser Zeit lebten sechs Kossäten im Dorf, und es wird erstmalig auch ein Krug erwähnt. Im Jahre 1410 wird von einem Scharmützel unweit der Tegeler Mühle berichtet, bei dem Dietrich von Quitzow, der den Berlinern mit seinen Gefolgsleuten zuvor das Vieh vor den Toren der Stadt geraubt hatte, den Berliner Ratsherrn Nikolaus Wins gefangennahm.

Nach der Auflösung des Spandauer Benediktinerinnenklosters kam das Dorf Tegel zum Amt Spandau. Auf einem Teil der Feldmark wurde nach 1558 von Kurfürst Joachim II. das Gut Tegel angelegt, dem die Tegeler Mühle und die Braugerechtigkeit zugeschlagen wurde. Erster Besitzer war der kurfürstliche Kammersekretär Hans Bredtschneider, der auch Bürgermeister von Cölln an der Spree war. Nach mehreren Besitzerwechseln gehörte das Gut gegen Ende des 17. Jahrhunderts dem Kurfürsten.

Das Anwesen sowie die dazugehörigen Ländereien und Inseln kamen 1766 in den Besitz der Familie von Humboldt. Aus der im selben Jahr geschlossenen Ehe zwischen Alexander Georg von Humboldt und Marie Elisabeth von Holwede, der Witwe des letzten Gutsbesitzers, gingen die beiden berühmten Söhne Alexander und Wilhelm von Humboldt hervor, die dort ihre Kindheit verbrachten. 1803 wurde Wilhelm von Humboldt durch Erbteilung alleiniger Besitzer und ließ sich nach seiner Entlassung aus dem Staatsdienst am 31. Dezember 1819 endgültig in Tegel nieder. Das »Tegeler Schloß« wurde zum Treffpunkt der geistigen Elite. Von 1820 bis 1824 wurde es durch Schinkel umgebaut und erhielt seine heutige Form der klassizistischen Villa.

1838 wurde der erste Eisenhammer von Franz Anton Egells am Tegeler See errichtet. 1840 gab es im Umkreis von Tegel und Hermsdorf 46 Mühlenbetriebe, zu denen neben den Korn- und Getreidemühlen Schneide-, Knochen- und Farbenmühlen gehörten. Ab 1848 arbeitete die alte Tegeler Mühle mit Dampfbetrieb. Infolge der industriellen Randwanderung Berlins setzte die Industrialisierung im großen Maßstab im Jahre 1898 ein, und zwar mit der Ansiedlung von Borsig im Jahre 1896 und der Eröffnung einer der für die damalige Zeit modernsten Fabriken.

Im gleichen Jahr wurde auch die Strafanstalt Tegel, nach dem Vorbild eines Gefängnisses in Pennsylvania (USA), errichtet. Drei Jahre zuvor war von dem Sozialreformer Gustav Lilienthal und anderen die Freie Scholle gegründet worden. Die ersten auf genossenschaftlicher Basis errichteten Häuser entstanden um die Jahrhundertwende, der weitere Ausbau der Siedlung erfolgte erst ab 1925 durch Bruno Taut.

Mit dem Anschluß an die Pferdeeisenbahn im Jahre 1881 und dann mit dem Beginn der Dampfschiffahrt strömten an den Wochenenden Tausende von Ausflüglern nach Tegel, das sich zu einem beliebten Ausflugsgebiet entwickelt hatte.

Die Verkehrsanbindung Tegels, eine Voraussetzung für den Bevölkerungszuzug und die industrielle Entwicklung, erfolgte 1893, als die erste Bahnverbindung von Berlin nach Velten und im gleichen Jahr noch erweitert bis nach Kremmen und 1908 die Industriebahn von Tegel nach Friedrichsfelde eingerichtet wurden.

Neben zahlreichen Industrie- und Mietwohnbauten ist als Besonderheit der Russisch-Orthodoxe Friedhof von 1894 mit der St.-Konstantin-und-Helena-Kirche zu erwähnen.

576, 582, 590 Siedlung Freie Scholle
1899–1910 von Gustav Lilienthal u. a., 1925–1933 von Bruno Taut
Denkmalbereich (Ensemble und Gesamtanlage)

Die größte genossenschaftliche Siedlung Berlins und eine der ältesten Baugenossenschaften Deutschlands, die »Freie Scholle«, wurde 1895 vom Architekten Gustav Lilienthal (1849–1933), dem Bruder des Flugpioniers Otto Lilienthal, gegründet. Das Bauensemble »Freie Scholle«, wie es sich noch heute darstellt, ist in drei Bauabschnitten entstanden:
– Entlang der Egidystraße entstand der erste Bauabschnitt durch den Architekten Gustav Lilienthal in Verbindung mit anderen.
– Der Schollenhof, die Bauten entlang des Schollenwegs, des Steilpfads, des Allmende- sowie Moränen- und Moorwegs sind von 1925 bis 1933 vom Architekten Bruno Taut errichtet worden.
– Am Talsandweg hat 1937 die Planungsabteilung der GEHAG den dritten Bauabschnitt durchgeführt.
– Etwa 50 im Zweiten Weltkrieg zerstörte Wohnungen wurden 1954 bis 1955 in veränderter Form, aber nun in der Sprache der fünfziger Jahre errichtet. Diese Bauphase ist eigentlich als vierter Bauabschnitt zu bezeichnen und bildet so einen Teil des Denkmalensembles.

Die Siedlung als Ensemble ist in mehrfacher Hinsicht für die Siedlungs- und Wohnungsbaugeschichte Deutschlands von herausragender Bedeutung. Der Baubestand reicht von der Epoche des Kaiserreichs über die der Weimarer Republik sowie der Zeit des Nationalsozialismus in die bundesrepublikanische Nachkriegszeit der fünfziger Jahre. Für die wissenschaftliche Forschung stellt sie ein komplexes Architekturzeugnis dar, das von der traditionellen Moderne über die Reformvorstellung der zwanziger Jahre und die zurückhaltende Anpassung der späten dreißiger Jahre zu der Aufbauzeit der fünfziger Jahre führt.

Lilienthals Bauten zeigen trotz traditioneller Elemente schon eine deutliche Zuwendung zur »Moderne«, vor allem durch die einfache Fassadengestaltung, die weitgehend ohne historische Detailformen auskommt. Aber auch die funktionalen Grundrisse und die – zwar nur anfangs praktizierte – Bautechnik sprechen schon eine moderne Sprache (vor Ort produzierte, wandstarke, größere Hohlzementgußfertigteile).

Die Siedlungsbauten der zwanziger Jahre von Taut zeigen deutlich den Weg, den das »Neue Bauen« nach dem Ersten Weltkrieg genommen hat. Zuerst die mit Satteldach versehenen, noch in der Tradition der ersten Bauphase stehenden Doppel- und Reihenhäuser. Dann der Schollenhof, ein geschlossenes Karree mit großen öffentlich zu nutzenden und speziell gestalteten Freiflächen (eine ähnliche Grundidee wie die Hufeisensiedlung). Hier zeigt sich der Reformwohnungsbau am konsequentesten – kommunaler Städtebau mit vollendet konzipierten funktionalen Grundrissen und ästhetischer Einfachheit in der Fassadengestaltung.

Im ersten Drittel der dreißiger Jahre entstehen dann überwiegend nur noch aneinandergereihte Geschoßwohnungsgebäude, die aber am Kampweg noch einmal ein städtebaulich beeindruckendes offenes Karree bilden. Stark farbige Putze mit rhythmisierten Fassaden und die neuen Elemente der »Moderne« wie geometrische Fensterfigurationen, Treppenhausschlitzfenster und Balkonbauten, Eckfenster sowie Flachdächer bestimmen die Gesamtgestalt. Die Bauten von 1937 lehnen sich gestalterisch an den vorangegangenen Bauabschnitt an, verzichten aber auf die starke Farbigkeit und sind wieder mit Walmdach versehen.

Die Wiederaufbauphase der fünfziger Jahre brachte in diese Siedlung eine beeindruckende Schlichtheit, die in der Zeit von

582 Egidystraße, Siedlung Freie Scholle

590 Steilpfad, Siedlung Freie Scholle

Wohnungsnot und Traditionsverlust eine beruhigende Weiterführung bzw. Wiedererrichtung eines kleinen Teils der Siedlung darstellte. Hierbei handelt es sich um ein gutes Beispiel für funktionierenden Wohnungsbau, der ohne Exaltiertheit auskommt und sich unaufdringlich in die Umgebung einpaßt. Diese Haltung ist durchaus allen Bauphasen zuzusprechen und sollte der oft überdrehten Zeit der späten neunziger Jahre ein Beispiel sein.

In kleinen überschaubaren Instandsetzungsphasen wird die Siedlung nach denkmalpflegerischen Kriterien behandelt. Verlorene historische Farbigkeit wird wiederhergestellt. Kleinere Modernisierungen erhöhen den Wohnkomfort.

577, 674, 675 *Adelheidallee 17–21, »Schloß Tegel«*
Gutshaus des 16. Jahrhunderts,
Umbau 1820–1824 von Karl Friedrich Schinkel
Denkmalbereich (Gesamtanlage) mit Allee und Schloßpark als Gartendenkmal

Das Juwel unter den Berliner Baudenkmalen ist das »Schloß Tegel«, ein preußisches Herrenhaus, das seit dem 18. Jahrhundert Gut »Schloß Tegel« genannt wird. Dorf Tegel und Gut werden 1361 zum erstenmal mit dem Übergang in den Besitz des Benediktinerinnenklosters St. Marien zu Spandau urkundlich erwähnt. Nach der Reformation und einer wechselvollen Geschichte wird vermutlich Kurfürst Joachim II. 1558 Bauherr eines Jagdschlosses auf dem Areal. Bauliche Details (z. B. die noch vorhandenen Runderker) lassen Ähnlichkeit mit dem 1538 vom Baumeister Caspar Theiß erbauten Renaissance-Flügel des Berliner Stadtschlosses erkennen. Zumindest eine Beeinflussung ist nicht auszuschließen.

Nach verschiedenen Besitzerwechseln gelangte das Gut erst wieder 1701 in Landesherrenbesitz. Kurfürst Friedrich III. ließ es abschätzen und lieferte eine erste genauere Beschreibung. Aus dieser Zeit stammt auch eine frühe verläßliche Darstellung vom Kupferstecher Peter Schenk. Die Geschichte des Guts im 18. Jahrhundert ist in den Kapiteln über die Karolinenstraße 9/10 und das Grabmal Holwede erwähnt.

1819 hatte Wilhelm von Humboldt, ein freisinniger Humanist und Kunstsammler, seinen Wohnsitz in Tegel genommen. Er ist der Bauherr der uns heute bekannten Fassung des Guts »Schloß Tegel«, das nach 1820 nicht mehr wirtschaftlich betrieben und – wie viele Güter Preußens – im Zuge der Landwirtschaftsreform zum repräsentativen Wohnsitz umgewandelt wurde. Humboldts Kenntnisse der Antike, seine umfassende Bildung und seine Freundschaft mit dem Baumeister Karl Friedrich Schinkel und den Bildhauern Christian D. Rauch sowie Friedrich Tiek haben das Gesamtkunstwerk aus Architektur, klassischer sowie zeitgenössischer (erste Hälfte 19. Jahrhundert) Kunst ins Leben gerufen. Seine idealisierte, humanistisch-klassisch gebildete Lebensvorstellung verband sich hier mit der standesgemäßen Repräsentation und den spezifischen Bedürfnissen seiner Familie.

Im Schloßinneren ist es Schinkel gelungen, eine ungewöhnliche Synthese aus individueller Wohnlichkeit und intelligent sowie kunstsinnig inszenierter Präsentation der Humboldtschen Sammlung zu erreichen. Eigene Interieurschöpfungen und architektonische Gestaltungsmittel werden mit den Sammlungsstücken Humboldts zu einer neuen Einheit verbunden. Im Hofvestibül ist die beziehungsreiche Ikonographie aus dorischem Säulenpaar, griechischen Bänken, unrestaurierten Marmortorsi und sparsam mit Reliefs verzierten Mauern sowie dem in die Mitte gestellten Pozzo (Puteal sacra bachia – ein historischer griechischer Brunnen, Geschenk von Papst Pius VII.) idealtypisch für Schinkel und ein Bild Humboldts geistiger Haltung. In bezug auf die bildhauerisch-restauratorische Bearbeitung des Pozzo hatten Thorwaldsen, Rauch und Schadow unterschiedliche Antworten. Thorwaldsen wollte die originale griechische Arbeit aus pentelischem Marmor vollständig ergänzen. Nach Schadow sollte »die antike Würde nicht durch Neues angetastet werden«. Rauch beabsichtigte, nur dem Verständnis dienende Ergänzungen anzubringen. Rauchs dann zur Ausführung gekommener Ansatz drückt sich in der folgenden Beschreibung von Schinkel aus: »(…) in einer auf den unteren Gliedern angebrachten Inschrift sind die geschriebenen Notizen jetzt dem Monument bleibend gemacht worden (…)«

Das den hochgestellten und gelehrten Besuchern gewidmete zweite Vestibül, von der Gartenseite erschlossen, steht zwar durch drei Pforten mit dem »griechischen Vestibül« in Verbindung, bildet aber einen separaten Eingang zur Bibliothek und zum archaisch gewundenen, mit pompejanischen Malereien dekorierten Treppenhaus, das die Räume des Obergeschosses erschließt. Hier sind in der Grundrißkonzeption der blaue Salon und der Antikensaal besonders herausgestellt. In der szenographischen Folge des Vestibüls ist die Gestaltung Schinkels aufs feinste abgestimmt auf den Bauherrn Humboldt und seine Sammlung. Sie ordnet die vielschichtigen Kunstobjekte ästhetisch und inhaltlich so einander zu, daß eine neue Einheit entsteht.

Tegel ist als Modell für den Museumsbau in Berlin anzusehen, der im Bewußtsein Humboldts, Schinkels und Rauchs die große nationale Aufgabe darstellte. Schinkel nennt sein Werk, das Herrenhaus Tegel für Wilhelm von Humboldt, im Akademie-Katalog von 1826 »Villa«. Er wird durch die Beschäftigung mit den von Plinius beschriebenen antiken römischen Villen, den Palladianischen Entwürfen (insbesondere Villa Trissino in Cricoli) sowie dem »Landhaus am Meer« von Hirschfeld be-

577 Adelheidallee 17/21, Schloß Tegel

einflußt worden sein. So führte er den Renaissancebau mit dem Klassizismus zur Synthese.

Er schreibt in den Erläuterungen zu seinen Entwurfsblättern: »Das Schlößchen Tegel (…) liegt anderthalb Meilen von Berlin in einer von schönen Waldungen, Hügeln, Wiesen und Seen gebildeten, höchst angenehmen Gegend, welche von den Einwohnern Berlins auf ihren Landpartien häufig besucht wird. Die Liberalität des Besitzers hat den freien Eintritt in den Garten gestattet (…) Die gewünschte Erhaltung eines Teils dieses alten Gebäudes, an welche sich manche schöne Erinnerung eines alten Besitztums knüpfte (…) trug besonders dazu bei, dem neuen Bau die eigentümliche Form zu geben (…) Diese Sammlung gibt dem Besitztum einen ganz vorzüglichen Schmuck und gewährt ein Interesse, welches bei den Landsitzen unserer Gegend bis jetzt noch einzig in seiner Art ist. Der Stil der Architektur ist in Beziehung auf dieses Schmuckwerk einfach gewählt und aus den Formen der Gebäude des ›griechischen Altertums entlehnt‹.«

In Anna von Sydows Buch »Gabriele von Bülow, Tochter Wilhelm von Humboldts. Ein Lebensbild« (1905) heißt es: »(…) es war im Sinne Humboldts alle Pracht vermieden, und wie das Haus schon von außen den Eindruck eigentümlicher Klarheit und Heiterkeit macht, so noch weit mehr das Innere. Hier umgab sich Humboldt mit allen Kunstwerken, die er im Laufe der Jahre gesammelt, und die unvergängliche Schönheit antiker Meisterwerke erhellte in Original oder Kopie den Abend seines Lebens. Selten wohl gelingt es jemand, seinem Wohnsitz so deutlich den Stempel eigener Persönlichkeit aufzudrükken, wie Humboldt dies in Tegel getan hat. Die wahrhaft antike Heiterkeit und Harmonie seines Wesens weht uns heute noch aus diesen edlen Räumen an.«

Eine umfassende konservatorische Wiederherstellung der historischen Fassade führte die äußere Erscheinung des Schlosses Tegel auf die der Schinkelschen Umbauphase im Jahre 1824 zurück.

Der neu aufgebrachte Kalkputz wurde in gebrochenem Weiß mit Sumpfkalk gestrichen. Die unter den Nachkriegsputzen gefundenen historischen Putzprofilierungen dienten als Schablone bei der Wiederherstellung. Auch die Zinkdächer wurden nach aufgefundenen Verlegeresten erneuert.

Die Reliefs an den Türmen wurden durch Kopien ersetzt, um die kostbaren Bildhauerarbeiten des Rauch-Ateliers nicht noch weiter der Zerstörung auszusetzen.

Da schon im letzten Drittel des 19. Jahrhunderts das »Schloß Tegel« eine Ockerfarbfassung erhalten hatte und das Gebäude danach nur nach Zeitempfindung instandgesetzt wurde, entspricht diese Fassung nun wieder der ursprünglichen Idee Schinkels.

579 *An der Mühle 5–9*
Humboldtmühle
Mühlengebäude mit Beamtenwohnhaus (1849) 1906 von Feit & Hallert, 1911–1913 von Enders und Lichtenstein
Denkmalbereich (Gesamtanlage)

Die Tradition des Tegeler Mühlenstandorts reicht bis ins 14. Jahrhundert zurück. Im Mittelalter gehörte die Mühle zur Ausstattung des Dorfs Tegel und wechselte mit dem Dorf mehrfach den Besitzer. Bis zur Reformationszeit war sie Eigentum des Spandauer Benediktinerinnenklosters. 1552 gliederte Kurfürst Joachim II. sie dem neugegründeten Gut Tegel an. Kurfürst Friedrich III. bewirkte 1693 noch einmal die Trennung vom Gut. Nach mehreren Verkäufen gelangte die Tegeler Mühle 1776 wiederum in den Besitz des Guts, dessen Eigentümer damals der Major Alexander Georg von Humboldt war. Zunächst vergab er sie in Zeitpacht, später aber in Erbpacht. Die daraus resultierenden Abgabe- und Dienstpflichten gegenüber dem Gutsherren wurden 1854 abgelöst.

Durch die Einführung der Dampfkraft 1848 expandierte die Mühle stetig. 1851 wurde das Fließ bis zum Tegeler See schiffbar gemacht, und so war nun ein Anschluß an die Berliner Wasserwege gegeben. 1887 bauten die Unternehmer Cohn & Rosenberg die Anlagen zu einer leistungsstarken Großmühle aus und führten die Bezeichnung »Humboldtmühle« ein. Die Bauten von 1906 und 1912/13 sowie 1939 (der große Mehlspeicher) bilden neben dem Beamtenwohnhaus von 1848 das heutige Bauensemble. Es ist um den Mühlenhafen herum gruppiert. Die Gebäude zeugen durch ihre unterschiedlichen Architekturen und Konstruktionen von fast einem Jahrhundert Berliner Bau- und Mühlengeschichte.

Durch die Aufgabe des Mühlenbetriebs 1988 wurde ein umfassendes denkmalpflegerisches Konzept notwendig. Die hochrangige Bedeutung der Bauten und der prägende Einfluß auf das Umfeld führten bald zu dem Entschluß, hier die besondere bauliche Identität zu bewahren, aber auch eine architektonische und städtebauliche Lösung für die Zukunft zu finden. Man hat das historische Ensemble dergestalt in die Umgebung eingebunden, daß geschichtliche Identität und gesellschaftliche Zukunft zur Symbiose geführt werden. So reicht die Palette der architektonischen, in die Zukunft des Orts wirkenden Gestalt des Ensembles von behutsam restaurierten Einzelbauten über kenntlich gemachte Veränderungen bis zu neuzeitlichen, kompromißlos nutzungsorientierten Ergänzungsbauten. Auf diese Weise gibt neues Bauen dem historischen Zeugnis eine zusätzliche geschichtliche Dimension. Die symbiotische Konzeption schließt Detaillösungen mit ein, die sich aus den Anforderungen der Umnutzung ergeben. So entsteht auch im Einzelteil aus Alt und Neu ein Drittes. Das Denkmalensemble der Humboldtmühle mit seinen vielschichtigen architektonischen Fassungen vom Spätklassizismus über die Industriemoderne bis zur Neuzeit ist ein außergewöhnliches Ergebnis einer Nutzungsänderung an einem bedeutenden städtebaulichen Ort, dessen eigene Geschichte – die der Vergangenheit und die der Zukunft – deutlich ablesbar ist.

Diese Neuformulierung eines historischen Standorts mit vielfältigen Bauzeugnissen kann mit Recht als denkmalpflegerisch besonders gelungen bezeichnet werden.

580, 615 *Berliner Straße 19–37, ehemalige Werksanlage Borsig*
mit Eingangstor, Verwaltungsturm und Werkhallen, 1898–1899 von Friedrich Reimer und Konrad Körte, Kasino und Verwaltungsturm 1922–1924 von Eugen Schmohl
»Germania-Halle« aus der Zeit des Egellsschen Dampfhammers bzw. der »Germania-Werft«
Baudenkmal und Denkmalbereich (Gesamtanlage)

Schon seit den dreißiger Jahren des 19. Jahrhunderts war der Standort des späteren Borsig-Areals in Tegel von Franz Anton Egells durch den Betrieb eines Eisenhammers (einer der ersten mit Dampfmaschinen betriebenen Industrieanlagen in Berlin) zur Herstellung von Schmiedeeisen erschlossen worden. Egells war außerdem Inhaber der Maschinenbauanstalt in der Chausseestraße am Oranienburger Tor, der Gegend, von der aus die Berliner Industrieentwicklung ihren Anfang nahm. Egells' Söhne erweiterten den Tegeler Standort ab 1850 schrittweise mit der Herstellung von Schiffsdampfmaschinen und der Gründung einer Werft. Eine wechselvolle Geschichte führte 1902 zum Verkauf an Friedrich Krupp. Von 1903 bis 1980 wurde dann dieses Gelände durch Borsig zur Werkserweiterung erworben. August Borsig, in Breslau 1804 geboren, war gelernter Zimmermann,

579 An der Mühle 5–9, Humboldtmühle

580 Berliner Straße 19–37, »Borsigtor«

wurde dann durch besondere Leistung an der dortigen Kunst- und Bauhandwerksschule an Beuths königliches Gewerbeinstitut nach Berlin empfohlen (1823), sammelte seine ersten praktischen Erfahrungen mit dem Eisen durch eine fast zehnjährige Tätigkeit in Egells' Eisengießerei in der Chausseestraße. Dort sparte er als anerkannter Betriebsleiter 10 000 Taler an – eine beträchtliche Summe –, kaufte neben Egells ein Grundstück und baute seine eigene Eisengießerei. 1837 begann das Werk – ein frühes baukünstlerisches Meisterwerk von seinem Freund, dem Architekten Strack – mit der Produktion. Neben der Herstellung für die Eisenbahngesellschaft produzierte er auch kunstgewerbliche Gegenstände (das Vorbild lag ja nebenan, die Königliche Eisengießerei) und großformatige Plastiken wie z. B. die Löwenbrücke im Tiergarten. Seine aus der Breslauer Ausbildung mitgebrachte Neigung zur Kunst fand hier ein Betätigungsfeld, das ihn sein Leben lang begleiten sollte. Seine große Leidenschaft, die Konstruktion von Kuppelbauten in Eisenbauweise, führte zu großer Beachtung und verschiedenen Aufträgen wie der Kuppel der Nicolai-Kirche in Potsdam 1847 und der Kuppel der Berliner Schloßkapelle 1851. Aber sein Hauptinteresse galt dem Maschinenbau. Der weit anerkannte Bau von Dampfmaschinen, insbesondere Lokomotiven, trugen ihm den Spitznamen »Lokomotivkönig« ein.

Trotz umfangreicher Erweiterung des Werks am ersten Standort, erwarb er 1842 an der Spree in Moabit ein großes Gelände, auf dem nicht nur Werksanlagen, sondern auch seine berühmte Villa mit prachtvollem Garten gebaut wurden – eine Schöpfung von ihm und dem Architekten Strack. Hier zeigte sich August Borsig nicht nur als Herr über große Eisenindustrieanlagen, sondern auch als Kulturbürger von äußerst hohem Rang. Die Architekten Persius und Stüler schätzten ihn, Strack wurde sein Hausarchitekt, die Bildhauer Wolff, Rauch, Schievelbein, Bläser, Kullrich und Dankberg arbeiteten in seinem Auftrag. Die Förderung der schönen Künste war ihm zeitlebens ein besonderes Bedürfnis. Er wollte industriellen Fortschritt, kraftvolle Architektur und die Kunst zu einer Einheit zusammenführen.

Die Villa in Moabit wurde damals schon zur Legende. Borsigs Sohn Albert sollte das Begonnene aufs beste weiterführen und fügte dem Gesamkunstwerk noch die Arbeiten bedeutender Maler hinzu. Der Park war ein kleines Arkadien mit großer, raumbildender, runder Bank, einer Fontäne, geschwungenen Wegen und Kopien von Antiken, die selten in Marmor ausgeführt waren, sondern vielmehr in Zinkguß – in jener Zeit aktuell und sehr beliebt. Die Gewächshäuser in modernster Eisenkonstruktion hatten eine Pflanzenzucht vorzuweisen, die zur Blütezeit eine Attraktion wurde.

Unter Albert Borsig expandierte der Betrieb auch außerhalb des Berliner Raums. Die wirtschaftlichen Probleme der siebzi-

Am Borsigturm – Standort mit Tradition und Zukunft

Vor hundert Jahren wurde das Borsiggelände in Berlin-Tegel zu einem Symbol für den wirtschaftlichen Aufschwung in der ersten Berliner Gründerzeit. 1894 hatte Borsig neue Flächen für Industrieanlagen am Tegeler See, an der damaligen Peripherie Berlins, erworben. An diesem Standort wurden die Berliner Borsig-Betriebsstätten konzentriert. Innerhalb weniger Jahre entstand hier eine Produktionsstätte für Lokomotiven, Dampfmaschinen und Kessel, die Industriegeschichte schrieb. In den Werkshallen am Tegeler See wurden über 14 000 Lokomotiven produziert und in alle Welt verschifft.

Anfang der 1990er Jahre wurde die Metallverarbeitung vom Standort zurückgezogen. Auf dem nordwestlichen Teil des Geländes, direkt am Tegeler See, errichtete die Herlitz AG ihre Unternehmenszentrale sowie Produktions- und Lagergebäude. Als Thyssen 1992 den nordöstlichen Teil des Standorts verließ, erwarb die Herlitz AG auch diese Teilfläche und beauftragte die Herlitz Falkenhöh AG mit deren Entwicklung.

Zahlreiche, die zukünftige Nutzung einschränkende Rahmenbedingungen waren dabei zu beachten: das gültige Planungsrecht (damals reines bzw. beschränktes Arbeitsgebiet), der Beschluß des Senats zur Sicherung der Industrieflächen in der Stadt, die Belange der direkten Nachbarschaft, die Belange des Denkmalschutzes und die Einstufung des Geländes als Wasserschutzgebiet. In langwierigen Verhandlungen wurden mit dem Land Berlin die Grundzüge der Weiterentwicklung des Gesamtareals festgelegt.

In einem umfassenden Abstimmungsverfahren verabschiedete eine Steuerungsrunde unter Federführung der Senatsverwaltung für Stadtentwicklung und Umweltschutz Ende 1993 einen Rahmenplan mit kurz- und langfristigen Empfehlungen für die weitere Entwicklung des ehemaligen Borsiggeländes. Auf der Basis dieses Rahmenplans erfolgte eine umfassende politische Diskussion und Abstimmung mit Senat, Bezirk und allen Beteiligten. Ergebnis des Diskussionsprozesses war ein in enger Zusammenarbeit mit dem Berliner Senat entwickeltes Nutzungskonzept für das ehemalige Borsiggelände, die verbindliche Vorgabe im anschließenden internationalen städtebaulichen Wettbewerb.

Aus dem städtebaulichen Wettbewerb mit sechs renommierten Architekturbüros aus Berlin, München, Paris und Mailand ging der Entwurf der Pariser Architekten Claude Vasconi und Dagmar Groß als Sieger hervor. Das städtebauliche Konzept von Vasconi erhält den Charakter der historischen Industriearchitektur des Orts. Das ehemals für die Öffentlichkeit unzugängliche Borsiggelände wird durch eine neue Durchwegung für die Menschen geöffnet und über Wege und Grünverbindungen mit den angrenzenden Stadtgebieten vernetzt. Für die weitere Entwicklung des Borsiggeländes wurden zwei städtebauliche Verträge geschlossen, drei Bebauungspläne und eine Änderung des Flächennutzungsplans durchgeführt.

Als ersten Schritt zur Wiederbelebung des Geländes bezog die Herlitz Falkenhöh AG im Juli 1995 den restaurierten Borsigturm. Für die denkmalpflegerischen Maßnahmen am Borsigturm wurde die Herlitz Falkenhöh AG 1996 mit dem Reinickendorfer Bauherrenpreis ausgezeichnet. Der Borsigturm

bildet noch immer das Zentrum des Areals. Das Borsigtor an der Berliner Straße prägt den Eingang zum Gelände. Die bisherige Werksstraße wird U-förmig verlängert und zwischen den Borsighallen und dem Borsigturm hindurch zur Berliner Straße zurückgeführt. Dieser Teil der Straßenführung auf dem Gelände wird zukünftig als Hauptverkehrsachse dienen. Er entspricht zugleich der ursprünglichen zentralen Achse des historischen Borsiggeländes. Entlang der wiederhergestellten Hauptachse werden die wesentlichen Baudenkmale erhalten: Borsigturm, Borsighallen sowie eine separat stehende weitere Halle mit besonders eindrucksvoller Fassade. Diese Baudenkmale sind zentrale Elemente der städtebaulichen Figur. Sie werden durch zeitgenössische Architektur akzentuiert und in ein qualitätvolles Gesamtensemble integriert.

Im einzelnen entstehen
- der Gewerbepark Am Borsigturm mit insgesamt 55 000 Quadratmetern BGF (Bruttogeschoßfläche) für Unternehmen aus wachstumsstarken und technologieorientierten Branchen, insbesondere aus Verkehrstechnik, Logistik und Kommunikationstechnik. Der Gewerbepark eröffnet im Herbst 1998 seinen ersten Bauabschnitt. Die ersten Vermietungsgespräche werden derzeit geführt;
- das PHÖNIX Gründerzentrum mit rund 10 000 Quadratmetern BGF, integriert in den Gewerbepark Am Borsigturm. PHÖNIX ist das erste Gründerzentrum in der Region Berlin-Brandenburg, das, auf privatwirtschaftlicher Basis betrieben, ein großes Industrieunternehmen, die Herlitz AG, als erfahrenen Partner und Berater bietet. Das PHÖNIX Gründerzentrum wurde im Frühjahr 1997 in Betrieb genommen; es ist heute bereits voll belegt;
- das Einzelhandelszentrum »Hallen am Borsigturm« in den ehemaligen Borsigwerkshallen mit 22 000 Quadratmetern Verkaufsfläche, ergänzt durch ein Multiplexkino, Gastronomie-, Freizeit-, Sport- und Kultureinrichtung, daran angeschlossen ein Bürogebäude an der Berliner Straße mit rund 9 600 Quadratmetern Mietfläche. Der Standort wird vom Einzelhandel gut angenommen. Betreiber des Kinos wird der bekannte deutsche Kinobetreiber Kieft & Kieft. Die »Hallen Am Borsigturm« sind städtisch integriert und ergänzen das Tegeler Einzelhandelsangebot. Über die Berliner Straße ist das Einzelhandelszentrum mit dem Tegeler Einkaufsbereich, der Fußgängerzone in der Gorkistraße, verbunden;
- hochwertige Bürofläche zwischen Borsigtor und Borsigturm mit rund 7 500 Quadratmetern Mietfläche sowie ein Hotel mit 105 Zimmern. Die prägnanten Gebäude umrahmen einen großzügig angelegten, begrünten städtischen Platz. Schnitt und Lage der Gebäudekörper schaffen Sichtachsen zwischen Borsigtor und den Fassaden der Borsighallen. Seine besondere städtebauliche Figur, die repräsentative Lage zwischen Borsigturm und Borsigtor sowie die gute Verkehrsanbindung an die City machen diesen Bürostandort interessant für Unternehmenszentralen ebenso wie für Unternehmensbereiche, die Wert auf eine sehr gute Anbindung an Firmenzentralen in der City legen;
- am nördlichen Rand des Borsiggeländes 208 Wohneinheiten, die den Standort Am Borsigturm mit den benachbarten Wohngebieten verbinden. Die Wohnbebauung an der Veitstraße wurde im Herbst 1997 fertiggestellt; die ersten Eigentümer und Mieter sind bereits eingezogen.

Auf dem ehemaligen Borsiggelände entsteht ein Standort mit eigenem Profil. Die neuen Gebäude werden die städtebauliche Gestalt erhalten und sie behutsam weiterentwickeln. So entsteht eine neue Adresse: Am Borsigturm. Ein einmaliger Ort mit hoher Identität und Aufenthaltsqualität für alle Nutzer.

Dr. Manfred Birk,
Vorstand der Herlitz Falkenhöh AG

ger Jahre des 19. Jahrhunderts machten sich jedoch bemerkbar. Albert Borsig starb 1878 und hinterließ unmündige Söhne. Ein Nachlaßkuratorium ließ die Produktivität durch jahrelange Mißwirtschaft bedenklich sinken. Mit der Volljährigkeit der Söhne Arnold, Ernst und Konrad erfolgte die Übernahme des Werks durch sie. Es fand eine erneute Erweiterung statt, die Aufschwung brachte. Die Notwendigkeit der Modernisierung des Betriebs im Hinblick auf die damaligen hohen Anforderungen an Technologie und Logistik führte zur Zusammenfassung der Standorte zu einem modernen Werk in Tegel (1895–1898).

Kernstück des neuen Werks wurde eine zweihüftig organisierte Produktionsanlage mit Hallen beiderseitig einer internen Erschließungsstraße. Die Planung des Werks wurde den Architekten Reimer und Körte übergeben, aber das Konzept der Produktionsanlagen und Eisenkonstruktionen wurde von Borsig entworfen. Der historisierende Baustil mit entlehnten Elementen der mittelalterlichen norddeutschen Backsteingotik in Verbindung mit modernsten Konstruktionen und Technologien ist Zeichen für eine kulturgesellschaftliche Haltung der Bauherren. Wie schon beim Vater und beim Großvater zeigt das Werk ein traditionelles, deutschen Kulturepochen zugewandtes Gesicht, das sich selbstbewußt zeigt und mit Modernität in städtebaulicher und baukonstruktiver Gesamtkonzeption eine neue Einheit bildet.

Durch Zukauf von weiteren Grundstücken der ehemaligen Germania-Werft wird das Werk kontinuierlich erweitert. 1922 bis 1924 wird durch Bauten des bedeutenden Architekten Eugen G. Schmohl noch einmal Geschichte geschrieben. Das erste Berliner Hochhaus entsteht in faszinierender Konzeption und im modernen expressionistischen Stil. Von Schmohl stammt auch das neue Kantinengebäude.

Die Wirtschaftskrise Ende der zwanziger Jahre brachte auch den Familienbetrieb Borsig zunehmend in Schwierigkeiten. Die darauf folgende Gründung der »A. Borsig Maschinenbau Aktiengesellschaft« 1933 läutete eine neue Epoche ein.

Das an der Berliner Straße und der U-Bahnstation Borsigwerke gelegene Borsigtor mit dem Blick auf den Borsigturm, einer städtebaulichen Dominante, stehen für die Geschichte dieses bedeutenden Familienunternehmens. Durch das leicht schräg gestellte, mittelalterlich anmutende Tor, das die moderne Industrieanlage abschirmt, zugleich aber auch erschließt, fällt der Blick auf ein Wahrzeichen der Architektur des 20. Jahrhunderts – den Borsigturm. Das durch das Tor hindurchlaufende Eisenbahngleis transportierte das Symbol der Zukunft – die Lokomotive – in alle Welt.

Die beiden Arbeiterfiguren der Borsigschen Betriebe im Werktor, ein Schmied und ein Gießer, weisen zurück in das 19. Jahrhundert. Sie wurden symbolträchtig als Wächter oder als Gruß 1898 in das neuerrichtete Tor gesetzt. Bei der letzten Restaurierung entdeckte man Werkzettel in den historischen Zinkgußfiguren, die jedoch mit der Jahreszahl 1853 versehen waren. Dies gab Anlaß zu Nachforschungen: Im ersten Werk von August Borsig in der Chausseestraße stand der Schmied bereits im Uhren- und Wasserturm. Die Figur stammt vermutlich von dem bekannten Bildhauer Gustav Hermann Bläser, der laut seinem Schreibkalender am 7. Januar 1846 von August Borsig den Auftrag zu »einer Figur erhalten« hat. Weitere Beweise für ihre Existenz zu jener Zeit finden sich in einem Text des Bildhauers Rauch und in einem Artikel der Leipziger Illustrierten Zeitung vom 19. Februar 1848. Das Gemälde von C. E. Biermann aus dem Jahre 1847 zeigt auch eine Figur im Turm. E. Friedländer schreibt am 5. Juli 1847: »... beim Eintritt in den Hof sieht man zuerst einen großen Turm, worin eine Nische eingemauert ist, in welcher ein Schmied in Bronze gegossen steht. Borsig wurde aufgefordert, die Statue unseres Königs dorthin zu stellen, er soll aber gesagt haben – hier paßt kein König her, hier ist der Schmied der König!«

Diese realistische Darstellung eines Handwerkers (Arbeiters) ist für die noch überwiegend klassizistisch geprägte Zeit von außerordentlicher Bedeutung. Genien, mythologische Figuren, Könige und große Soldaten waren vorherrschende Motive im öffentlichen Raum. Nur der Bildhauer Schadow hatte als großer preußischer Realist mit seinem Luther in Wittenberg bereits 1819 ein profanes Standbild geschaffen, das sicherlich Leitbildfunktion hatte. Bei Borsig gibt es in vormärzlicher Zeit nun erstmals einen Handwerker als Leitbild. Zum Jubiläum der 500. Lokomotive am 25. März 1854 wurden vom Schmied eine Kopie und als Pendant ein Gießer hergestellt. Sie standen auf der Festbühne rechts und links neben der Borsigbüste. Ab 1858 zierten die nun in Zink gegossenen Figuren die Torpfosten des neuen Lokomotivhebewerks in der Borsigstraße. Mit dem Ausbau des neuen zusätzlichen Werks in Moabit durch den Sohn Albert Borsig bekamen sie 1867 für die nächsten 30 Jahre einen Standort, der dem in Tegel schon ähnelte. Auf hohen Werkseingangspfeilern standen sie dort, wie Berichte, Zeichnungen sowie Fotos belegen, und begrüßten den Vorbeikommenden.

Die dritte Borsiggeneration setzte die Figuren in das uns bekannte Borsigtor in Tegel ein, am Standort, der zum Symbol für Innovation und Tradition geworden ist. Aus konservatorischen Gründen wurden die restaurierten Zinkgüsse, die mit einer entsprechenden Oberflächenbehandlung Sandstein vortäuschen sollten, durch eine im 19. Jahrhundert dem Zinkguß folgenden Technologie (Galvano) ersetzt. Die beiden Originalfiguren stehen heute im Foyer des Rathauses Reinickendorf.

Die auf dem riesigen Werksgelände stattfindenden Maßnahmen im Rahmen der Umorientierung hin zu einer städtischen Mischnutzung führten zu einer symbiotischen architektonischen Neufassung. Selbstbewußte neue Architektur verbindet sich mit historischen Bauzeugnissen, um einen neuen Stadtraum zu schaffen, der unterschiedlich genutzt werden wird.

599 *Grabmal für Wilhelmine Anne Susanne von Holwede, geb. Colomb*
Grabanlage mit vier Linden (heute nur noch drei), ca. 1784, auf dem ehemaligen Kirchfriedhof von Alt-Tegel
Baudenkmal

Am Dorfanger von Alt-Tegel stehen noch viele Zeugen der Geschichte. Der ehemalige Charakter des märkischen Dorfs zeigt sich nicht nur durch den noch vollständig erhaltenen Anger, sondern auch durch gut erhaltene Bauten. Die Kirche und Reste des Kirchhofs befinden sich in der Mitte und bestimmen den Ort. Sie ist allerdings keine typische märkische Dorfkirche, sondern ein selbstbewußter Ersatzbau für das alte Kirchlein. 1911 bis 1912 wurde sie vom Architekten Jürgen Kröger in der Sprache der Zeit vor dem Ersten Weltkrieg – einem gediegenen Eklektizismus – errichtet. Auf der die Kirche umgebenden Fläche befinden sich noch einige Reste des Kirchfriedhofs. An ihrer Nordostecke befindet sich eine Grabstele, die eine besondere Betrachtung verdient: das Grabmal der Frau Wilhelmine Anne Susanne von Holwede geborene Colomb (geboren 1743, gestorben 1784). Es ist nicht nur ein schon auf den ersten Blick faszinierendes Denkmal, sondern weist noch mancherlei weitreichende Bezüge auf.

Die hier Beigesetzte war die Schwester der Gattin des jüngeren der beiden Holwede-Brüder. Sie selbst war mit dem älteren der Brüder, dem Hauptmann Viktor Ludwig Heinrich von Holwede, verheiratet (zwei Brüder Holwede heirateten zwei Schwestern Colomb). Friedrich Ernst von Holwede hatte Tegel 1764 von seinem Bruder erhalten. Schon bald nach seinem Tod heiratete seine Witwe Marie Elisabeth den Kammerherrn und Obrist-Wachtmeister Alexander Georg von Humboldt (Eltern der beiden Brüder Alexander und Wilhelm).

Die ehemals vier Linden, gepflanzt 1784, zeugen von einer Haltung des letzten Drittels des 18. Jahrhunderts. Herzog Leopold Friedrich Franz von Anhalt-Dessau, Schöpfer des berühmten Wörlitzer Parks, gehörte zum Bekanntenkreis derer von Humboldt und beobachtete und beeinflußte deren Wirken in Tegel. Seine durch Jean Jacques Rousseaus (1712–1778) Anschauung und Philosophie (zurück zur Natur) geprägte Gartenkunst der naturnahen Parklandschaft ist so auch hier in Tegel bemerkbar.

Diese Grabanlage nun erinnert frappierend an die Rousseau-Insel im Park von Ermenonville bei Paris, wo Rousseau zwischen vier Pappeln mitten in der Natur begraben worden war. Viele Erinnerungsstätten huldigten ihm (z. B. in Wörlitz und in Ber-

599 Alt-Tegel, Dorfanger, Grabmal für W. A. S. v. Holwede, geb. Colomb

lin-Tiergarten). Das Grab Holwede ist eine freie Übersetzung der Situation der Rousseau-Insel ins Märkische, ohne Bezug zum Wasser, aber mit dem geliebten heimatlichen Baum, hier der Linde. Bei dem in reinem Louis-Seize-Stil errichteten Grabmonument handelt es sich um eine außerordentliche Arbeit des 18. Jahrhunderts. Auf gut profiliertem Sandsteinpostament stehen aus graugeädertem Marmor eine breit ausladende Deckelurne und darunter eine Inschrifttafel aus gleichem Material mit Name und Grabspruch: »Wilhelmine Anne Susanne von Holwede, geb. Colomb/geb.: den 3. Juli 1743/gest.: den 21. Juli 1784 – Sie schläft süßen Schlaf/sage nicht, daß die Guten/starben!« Über der Schrift ist ein von Lorbeerwinden gekröntes Porträt als Silhouette, sicher die Verstorbene darstellend, in weißem Marmor als Steinintarsie gearbeitet. Diese Porträtdarstellung ist nicht nur reizvoll, sondern auch von größter Seltenheit.

Für den Gesamtentwurf des Grabmals muß man die Hand eines »guten« Künstlers der Zeit annehmen. Frau Humboldt wird den Künstler Daniel Chodowiecki zu dieser Zeit schon gekannt haben, denn später schickte sie ihm ihren Sohn Alexander zum Zeichenunterricht. Chodowiecki käme für solch eine Arbeit stilistisch durchaus in Frage, aber auch Bernhard Rode. Schattenrisse oder Scherenschnitte sowie Silhouetten waren am Ende des 18. Jahrhunderts und dann fast das ganze 19. Jahrhundert über beliebte Stilmittel zur Darstellung geliebter Personen. Es entsprach der »romantisch aufgeklärten« Zeit, den Schattenriß als Abstraktion der Person anzusehen. Hier ist er zu verstehen als »ein Totenbild der Zeit/das dich und mich gewiß,/reißt aus der Zeit, zur Ewigkeit« (anonymer Vers des ausgehenden 18. Jahrhunderts).

Durch den Kirchenbau von 1912 wurde die Sicht auf die Vorderfront verstellt. Bei einer Instandsetzung des Grabmals wurde es um 180 Grad gedreht, um die Frontansicht wieder sichtbar zu machen.

607 *Alt-Tegel 35, ehem. Gemeindeschule Tegel*
mit Wohnhaus, ca. 1870
Baudenkmal

Auf der südlichen Seite des Dorfangers Tegel steht das Schulhaus Tegel. Es wurde 1870 als Gemeindeschule errichtet, um dem gestiegenen Bedarf Genüge zu tun. Es handelt sich dabei um ein traufständiges, siebenachsiges Gebäude auf niedrigem Sockelgeschoß mit Satteldach. Der mittige Eingang betont den klassischen märkischen Bauernhaustyp. Das Gebäude wurde als ziegelsichtiger Mauerwerksbau mit eingefärbten, gezogenen Fugen konzipiert. Als Ziegelmaterial fand der rote Rathenower Stein Verwendung (sichtbare Signaturen). Das Gebäude hat als ältester erhaltener Schulbau in Tegel eine ortsgeschichtliche Bedeutung für die Gemeinde und genießt als Ziegelbau aus dieser

607 Alt-Tegel 35, ehem. Gemeindeschule Tegel

Zeit einen hohen architektonischen Stellenwert. Es prägt in seiner bescheidenen Unaufdringlichkeit das Bild des Dorfangers und gibt einen Eindruck von der Dorfgestalt in der zweiten Hälfte des 19. Jahrhunderts.

Die handwerkliche Reparatur der ziegelsichtigen Fassaden unter Verwendung nachgebrannter Handstrichziegel und eingefärbter Fugen werden der herausragenden Bedeutung des als Wohnhaus genutzten Gebäudes gerecht.

645 *Karolinenstraße 9/10, »Alte Waldschänke«*
Kolonistenhaus von 1760
Baudenkmal

Die »Alte Waldschänke« liegt direkt gegenüber dem Wirtshaus »Alter Fritz«, einem Bauensemble, das seinen Ursprung schon um 1650 hat. Es liegt etwa einen Kilometer vom Ortskern Tegel entfernt, nahe beim Schloß Tegel. Traufständig in der Straßenflucht stehend, bilden sie zusammen die torartige nördliche Bebauungsgrenze entlang der Karolinenstraße, die dann als Ruppiner Chaussee durch den angrenzenden Tegeler Forst nach Schulzendorf weiterführt. Die historisch-topographische Situation ist gekennzeichnet durch die ehemalige Zugehörigkeit des Siedlungsbereichs zum Gut »Schloß Tegel« und durch die Lage an einer der ehemals wichtigsten Ausfallstraßen Berlins. Eine anonyme Kartenzeichnung um 1760–1770 zeigt, daß rechts der Chaussee in nördlicher Richtung bereits drei Gebäude vorhanden waren. Das nördlichste, mit der Beschriftung »Seidenbau« versehen und als Kolonistenhaus errichtet, bezeichnet die »Alte Waldschänke«. Der Name »Seidenbau« stellt zudem die Verbindung zu der Maulbeerplantage her, die südlich des Gutshauses eingezeichnet ist, und deutet so auf den Bauherrn, den Besitzer des Guts »Schloß Tegel« (wie es schon seit dem 18. Jahrhundert oft genannt wurde) hin.

Das Gut lag weiter südlich an dem alten Mühlenweg nach Heiligensee, der von der alten Mühle abzweigte. Die »Ruppiner Straße« führte an dieser Stelle erst nach Norden, um dann am »Neuen Krug« (»Alter Fritz«) in Nordwestrichtung vorbeizuführen. Sie war Teil der Post- und Handelsroute, die Berlin über die heutige Müllerstraße durch Tegel über Ruppin mit Hamburg verband. 1780 schreibt Anton Friedrich Buesching in seiner Reisebeschreibung von Berlin nach Kyritz in der Prignitz:

»Weit von dem Dorfe Tegel, aber nahe bey dem Schlößchen Tegel, trafen wir an einem Bach, welcher durch einen Wiesengrund in den vorher erwähnten See läuft, eine Mahl- und Säge-Mühle an, und als wir über die Brücke gekommen waren, beobachteten wir zur Linken den schattigen angenehmen Zugang zu dem Schlößchen Tegel, und fuhren um einen mit Weinreben bepflanzten Hügel, oben auf welchem ein kleines Lusthaus, und ein kleines Lustzelt zu sehen waren. An dem Wege, oder an der Poststraße, zeigten sich unterschiedlich gut gebaute Häuser, für Tagelöhner, und zuletzt auf der linken Seite der neue Krug, welches gute Wirtshaus nicht weit von dem Schlößchen in einem Grunde steht, der mit Hügeln umgeben ist. Unser Postknecht mit welchem wir wohl zufrieden waren, hielt vor demselben still, und wir stiegen aus, um Kaffee zu trinken, den wir zu Berlin nach dem Essen nicht genossen hatten, weil wir fort eilten (…) Schon 1769 waren die Häuser, welche Stuve für sechs Familien anzubauen versprochen hatte, nicht nur wirklich vorhanden, sondern auch mit neuen Familien besetzt: (…) denn ein Haus mit 4 Familien, stand nahe bey dem Schlößchen, ein anderes war von zwey Familien, und das dritte gegen dem neuen Krug über, war von drey Familien bewohnt.« Weiter sagt Buesching etwas über die Funktion des Dachraums: »(…) es hatte auch das letzte im zweyten Stockwerk einen geräumigen Saal

645 *Karolinenstraße 9/10, Gasthof »Alte Waldschänke«*

auf welchem der Kammerherr 1770 einen Versuch mit dem Seidenbau machen wollte.« Als Bauherr dieser Kolonisten- oder Familienhäuser wird der Major im Freibataillon Johann Friedrich Stuve genannt, der am 24.1.1760 Besitzer des Guts »Schloß Tegel« wird und dann durch eine Erbverschreibung am 9.6.1760 von der Königlichen Kurmark Kriegs- und Domänenkammer die Erlaubnis erhält, sechs Familienhäuser zu erbauen. Die Erbauungszeit des Gebäudes »Alte Waldschänke« muß demnach zwischen 1760 und 1769 liegen. Ob sie noch unter Stuve gebaut wurde – er verkaufte das Gut bereits 1762 an den Königlichen Hauptmann Victor Heinrich von Holwede – oder unter einem seiner Nachfolger, bleibt unklar.

1764 übernahm Holwedes Bruder Friedrich Ernst den Besitz. Dieser starb jedoch bereits 1764, und seine Witwe brachte das Anwesen in die Heirat (1766) mit Alexander Georg von Humboldt ein. Bei der Rekonstruktionsmaßnahme von 1996/1997 wurden die Bauhölzer, die mit Sicherheit aus der Erbauungszeit stammten (Zimmermannszeichen, gebeilte Hölzer, Einbaulagen u. a.), dendrochronologisch untersucht. Es wurde ein Fälldatum von 1760 ermittelt, das eine frühe Bauzeit in der in Frage kommenden Zeit nahelegt (1760–1762).

Der Bau der Kolonie steht am Beginn der zweiten Entwicklungsphase des Guts »Schloß Tegel«, die mit der Siedlungspolitik Friedrichs II. einsetzt. In der Berliner Umgebung sollten vornehmlich gewerbliche Siedlungen für Kolonisten die Wirtschaft stärken. Vielerorts wurden Maulbeerplantagen angelegt. So muß auch das freiwillige Angebot des Ch. L. Möhring gesehen werden, der für die Ländereien des Guts »Schloß Tegel« die Anpflanzung von 10 000 Maulbeerbäumen im Rahmen des Erbpachtvertrags von 1752 versprach. Der zweiten, durch Spekulation gekennzeichneten Entwicklungsphase des Guts folgte die der Humboldts, die mit Alexander Georg einsetzte und das Gut zur wirtschaftlichen und kulturellen Blüte brachte.

Die »Alte Waldschänke« ist ein als kleines Familienhaus konzipiertes, eingeschossiges, fünfachsiges Fachwerkhaus, wie es für Kolonistenhäuser in friderizianischer Zeit typisch ist. Dem klar gegliederten, auf Zierformen verzichtenden äußeren Erscheinungsbild ist die innere Aufteilung angepaßt. Der Grundriß ist – kleine Unsicherheiten außer acht gelassen – typisch für Kolonistenhäuser, die aus dem mitteldeutschen Doppelstubenhaus, dem gängigen Bauernhaus der Mark Brandenburg, entwickelt worden sind. Sie zeichnen sich aus durch eine mittige Querteilung, die im Zentrum die »schwarze Küche« hatte. Gute Vergleichsmöglichkeiten lassen sich in der Kolonistensiedlung Nowawes für Weber und Spinner bei Babelsberg finden, aber auch das Gärtnerhaus des Guts »Schloß Tegel«, das vermutlich jedoch schon früher errichtet wurde, gehört zu diesem Haustyp.

Der desolate Bauzustand sowie eine starke gewaltsame Beschädigung mit folgendem Leerstand zogen eine langjährige Konzeptentwicklung nach sich, die 1997 zu einer gerade noch vertretbaren Lösung geführt hat. Behutsames Abtragen der historischen Bausubstanz mit einhergehender Bauforschung ermöglichten die handwerks- und materialgerechte Rekonstruktion unter Verwendung noch erhaltener Bauteile dieses Fachwerkgebäudes. So konnten sowohl der wichtige historische topographische Ort als auch der für die Mark Brandenburg wichtige Haustyp erhalten werden. Eine Zusatzbebauung auf dem hinteren Grundstücksteil ermöglichte die Finanzierung.

651, 676 *Reiherwerder, Landhaus Borsig*
1911–1913 von Eugen Schmohl und Alfred Salinger
Baudenkmal und Gartendenkmal von Körner und Brodersen
1913

Die Villa Borsig, wie das Landhaus genannt wird, ist durch ihre enge Verbindung zur industriellen Entwicklung Preußens ein besonderer Bestandteil des kulturellen Erbes dieser Stadt und ein Stück deutsche Geschichte. In Deutschland folgte nach dem Zweiten Weltkrieg als Reaktion auf das Desaster des »Dritten Reichs« eine Abwendung von der Vergangenheit »ins Glück der Geschichtslosigkeit« (W. J. Siedler). Für die Villa Borsig wie auch für andere vom Krieg verschonte Bauten Berlins mit kultureller Bedeutung bedeutete dies die kompromißlose Hinwendung zur »Moderne« und die Mißachtung des »Alten«. Das Ergebnis war eine intolerable Veränderung der Innenraumfassung, die in größtem Kontrast zur Architektur und Geschichte des Hauses stand. Erst in jüngster Zeit wird die große wirtschaftliche und kulturelle Leistung dieser Epoche des 19. Jahrhunderts allmählich wieder anerkannt, die neben den Industriekomplexen in dieser für Berlin einmaligen Anlage einer bedeutenden Familie ihren Ausdruck findet.

Es wurde bei der Restaurierung der Villa in der Mitte der achtziger Jahre vorsichtig versucht, sich dem ursprünglichen Charakter der Innenräume, die ganz besonders unter der »Modernisierung« gelitten hatten, zu nähern. Die äußere Erscheinung war fast vollständig erhalten und brauchte nur im Bestand restauriert zu werden. Im Gegensatz zur schlichten barocken Eingangsfassade als Drei-Flügel-Anlage stellt die Gartenseite eine ausladende, prachtvolle Terrasse mit Eckpavillons zur Schau, die direkt in das sparsam wiederhergestellte Parterre übergeht.

Die Gebrüder Ernst und Konrad Borsig, die Enkel des Firmengründers August, erwarben 1898 von der Familie von Humboldt (der Enkelin Wilhelm von Humboldts, Konstanze von Heinz) die zum Gut Tegel gehörende Insel Reiherwerder. 1905 trat Konrad sein Mitbesitzrecht an seinen Bruder Ernst ab. Die Villa wurde dann in den Jahren 1908 bis 1910 von den Architekten Schmohl und Salinger als Sitz der Borsigs im Stil des Neobarocks erbaut, passend zum neuen Adelsstand, in den sie der deutsche Kaiser Wilhelm II. 1909 erhoben hatte. Der Park wurde nach direkter Anweisung von Ernst von Borsig (ein Liebhaber der Gartenkunst) durch die Gartenarchitekten Körner und Brodersen im Jahre 1913 angelegt. In unmittelbarer Umgebung des Hauses wurde er als Barockgarten mit Gartenparterre und verschiedenen, geometrisch gefaßten Bereichen wie der Zufahrt, dem Rosarium und der Gärtnerei konzipiert. Die zum See führenden Bereiche der Insel wurden aber dann ein Landschaftspark, der im Mittelbereich (von der Terrassenanlage aus betrachtet) als Auenwiese direkt in den Tegeler See übergeht. Der Park wurde leider nach Kriegsende im Zuge der Wiederherstellungsmaßnahmen erheblich verändert und zum Teil sogar zerstört. In jüngerer Zeit konnten gartendenkmalpflegerische Unternehmungen einiges von der historischen Fassung wiederentdecken.

Von den Ausstattungsstücken der Denkmalanlage sind aber leider nur noch wenige erhalten geblieben. Das Haus blieb bis 1937 im Besitz der Familie und wurde dann an das Reichsfinanzministerium verkauft, das es 1945 zur Reichsfinanzakademie bestimmte. Die Anlage wird seit 1960 vorwiegend von der Deutschen Stiftung für Entwicklungshilfe genutzt. In den repräsentativen Räumen des Erdgeschosses wie der Bibliothek, dem Vortragssaal und dem Salon sowie dem Speisesaal haben sich noch historische Ausstattungen erhalten (Holzvertäfelung, Wandschränke, Wandgliederungen, Kamin, Kassettendecke). Im Obergeschoß sind in den ehemaligen Privaträumen zwei Bäder mit den historischen Fliesen erhalten sowie Einbauschränke und Wand- bzw. Deckengliederungen. Vom einstmals vermutlich prachtvollen beweglichen Inventar sind nur noch die Wandkonsole in der Eingangshalle und der große Barockschrank im Obergeschoß vorhanden.

Die heutige besondere und oft repräsentative Nutzung führte

651 Reiherwerder, Landhaus Borsig

problemlos zu einer denkmalgerechten Instandsetzung sowie in Teilen auch zu einer modernen Interpretation der partiell verlorengegangenen historischen Raumfassungen. Es ist gelungen, den herausragenden Charakter der Anlage trotz einiger Verluste der Nachkriegszeit zu erhalten bzw. wiederherzustellen.

671, 677 *Wittestraße 37, Russisch-orthodoxer Friedhof*
1893/94 von Albert Bohm
Baudenkmal und Gartendenkmal

Der den Heiligen Konstantin und Helena gewidmete und 1893/94 angelegte Friedhof der russisch-orthodoxen Gemeinde in der Wittestraße ist die Ruhestätte einer ganzen Reihe von Persönlichkeiten aus Kultur, Politik, Wirtschaft und Militär der Zeit um die Jahrhundertwende. Genannt seien hier nur Wladimir Suchomlinow (1848–1926), Kriegsminister unter Zar Nikolaus II. und Unterzeichner der Kriegserklärung von 1914 gegen Deutschland; Wladimir Nabokow (1870–1922), Publizist und Journalist, Vater von Wladimir, des in den zwanziger Jahren ins Exil gegangenen Schriftstellers und Verfassers von »Lolita«, und Michail Eisenstein (1867–1920), kaiserlich-russischer Staatsrat, dessen Sohn Sergej mit der Regie zu »Panzerkreuzer Potemkin« einen entscheidenden Beitrag zur Filmgeschichte lieferte. An Michail Glinka (1804–1857), den in Berlin verstorbenen und in seiner Heimat hochgeschätzten Komponisten u. a. der Oper »Ein Leben für den Zaren«, erinnert eine Denkmalanlage (Grabplatte von 1857, Büste von 1893 sowie eine neue Gesamtanlage von 1947 von der Roten Armee). Nicht zuletzt wurde der Friedhof zur letzten Ruhestätte von zahlreichen Emigranten, zurückgebliebenen und gefallenen Soldaten beider Weltkriege sowie Kindern aus der Zeit der Nazi-Herrschaft (Kinder von Ostarbeiterinnen eines in der Nähe gelegenen Arbeitslagers).

Die Anlage ist ein wichtiges Zeugnis der russisch-deutschen

Geschichte, ein Symbol für das Miteinander unterschiedlicher Kulturen und Religionen sowie ein deutlicher Beweis der preußischen Toleranzpolitik. Vor über tausend Jahren nahmen die Kontakte zwischen den Völkern der Russen und der Deutschen ihren Anfang. Der Beginn der intensiven freundschaftlichen Verbindungen läßt sich auf das Jahr 1697 festlegen. Hier trafen sich Zar Peter I. und Kurfürst Friedrich III., der 1701 als Friedrich I. erster König in Preußen wurde, und schlossen den Vertrag von Königsberg. Die Freundschaft setzte sich, nur durch die Schlesischen Kriege unterbrochen und mit besonders intensiven Höhepunkten im 19. Jahrhundert, bis ans Ende des 19. Jahrhunderts fort. Erst die nationalen Tendenzen um 1900 veränderten diese Tradition und führten dann sogar zur Feindschaft im Ersten Weltkrieg und in der neueren Zeit.

Während die erste russisch-orthodoxe Kirche im deutschsprachigen Raum schon 1655 in Königsberg entstand, konnten die orthodoxen Gläubigen in Berlin nur den Kirchenraum der Gesandtschaft Rußlands benutzen, aber erst ab 1711. In Potsdam wurde dann 1734 eine kleine Fachwerkkirche geweiht. Nach den Befreiungskriegen (1813–1815) wurden die Kolonie Alexandrowka (1825) und die St.-Alexander-Nevskij-Kirche (1829) errichtet. In Berlin zog sich der Bau einer Kirche noch hin. Für Gottesdienste stand der kleinen orthodoxen Gemeinde im 19. Jahrhundert immer noch nur die Hauskirche der nun errichteten Botschaft zur Verfügung. Beisetzungen fanden notgedrungen auf den überwiegend protestantischen Friedhöfen statt. Totenmessen wurden in Krankenhäusern, Leichenhallen oder Beerdigungsinstituten abgehalten.

Endlich kaufte der Erzpriester der Botschaftskirche Alexios von Maltzew mit Spendengeldern ein Stück Dalldorfer Bauern-

671 Wittestraße 37, Russisch-Orthodoxer-Friedhof

671 Wittestraße 37, Russisch-Orthodoxer-Friedhof

heide, um es zu einem »Stück Rußland« zu machen. Dort legte er einen Friedhof an und baute 1893 mit dem Architekten Albert Bohm die Friedhofskapelle, die am 2. Juni 1894 geweiht wurde. Der Bau des Kaiser-Alexander-Heims und des Priesterhauses sowie Teile der Einfriedung mit Glockentor folgten.

Der Friedhof ist mit axialen Wegekreuzungen angelegt, die Kirche in der Mitte ist über die Hauptallee zu erreichen. Das Bild der Friedhofsanlage wird überwiegend von den weißgestrichenen Holzkreuzen bestimmt. Die Friedhofskirche ist ein Zentralbau mit einer achteckigen Mittelkuppel (Sinnbild für Jesus) über dem Hauptraum – nach russisch-orthodoxer Auffassung die Erde symbolisierend – und einem hohen, gleichfalls oktogonalen Helm, der von einer Zwiebelkuppel abgeschlossen wird. Die Ecken des im Grundriß quadratischen Gebäudes werden von vier Zwiebelkuppeln betont (Sinnbild für die vier Evangelisten). Alle Kuppeln sind von Kreuzen gekrönt, die sich über einem Halbmond erheben, dem Zeichen für den Sieg des Christentums über die islamischen Tartaren.

Von Südwesten erreicht man über zehn Granitstufen das Eingangsportal des Vorraums der Kirche (Hölle), um von dort den Hauptraum (Erde) zu betreten. Von der prachtvollen Innenausstattung ist viel erhalten geblieben. Die vergoldete, große, den ganzen Raum teilende Ikonostase führt durch ein Tor zum abgetrennten Priesterraum, dem Himmel. Die Friedhofsanlage ist in ihren wesentlichen Zügen noch original erhalten. Übliche Altersspuren und auch die Folgen zweier Weltkriege sind ablesbar. Politisch bedingte Säuberungen blieben ihr erspart.

Die historisch bedeutsame Gesamtanlage wird abschnittsweise ausschließlich nach denkmalpflegerischen Kriterien instand gesetzt und restauriert, um die Würde des Orts von zweifelhafter Modernität freizuhalten.

160 TEGEL

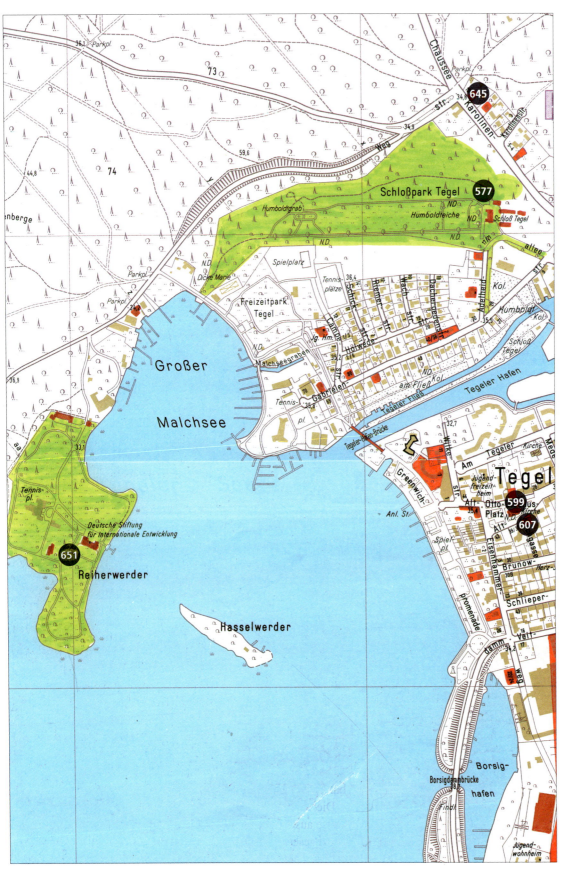

Bezirk Reinickendorf

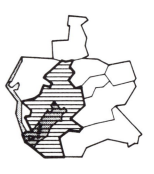

Ortsteil Tegel

Bereich der Baudenkmale
Bereich der Gartendenkmale
Objekte mit ausführlicher Beschreibung

TEGEL 161

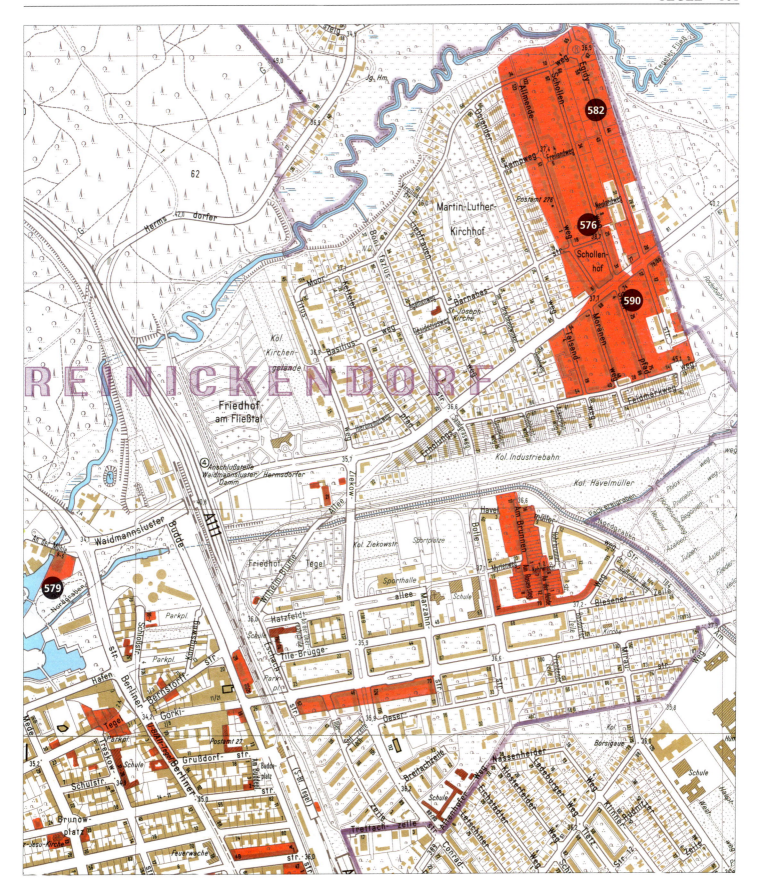

162 TEGEL

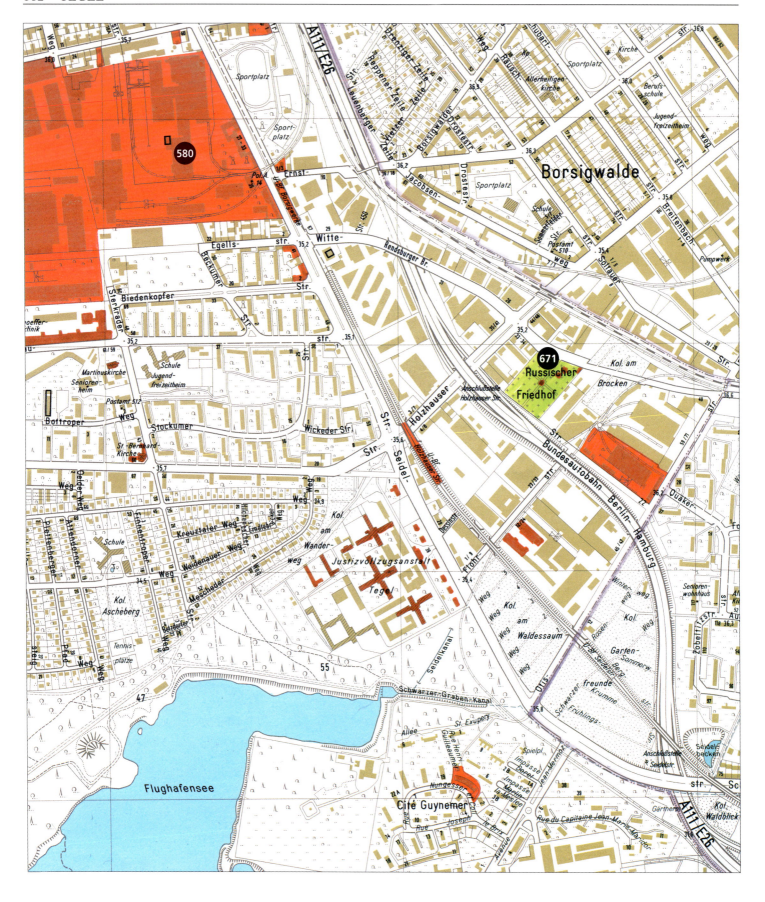

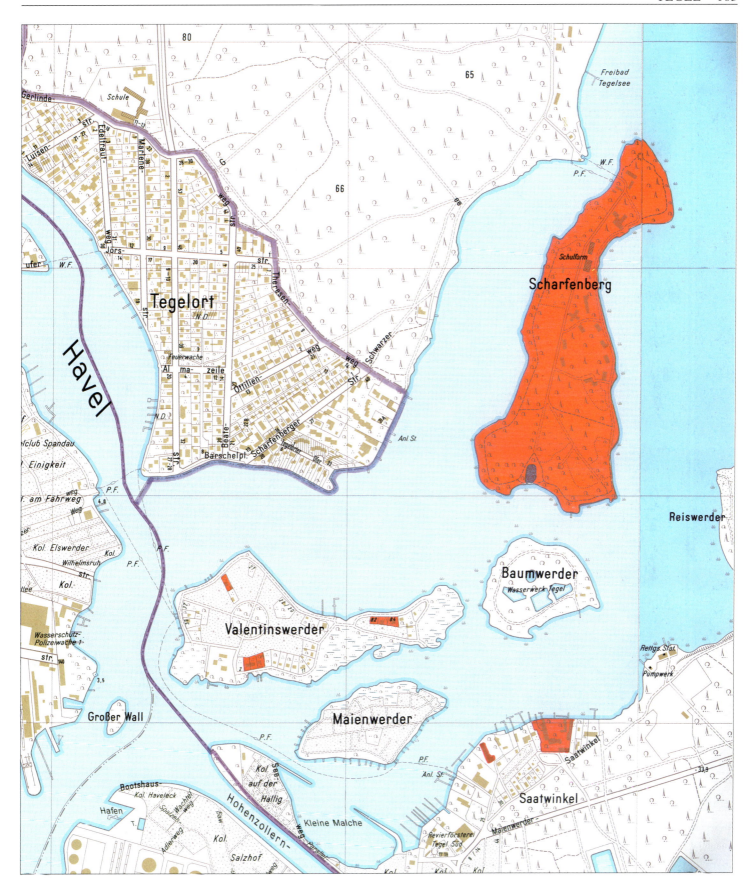

TEGEL 163

571 Alt-Tegel 2, 4–9, Ortskern Tegel, ehem. Humboldthafen

582 Egidystraße, Kolonie Freie Scholle

578 Am Brunnen 1–22, Kleinhaussiedlung Am Steinberg

584 Gorkistraße 28/70, Wohnanlage

581 Billerbecker Weg 123A

585 Rue Ambroise Paré 13/15, Cité Pasteur, Garagen

586 Rue Henry Guillaumet 2, Cité Guynemer, Garagen

588 Saatwinkler Chaussee 55/57, Saatwinkel, Blumeshof

587 Saatwinkler Chaussee 31, Saatwinkel, Gaststätte Prinzengarten

589 Scharfenberg, Schulfarm Scharfenberg, Scheune

587 Saatwinkler Chaussee 31, Saatwinkel, Gaststätte Prinzengarten

589 Scharfenberg, Schulfarm Scharfenberg

589 Scharfenberg, Schulfarm Scharfenberg

591 Seidelstraße 37–44, Strafgefängnis Tegel

589 Scharfenberg, Schulfarm Scharfenberg

592 Talsandweg 3–20, 22, Siedlung Freie Scholle

590 Schollenhof 1–31, Siedlung Freie Scholle

593 Tile-Brügge-Weg 65/101

594 Veitstraße 1–4B

597 Adelheidallee 5/7, Landhaus Holdefleiß

595 Veitstraße 45–47

598 Adelheidallee 13

596 Wilkestraße 7/7C, 9/11, Nixe und Neptun (Hochhäuser)

600 Alt-Tegel 2

601 Alt-Tegel 4

604 Alt-Tegel 17

602 Alt-Tegel 5/7

606 Alt-Tegel 34

603 Alt-Tegel 6

609 Am Buddeplatz 4

TEGEL

611 Berliner Straße, U-Bahnhof Borsigwerke

614 Berliner Straße 6

612 Berliner Straße 1A

615 Berliner Straße 19–37, Germaniahalle

613 Berliner Straße 5

616 Berliner Straße 41

617 Berliner Straße 43

620 Bernstorffstraße 5

618 Berliner Straße 70

621 Bernstorffstraße 6/8A

619 Bernauer Straße 66/68, kath. St. Bernhard Kirche

623 Borsigdamm, Schmuckbogen

624 Brunowstraße 26

628 Buddestraße 24/26

626 Buddestraße 2–10, S-Bahnhof Tegel

629 Buddestraße 28

627 Buddestraße 20/22

631 Eisenhammerstraße 16

633   Eisenhammerweg 22/24, Clubhaus Germania

636   Gabrielenstraße 66

634   Flohrstraße 12/24

637   Gabrielenstraße 68

635   Gabrielenstraße 59 A

638   Gorkistraße 22/24

639   Grußdorfstraße 3–4, Postamt 27 Tegel

642   Im Jagen 65, Pumpwerk Tegelort

640   Hatzfeld Allee 2/4, Humboldt-Schule

643   Karolinenstraße 3B, Villa Kirchner

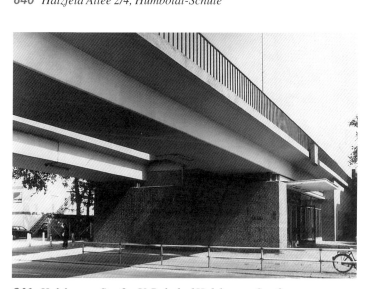

641   Holzhauser Straße, U-Bahnhof Holzhauser Straße

644   Karolinenstraße 8

646 Karolinenstraße 12, Gasthof »Alter Fritz«

649 Medebacher Weg 14/16

647 Liebfrauenweg 15/17, kath. St. Joseph-Kirche

650 Neheimer Straße 7

648 Medebacher Weg 13/15, kath. Herz-Jesu-Kirche

651 Reiherwerder, Landhaus Borsig

651 Reiherwerder, altes Wohnhaus

652 Schloßstraße 7–10

653 Schloßstraße 24

654 Schloßstraße 25

655 Schwarzer Weg, Tegeler Segelclub e. V.

656 Sterkrader Straße 47, ev. Martinus Kirche

657 Sterkrader Straße 49/59, ehem. Fabrikanlage

661 Treskowstraße 26/32, Oberschulen

658 Straße 22 Nr. 2/10

662 Valentinswerder 3–4, Villenkolonie Valentinswerder

659 Tegeler Hafen, Hafenbrücke (Sechserbrücke)

664 Valentinswerder 32, Villenkolonie Valentinswerder

667 Valentinswerder 84, Villenkolonie Valentinswerder

670 Wilhelm-Blume-Allee 1/19, Städtischer Friedhof Tegel

668 Veitstraße 28

672 Ziekowstraße 80/88, Hoffmann v. Fallersleben-Schule

669 Veitstraße 39

673 Ziekowstraße 161/163, Grünes Haus

674 Adelheidallee mit Halbmeilenstein (versetzt)

676 Reiherwerder, Villengarten Borsig

675 Adelheidallee 17/21, Schloßpark Tegel

WAIDMANNSLUST

688 Bondickstraße, ev. Königin-Luise-Kirche

Waidmannslust wurde im Jahre 1875 gegründet. Nachdem der Lübarser Bauer Knobbe verstorben war, wollten seine Erben ihren Erbteil ausgezahlt bekommen und gaben ein 64 Morgen großes, am Tegeler Weg (heute Waidmannsluster Damm) gelegenes Waldgrundstück zum Verkauf. Der Hermsdorfer Rittergutsbesitzer Leopold Lessing fand Interesse an dem günstig gelegenen Grundstück. Er wollte es zur Parzellierung erwerben und beauftragte seinen Gutsförster Wilhelm Bondick (1816 bis 1892), in Kaufverhandlungen mit der Familie Knobbe einzutreten. Bondick jedoch erwarb das Land für sich selbst und errichtete inmitten des Walds ein mit Reh- und Hirschgeweihen geschmücktes Wirtshaus, das er »Waidmannslust« nannte. Die Idee Bondicks scheiterte, da seine Gaststätte kaum besucht wurde und sich auch keine Interessenten für den angebotenen Baugrund fanden. Auch die 1877 eröffnete Nordbahn brachte keine Verbesserung, da eine Haltestelle fehlte. Nach zähen Verhandlungen mit der Bahndirektion und verschiedenen Eingaben wurde 1884 auf Bondicks Kosten eine Bedarfshaltestelle eingerichtet.

Die Entwicklung der Villenkolonie begann jedoch erst im Jahre 1888, als die Lampenfabrik Budweg & Sohn errichtet und im gleichen Jahr das Kurhaus Bergschloß eingerichtet wurde. Dem Beispiel der Familie Knobbe folgten nun auch andere Lübarser Bauern und verkauften ihre Äcker an interessierte Berliner, so daß die Einwohnerzahl im Jahre 1892 auf 400 Personen in 70 Häusern stieg. So war die neugegründete Villenkolonie in nur wenigen Jahren über die Größe des damaligen Bauerndorfs Lübars, dem sie verwaltungsmäßig zugeordnet war, hinausgewachsen.

Durch verschiedene Attraktionen wie Fahrten mit flachgebauten Spreewaldkähnen auf dem Tegeler Fließ, Schießbuden und Karussels sollten Ausflugsgäste und Grundstücksinteressenten nach Waidmannslust gelockt werden. Zu den ersten Einwohnern zählten ruhesuchende und wohlhabende Berliner. Dem Ort Waidmannslust wurde 1890 der Status einer Landhauskolonie zuerkannt, 1891 die erste gepflasterte Straße gebaut. Die bereits 1895 einsetzende mehrgeschossige Mietwohnbebauung verhinderte jedoch die weitere Entwicklung Waidmannslusts zu einer typischen Villen- und Landhauskolonie wie Frohnau.

Nachdem 1892 von einem Fabrikanten ein eigener Schulraum zur Verfügung gestellt wurde und dieser bereits 1901 nicht mehr ausreichte, wurde in der Artemisstraße 22/26 eine neue Schule errichtet, die einst als eine der schönsten des Berliner Nordens gepriesen wurde. Das ursprünglich recht pompöse Gebäude mit seinen Backsteingiebeln, seiner Freitreppe und den hellen Klassenräumen ist nach dem Zweiten Weltkrieg durch Anbauten ergänzt worden.

Wahrzeichen von Waidmannslust ist der Turm der Königin-Luise-Kirche (mit der Königin Luise als Marienfigur über der Kirchentür) in der Bondick-/Ecke Hochjagdstraße, die 1912/13 auf einem eiszeitlich gebildeten Moränenrücken errichtet wurde. Die Kirche wurde aus Rüdersdorfer Kalksteinen und Klinkersteinen aus Rathenow gebaut. Der Turm wurde dem Rathaus von Tangermünde nachempfunden, um dem Wunsch der Kaiserin Auguste-Victoria zu entsprechen, die die Protektorin des Evangelischen Kirchbauvereins gewesen war. Die Außenwand ziert ein Sandsteinrelief aus der Zeit um 1200 mit frühchristlichen Motiven. Vor der Kirche wurde zur 50-Jahr-Feier von Waidmannslust im Jahre 1925 ein Jubiläumsbrunnen aufgestellt.

Ein weiteres auffälliges Gebäude ist das Fürst-Bismarck-Haus an der Dianastraße/Ecke Fürst-Bismarck-Straße, in dessen Nische an der Eckfassade sich bis 1945 ein Standbild Bismarcks befand.

Nach dem Krieg wurde in den Jahren 1966 bis 1972 zwischen dem Zabel-Krüger-Damm, der Schluchsee- und der Titiseestraße die Rollberge-Siedlung mit mehrgeschossigen Wohnhäusern und insgesamt 2000 Wohnungen errichtet. Das 22geschossige Doppelhochhaus an der Titiseestraße stammt von Hans Scharoun.

Waidmannslust hat sich bis heute in seinem historischen Kern als gehobener Wohnvorort mit gemischter Bebauung erhalten.

686 Bondickstraße 1–4, Ehem. Résidence du General
Villa mit Wirtschaftsgebäude, 1910 von Emil Bopst
Baudenkmal

Die Villa in der Bondickstraße gehört zu einem für Waidmannslust unüblichen großbürgerlichen Anwesen, errichtet 1910 vom Architekten Emil Bopst für den Bauherren Albrecht. Auf den Höhenzügen der Rollberge erbaut, kommt es in seiner klassizistischen Architektursprache gut zur Geltung. Der weitläufige Landschaftsgarten wird von einer kräftigen Einfriedung mit Staketenzaunabschluß und Eckpavillon zur Straße abgegrenzt. In diesem Stilgemisch mit barocken Elementen sind es die Risalite und Frontispize sowie die Säulenordnungen, die den klassizistisch repräsentativen Eindruck des Gebäudes ausmachen, gesteigert durch den haushohen Portikus der Auffahrt. Nach wechselvoller Nutzung erhielt es nach dem Zweiten Weltkrieg von den Französischen Alliierten die Bezeichnung »Résidence du General«. In der neuen Berliner Geschichte wird die Funktion einer diplomatischen Residenz der baulichen und räumlichen Bedeutung dieser Anlage gerecht werden.

Das Baudenkmal mit seinem Park steht stellvertretend für eine Berliner Wohnform, die den großbürgerlichen Anspruch auf Selbstdarstellung und Repräsentation mit eigenem Wohngefühl erfüllt. Es ist in seiner baukünstlerischen und stadtbildprägenden Weise auch überregional von Bedeutung.

686 Bondickstraße 1–4, Résidence du Général

694 Dianastraße 12
Wohnhaus mit Remise, 1907 bis 1908 von Ernst Fröhlich
Baudenkmal

Das Landhaus in der Dianastraße zählt zu den frühesten Bauten, die an der Grenze der Gemarkung Lübars zur Gemarkung Hermsdorf den aufsteigenden Landhausvorort Waidmannslust dokumentiert. Das eingeschossige Gebäude mit aufragendem Dachgeschoß und Fachwerkgiebeln wurde vom Architekten und Maurermeister Ernst Fröhlich 1907 bis 1908 errichtet.

Das sehr schmale und lange, sich bis zum Tegeler Fließ erstreckende Grundstück stellte den Architekten vor eine schwierige Aufgabe. Der Bauherr war Alfred Kuttula. Der unbekannte Architekt erfüllte seinen Wunsch nach einem Landhaus mit repräsentativem Charakter, großzügigem Vorgarten und einem Landschaftsgarten zum Fließ hin auf eine bemerkenswerte künstlerische und architektonische Art und Weise. Auf den ungewöhnlichen Grundstückszuschnitt bewußt eingehend, hat er hier einen Landhaustyp von außerordentlicher Gestalt entworfen: Schlank, über einem sehr bewußt gestalteten, hohen Souterrain aufsteigend, staffelt sich das Gebäude geschickt in die Tiefe des Grundstücks hinein. Eine raffinierte Gestaltung der Dachzonen gibt dem schmalen Gebäude in den oberen Baukörperbereichen eine dominierende Wirkung. Die innere Grundrißorganisation wird durch die fein abgestimmte Gesamtkonzeption, die bis in die Giebel und ins Detail differenziert ist, in Gestalt und Ansicht widergespiegelt. Beispiele hierfür sind das vertikal betonte, alle Ebenen erschließende herrschaftliche Treppenhaus mit beigeordneter großzügiger Diele oder das durch besondere Erkerausbildung betonte Speisezimmer. Der erhaltene Innenausbau korrespondiert mit der äußeren Gestalt.

Trotz der stark veränderten Umgebung vermittelt dieser Bau noch die Atmosphäre der Waidmannsluster Villenkultur und stellt ein Beispiel für das Ideal der Landhausarchitektur um 1900 dar, die in vielen Fachzeitschriften der Zeit dargestellt wurde – bürgerliches, repräsentatives Wohnen in naturnaher Umgebung mit selbstbewußt gestaltetem Garten. Die private Nutzung ermöglicht hier die ungebrochene Erscheinung des Landhauses.

694 Dianastraße 12, Landhaus

182 WAIDMANNSLUST

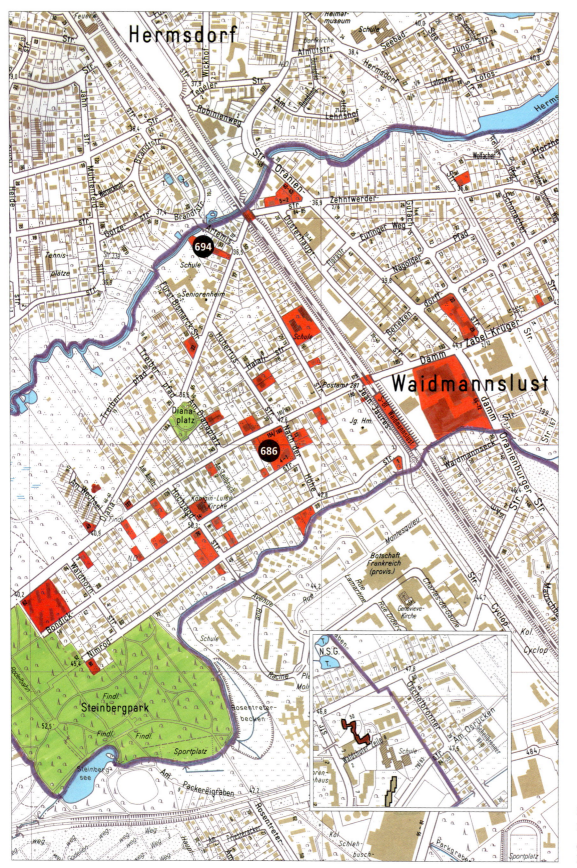

Bezirk Reinickendorf

Ortsteil Waidmannslust

Bereich der Baudenkmale
Bereich der Gartendenkmale

Objekte mit ausführlicher Beschreibung ⬤192

678 Nach der Höhe 12–13

681 Waidmannsluster Damm 82/88A

679 Oraniendamm 40–43, Pumpstation Waidmannslust

682 Zabel-Krüger-Damm 3/5

680 Oraniendamm 66–72, Volta Werken

683 Am Dianaplatz 4–5

684 Artemisstraße 10

687 Bondickstraße 6

685 Artemisstraße 18/26, Münchhausen-Grundschule

688 Bondickstraße 14, ev. Königin-Luise-Kirche

686 Bondickstraße 1–4, Résidence du Général

689 Bondickstraße 18–20

690 Bondickstraße 22

691 Bondickstraße 76

692 Bondickstraße 78

693 Dianastraße, Eisenbahnviadukt

695 Dianastraße 22

696 Dianastraße 41–46

697 Dianastraße 49

700 Nimrodstraße 1

698 Hubertusstraße 5

701 Nimrodstraße 25/27

699 Hubertusstraße 6

702 Nimrodstraße 29

703 Nimrodstraße 46/48

706 Nimrodstraße 91

704 Nimrodstraße 53

707 Waidmannsluster Damm 98

705 Nimrodstraße 54

708 Waidmannsluster Damm 112/114

709 Waidmannsluster Damm 117

712 Waidmannsluster Damm 152

710 Waidmannsluster Damm 122

713 Waidmannsluster Damm 155

711 Waidmannsluster Damm 138

714 Waidmannsluster Damm 157

715 *Waidmannsluster Damm 170*

718 *Zabel-Krüger-Damm 50/52, Wohnsiedlung Rollberge*

716 *Waidmannsluster Damm 179, S-Bahnhof Waidmannslust*

719 *Zehntwerderweg 41, Jagdschloß Mehlich*

717 *Zabel-Krüger-Damm 17*

719 *Zehntwerderweg 41, Jagdschloß Mehlich, Terrakottaofen*

WITTENAU

771 Eichborndamm 215/239, Rathaus Reinickendorf

Wittenau, ursprünglich Daldorff oder Daldorph, wurde 1322 erstmalig urkundlich erwähnt. Der Ortsname leitet sich von »Taldorf« ab und wurde vermutlich von den aus dem westlichen Deutschland stammenden Siedlern, die sich im 13. Jahrhundert im Land Barnim niederließen, mitgebracht. Die erste erhaltene Urkunde ist mit 1351 datiert, als Dalldorf zusammen mit den Dörfern Gatow, Kladow und Lichtenow eine jährliche Rente aus der Bede an die Jungfrau Margarete von Burg, die als Nonne im Spandauer Benediktinerinnenkloster lebte, zu entrichten hatte. Nach einer Eintragung im Landbuch Kaiser Karls IV. im Jahre 1375 besaß Dalldorf 39 Hufen und gehörte zum Besitz des Klosters. Die aus großen und unregelmäßigen Feldsteinen errichtete Dorfkirche aus dem Ende des 15. Jahrhunderts zählt heute zu den ältesten erhaltenen Dorfkirchen Berlins. Nach der Auflösung des Klosters durch Kurfürst Joachim II. kam Dalldorf in den Besitz des Landesherrn und wurde vom Amt Spandau verwaltet. Im 16. Jahrhundert werden neben dem Pfarrer die ersten Dalldorfer wie z. B. im Jahre 1550 der Lehnschulze Peter Wartenberg namentlich und urkundlich erwähnt. Während des Dreißigjährigen Kriegs von 1618 bis 1648 wird das Dorf nahezu vollständig zerstört. 1711 wurde der Zuwanderer Joachim Rosentreter als Dorfschulze eingesetzt. An seine Familie erinnert heute noch der Rosentreterhof Alt-Wittenau 38 und ein Straßenname.

1879 eröffnete die Stadt Berlin auf einem vom Berliner Magistrat erworbenen Areal die »Irrenanstalt Dalldorf bei Berlin« für 1200 Patienten.

1899 wurden in der Dalldorfer Heide die ersten Wohnungen der Kolonie Borsigwalde bezogen. Die Bewohner waren keine Dalldorfer, sondern Arbeiter des 1898 neu errichteten Tegeler Borsigwerkes, für die der Wechsel aus den Mietskasernen der Berliner Innenstadt eine Verbesserung der Lebens- und Wohnverhältnisse bedeutete. Insgesamt wurden auf freiem Feld 80 Häuser unterschiedlicher Gestalt für 3000 bis 4000 Bewohner errichtet. Zu jeder Wohnung gehörte hinter dem Haus ein kleiner Garten, wo die Arbeiter Gemüse für den eigenen Verbrauch anbauen konnten.

Das ehemalige Dorf entwickelte sich zu Beginn des 20. Jahrhunderts, nach der Verkehrsanbindung an Berlin durch die Nordbahn und die Kremmener Bahn und nach der Ansiedlung von Industrien auf dem Gelände zwischen dem Eichborndamm und der Holzhauser Straße, zu einem Wohn- und Industrievorort.

Da innerhalb der Berliner Bevölkerung der Name Dalldorf immer mit der Irrenanstalt verbunden wurde und die Einwohnerschaft kurz nach der Jahrhundertwende darin ein Hindernis für die erwünschte wirtschaftliche Entwicklung sah, reichten der Bürgermeister Paul Witte (1866–1930) und der Dalldorfer Bürgerverein im Jahre 1905 eine Petition zur Namensänderung ein. Der Berliner Vorort wurde vom Regierungspräsidenten in Potsdam mit Genehmigung Kaiser Wilhelms II. in Wittenau umbenannt, in Erinnerung an den 1902 verstorbenen langjährigen Amts- und Gemeindevorsteher Peter Witte (1822 bis 1902).

Im Jahre 1911 wurde vom Architekten Friedrich Beyer unweit der historischen Dorfaue das Rathaus Wittenau errichtet, das von 1950 bis 1955 durch einen langgestreckten, südlichen Anbau erweitert wurde. Im Jahre 1924 wurde die Wittenauer Wohnungsgenossenschaft gegründet. Sie erbaute in Wittenau nach den Entwürfen des Architekten Muthesius zahlreiche Wohnanlagen. Eine Besonderheit der Wittenauer Architektur stellt die 1931 von Jean Krämer errichtete Rundbauschule in Alt-Wittenau 8–12 an der Ecke Roedernallee dar (heute Johannes-Lindhorst- und Max-Eyth-Oberschule). Sie zählte in der Weimarer Republik zu den modernsten Schulbauten Berlins und war mit Zeichen- und Musiksälen, einer Wasch- und einer Lehrküche, Werkräumen, einer Lehrer- und Schülerbücherei sowie zwei Turnhallen ausgestattet.

Östlich des S- und U-Bahnhofs Wittenau erstreckt sich bis zur Bezirksgrenze nach Pankow das Märkische Viertel. Das Wohnviertel wurde in den Jahren 1963 bis 1974 errichtet und zählte damals zu den größten, aber auch umstrittensten Neubaugebieten Deutschlands. Von 20 Architekten wurden unter der Gesamtleitung von Werner Düttmann, Hans Müller und Georg Heinrichs ca. 17000 Wohnungen für etwa 50000 Menschen errichtet.

724, 729 *Eichborndamm 105/177, Produktions-, Verwaltungs- und Lagerbauten der ehemaligen DWM*
überwiegend 1906 bis 1918 und 1934 bis 1942; von Boswau und Knauer sowie Alfred Kühn
Denkmalbereich (Ensemble und Gesamtanlage)

Neben der Werksanlage von Borsig an der Berliner Straße (siehe Abschnitt Tegel) ist es diese Industriearchitektur, die das Selbstbewußtsein der alten und neuen Industriekönige hier in Reinickendorf im geeinten Deutschen Reich vertritt. Die funktionale Gesamtkonzeption in bautechnischer Perfektion und in identifizierbarer Gestalt lehnt sich bewußt an regionale klassische Formen und Materialien an und nimmt durch Interpretation die aufkommende Modernität schon auf. Mit der norddeutschen Backsteingotik als Ahnherrn und Schinkels bzw. Blankensteins neuerer preußischer Ziegelbautradition ist so eine eigenständige Architekturform entstanden, die der industriell geprägten Aufbruchzeit ihren Stempel aufdrückte.

Die Gründung des Wittenauer Stammwerks der DWM – Deutsche Waffen- und Munitionsfabriken – am Charlottenburger Weg (heute Eichborndamm) im Jahr 1906 war eine Folge der expansiven Entwicklung waffenproduzierender Industrie zu Beginn des 20. Jahrhunderts. Die DWM, hervorgegangen aus der Deutschen Metallpatronenfabrik AG in Karlsruhe und Tochterunternehmen der Moabiter Ludwig-Loewe-Gesellschaft, baute hier in Wittenau den Industriekomplex bis 1918 konsequent aus.

Die in dieser Zeit entstandenen Straßenfluchten der Büro-, Verwaltungs- und Konstruktionsbürobauten haben eine heute noch vollständig erhaltene Länge von über 1000 Meter. Geschickte Eckbetonungen, Staffelungen, Werkstraßeneinmündungen sowie eine fast mittig sitzende Dreiflügelanlage mit großem Garten nehmen der Gesamtanlage jegliche Langeweile. Entlang einer knappen Vorgartenzone wird die gesamte Anlage durch eine künstlerisch hochwertige Einfriedung von der Straße abgegrenzt. Eine Blocktiefe von etwa 350 Metern zeigt hier erst die vollständige Dimension dieses Standorts.

Die Strukturplanung und die architektonische Gestaltung dieser ersten Werkbereiche lassen sich auf ein Grundlagenkonzept des damaligen Generaldirektors von Gonthard zurückführen. Der erste Bauabschnitt wurde von den Architekten Boswau und Knauer ausgeführt, der zweite Abschnitt ab 1912 dann durch den Architekten Alfred Kühn.

Nach dem Ende des Ersten Weltkriegs wurde das Werk zum Zivilunternehmen »Berlin-Karlsruher Industriewaren AG«. Mit der Wiederaufnahme der Waffenproduktion in den dreißiger Jahren wurde auch der alte Firmenname wiedereingeführt. Bis zum Ende des Zweiten Weltkriegs teilten sich die Rüstungsfirmen DWM, Dürener Metallwerke AG und die Mauser Werke diese Produktionsstätte. Von 1939 bis 1941 entstanden Werkserweiterungen an der Miraustraße und der Holzhauser Straße für die DWM und die Dürener Metallwarenfabrik. Nach Kriegsende wurde hier unter den bekannten Initialen DWM und dem

724 *Eichborndamm 105/177, ehem. Deutsche Waffen- und Munitionsfabriken (DWM)*

neuen Namen »Deutsche Waggon- und Maschinenfabriken GmbH« eine zivile Produktion wiederaufgenommen.

In jüngster Zeit, verstärkt nach 1990, hat es einen zunehmenden Veränderungsdruck und eine Abwanderungstendenz der Industrie aus den inneren Standorten Berlins in die Außenbezirke gegeben. So kommt es zur Forderung nach Nutzungsänderung auf diesem historischen Industriegrundstück und einer schleichenden Ansiedlung von Handel, Dienstleistung und kleineren gewerblichen Betrieben.

Um den städtebaulichen und architektonischen Charakter dieses großen Industriekomplexes nicht zu verlieren, ist es nötig, bewußt einen zukunftsweisenden Umbau zu verfolgen, der die Komponente Denkmal mit einer heutigen Nutzung für die Zukunft verbindet. Die Instandsetzung und Modernisierung entsprechend der jeweiligen neuen Nutzung, erfolgt überwiegend nach denkmalpflegerischen Richtlinien. Straßenseitige Teilbereiche sind als beispielhafte denkmalpflegerische Restaurierung zu würdigen.

734, 813 *Lübarser Straße 8–38, Werkzeugmaschinenfabrik – Herbert Lindner*
1932 bis 1940 von Martin Punitzer und Hoppe/Simon sowie Garten von Richard und Ludwig Lesser
Denkmalbereich (Gesamtanlage) und Gartendenkmal

Ein unbestrittenes Meisterwerk der Bauepoche der zwanziger Jahre ist die Werksanlage in der Lübarser Straße. In Reinickendorf läutet dieser Bau neben der Fabrikanlage Borsigs aus dem ausgehenden 19. Jahrhundert, die schon den künstlerischen Entwurf neben der Funktionalität zum Hauptträger der Architektur machte, und den Arbeiten des Architekten Bruno Buch die »Moderne« der Architektur in beeindruckender Konsequenz ein. Ihr Höhepunkt wird 1924 das erste Berliner Hochhaus von Eugen Schmohl, ein Verwaltungshaus für die Borsigwerke.

Aber unstreitig ist die Fabrikanlage im Grünen die Versinnbildlichung der republikanischen Industriearchitektur. Unter dem Titel »Eine Maschinenfabrik mitten im Grünen« erscheint 1935 in der »Gartenkunst« eine Abhandlung von R. Lesser über die Maschinenfabrik Lindner in Wittenau. Er beschreibt die aus Stahl und Glas geschaffene Industriearchitektur in gärtnerisch sorgfältig gestalteter Umgebung von ungewöhnlicher Größe (von den 52000 Quadratmetern Grundstücksfläche sind 35000 Quadratmeter Grünfläche): »(…) Die Fabrik aus Stahl und Glas liegt mit Wohlbehagen in diesem Paradies. Der Mann hinter der Drehbank wird durch die großen Glasscheiben nicht vom Leben der Natur in diesem Garten getrennt. Er erlebt den Kreislauf des Jahres mit seinem Frühlingserwachen, seinem Sommerblühen und seiner Winterschönheit (…)«

734 Lübarser Straße 8/38, Werkzeugmaschinenfabrik Herbert Lindner

Lindner selbst erläutert sein unternehmerisches Konzept in einer Informationsbroschüre des Jahres 1935: »Unser Werk, seine Erzeugnisse, seine Abnehmer«, etwas nüchterner: »(…) Die Wahl der Gegend und die Lage des Geländes zu den öffentlichen Verkehrsmitteln sind von Bedeutung, denn lange Anmarschwege zur Arbeitsstätte sind bei schlechter Witterung nicht dazu angetan, die Arbeitsfreude zu heben (…) Es liegt in der Eigenart der Großstadt, daß ihre Bewohner naturhungrig sind. Gelingt es, dem schaffenden Menschen die Natur an seinen Arbeitsplatz zu bringen, so gibt man ihm etwas, was er sonst entbehrt und was seine Arbeitsfreude wesentlich erhöht. Bei der Gestaltung des Werks achteten wir streng darauf, daß die Gartenanlagen von jedem Arbeitsplatz aus sichtbar sind. Büro und Betrieb sollen sich aufs engste verbunden fühlen. Deshalb sind die Konstruktions-, Betriebs- und kaufmännischen Büros nur durch Glaswände voneinander getrennt. Es soll damit die enge innere Verbundenheit aller im Betrieb tätigen Kräfte gefördert werden.«

Vom jüdischen Architekten Punitzer, der 1935 mit Berufsverbot belegt wurde, ist kein die Anlage entsprechend erläuternder Text bekannt.

Aber die Qualität dieser komplexen Anlage konnte nur durch das Zusammenwirken zwischen einem sozialen und selbstbewußten Bauherrn und einem innovativen Architekten – hier noch in Verbindung mit einer außergewöhnlichen Gartenarchitektur – entstehen. Dieser Umstand war auch in der sozialkritischen und gestalterisch »modernen« Zeit der zwanziger und frühen dreißiger Jahre außergewöhnlich.

Die klare Architektursprache der »Neuen Sachlichkeit« entwickelt ihre volle Qualität erst im Rahmen der umschließenden Parklandschaft, erst durch Spiegelung und Transparenz und durch die Betrachtung aus angemessener Entfernung. Herausragendes Gestaltungselement in der Planung war die gerasterte Stahlkonstruktion; die zweiseitige Verglasung ließ die Hallen

734 Lübarser Straße 8/38, Werkzeugmaschinenfabrik Herbert Lindner

fast durchsichtig erscheinen. Die Einlagerung kleinvolumiger, massiv ausgemauerter Putzbauten setzt Akzente und verankert die sehr leicht wirkende Hallenkonstruktion in der Landschaft, die in unmittelbarer Umgebung regelmäßige und niedrig gehaltene Gartenformen hat. Erst in weiterer Entfernung der Gebäude erfolgt der stilistische Wechsel zum Landschaftsgarten. Der Eingangsbereich für die Beschäftigten und Kunden erhält in seiner Form als parkartiger Vorgarten einen thematischen Höhepunkt.

Den Grundgedanken der Konzeption und des Architekturverständnisses hat die bedeutende Serie von Industriearchitekturfotografien von Max Krajewsky versinnbildlicht. Eine besonders sprechende Aufnahme daraus wurde dann sogar von der NS-Propaganda in »Schönheit der Arbeit – Deutsche Arbeiterfront NSG, Kraft durch Freude« veröffentlicht. So wurde die Idee okkupiert und in den Dienst der nationalsozialistischen Zielsetzung gestellt.

Martin Punitzer konnte nur den ersten Bauabschnitt (1932 bis 1933) seines Konzepts verwirklichen. Die weiteren Baumaßnahmen führten dann seine Mitarbeiter Simon und Hoppe bis zum Jahr 1941 durch.

Nach dem Berufsverbot im Jahr 1935 wurde Punitzer 1938 verhaftet und ins KZ Oranienburg gebracht, von wo er wie durch ein Wunder nach vielen Ausreiseanträgen seine Emigration nach Chile antreten konnte. 1949 starb er dann dort an den Folgen einer zerrütteten Gesundheit.

Werk und Architekt sind wichtiger Teil der deutschen Geschichte. Eine schrittweise Aktivierung der Werksanlage mit paralleler denkmalpflegerischer Instandsetzung führte die um 1980 von der Fa. Lindner aufgegebene Anlage einer wirtschaftlichen Zukunft entgegen. Dabei wird besonderer Wert auf den Originalbestand der bautechnischen Details sowie eine ungebrochene Gestaltungsaussage gelegt.

742 Oranienburger Straße 285, Karl-Bonhoeffer-Nervenklinik (KBN)
1877–1879 von Hermann Blankenstein
Denkmalbereich (Gesamtanlage)

Südöstlich der Dorfaue Alt-Wittenau und des Rathauses Reinickendorf liegt in einem parkähnlichen Gelände die Karl-Bonhoeffer-Nervenklinik. Die Stadt Berlin erwarb 1869 zur Errichtung einer städtischen Irrenanstalt das Gut Dalldorf. Der Berliner Stadtbaumeister Hermann Blankenstein, ein Architekt in der Nachfolge Schinkels, lieferte den Entwurf. Der Haupteingang mit einem zur Gesamtanlage passenden Pförtnerhaus liegt an der Oranienburger Straße. Eine geschwungene, durch den vorderen Park führende Erschließungsstraße führt zum Haupt- und Verwaltungsgebäude, das durch seine aus dem Gesamtkarree herausragende Lage und seine schmuckvollere Gestalt schon von weitem als repräsentatives Entree zu erkennen ist. Zehn freistehende Krankenhausgebäude bilden symmetrisch um eine Mittelachse gruppiert, vier halboffene Höfe. In der Mitte der Anlage ist die Infrastruktur (Maschinenhaus, Wasserturm, Wäscherei und Werkstätten) in eigenständigen Bauwerken untergebracht. Die modernen Erweiterungsbauten sind zwar für den Gesamteindruck beeinträchtigend, können aber die noch vorhandene Geschlossenheit der Anlage nicht zerstören. Blankensteins Architektursprache ist ein später Klassizismus, der die von Schinkel in Preußen wiedereingeführte Klinkertradition zeitgemäß fortführt. Schon die Architekten wie Persius, Stüler oder Strack hatten als zweite Generation in diesem Material eine eigene Sprache gefunden. Aber erst Blankenstein gelang es, seinen Klassizismus mit der Ziegel- und Terrakottaproduktion in Verbindung mit einer entsprechenden Handwerkskultur so zu verbinden, daß eine Architektur entstand, die schon einen Vorboten für die aufkommende »Moderne« darstellte. Hier ste-

742 Oranienburger Straße 285, Karl-Bonhoeffer-Nervenklinik

742 Oranienburger Straße 285, Karl-Bonhoeffer-Nervenklinik

hen gelbliche Ziegelbauten auf hohem roten Ziegelsockel. Rote Ziegelverbände, Gurtsimse, Hauptsimse mit sparsam eingesetzen Form- und Zierterrakotten gliedern die gelben Ziegelflächen. Weit überstehende Satteldächer mit Holzkonsolen geben den Gebäuden einen gediegenen Eindruck. Die langen Gebäude werden durch gut proportionierte Risalite (mittig und an den Ecken) gegliedert. Das stärker gestaltete und mit Terrakotten versehene Verwaltungsgebäude ist außerdem noch durch vier beeindruckende Medaillons über der Beletage des Mittelrisalites hervorgehoben. Sie sind von so porträthafter Qualität, daß man von Profilen bekannter Persönlichkeiten (Ärzte) ausgehen kann. An der Gebäuderückseite tritt als Risalit sichtbar die über zwei Geschosse reichende Krankenhauskapelle hervor. Sie ist als klassische Basilika konzipiert und hat fast vollständig ihre Originalausstattung bewahrt. Bauliche Besonderheiten sind die westlich im Gelände gelegene Kegelhalle sowie das im Norden gelegene Pathologiegebäude mit einem tempelartigen Schmuckgiebel und einer dreiteiligen Arkadenloggia. Die dahinterliegende Leichenhalle ist als Kapelle konzipiert und in der Ausstattung der Hauptkapelle ähnlich.

Die Gesamtanlage ist in einen Landschaftspark eingebettet, der im Süden und Südwesten in natürliche Bereiche übergeht und so auch im Gartenbereich die klassizistische Tradition Schinkels und Lennés mit eigenen Mitteln fortführt. Ein im Südwesten angelegter Friedhof hinter einer in die Landschaft hineinkomponierten Mauer ist inhaltlicher und im Park auch räumlicher Endpunkt.

Zur ehemaligen städtischen Irrenanstalt Dalldorf gehören auch zwei »Kolonistenhäuser«, die 1887 errichtet wurden. Sie stehen heute östlich des Rathauses Reinickendorf. Seinerzeit waren sie Unterkünfte für arbeitsfähige, aber nervenkranke Männer (ca. 100), die auf dem Gut Dalldorf landwirtschaftlich tätig waren.

Das ehemalige Gut schließt sich nördlich bis zum Dorfanger an. Die Anlage der Klinik ist die erste eigens für Nervenkranke konzipierte Anstalt Berlins. Sie wurde bekannt durch Reformansätze und liberale Behandlungsprinzipien wie die Familienpflege, die »Agricole Irrenkolonie« (Kolonistenhäuser) und das »Wittenauer Staffelsystem«.

Die Gesamtanlage stellt eine frühe Stufe des Pavillonsystems im Berliner Krankenhausbau und in dem umfangreichen Werk Blankensteins einen Höhepunkt dar. Er hat neben vielen Schulbauten auch die berühmte hölzerne Lazarettbaracke der Charité 1866/67 und das Barackenlazarett Moabit 1871/73 entworfen.

Die schrittweise Instandsetzung geschieht den denkmalpflegerischen Vorstellungen entsprechend. Umbauten und Modernisierungen aber stehen oft im Gegensatz zu den architektonischen und denkmalpflegerischen Anforderungen der Anlage.

722, 750, 808 *Dorfkirche auf dem Dorfanger*
Ende 15. Jahrhundert
Baudenkmal; Bestandteil des Denkmalbereichs (Ensemble) und des Gartendenkmals Alt-Wittenau

Von alten Bäumen umgeben, mitten auf dem Dorfanger, steht die Dorfkirche. Ihre äußere Gestalt sowie die schönen Zeugnisse historischer Grabstellen des Kirchhofs vermitteln ein malerisches Bild einer vergangenen dörflichen Zeit.

Die äußere Erscheinung und die verwendeten Baumaterialien (Feldsteine, Ziegel) lassen einerseits eine Entstehungszeit um 1500 vermuten, aber andererseits ist durch die Entwicklung des Barnims nach der Einführung der Reformation im Jahr 1558 auch eine spätere Errichtung denkbar.

Das von den Askaniern vor 1240 gegründete Benediktinerinnenkloster Spandau kommt neben Lübars (1270) und Tegel (1361) 1375 in den Besitz von Wittenau. Durch die Aufhebung der geistlichen Grundherrschaft nach 1558 wird Kurfürst Joachim II. neuer Eigentümer, und es beginnt ein reger Kirchenbau im reformatorischen Eifer der nun protestantischen Dörfer – so vermutlich auch in Dalldorf, dem heutigen Wittenau (Umbenennung 1905 nach dem ehemaligen Gemeindevorsteher Peter Witte). Dieser Annahme widerspricht auch nicht der sich noch mittelalterlich gebende Saalbau mit dem Ziergiebel aus großformatigen Ziegeln und dem Portal sowie dem Segmentbogenfenster. Zwei bedeutende Glocken (von insgesamt vier) im Turm geben weitere Hinweise für eine exakte Datierung: Die älteste Glocke trägt die Jahreszahl 1484 (MCCCCL XXX IV REX GLORIE XPE VENI CUM PACE), die andere Glocke ist 1583 von Hans Zeidler und Georg Behem gegossen worden.

Eine dendrochronologische Untersuchung der Bauhölzer von Turm und Dach der Kirche, die im Rahmen der Reparaturüberlegungen in jüngster Zeit vorgenommen wurde, hat nun eine eindeutige Datierung ermöglicht: Es wurden die Fälldaten ermittelt – für das Kirchensaaldach 1482/83 und für die Turmhölzer 1482 und 1489. Die aktenkundigen Reparaturbaumaßnahmen am Turm im Jahr 1799 hatten sich nur auf zusätzliche Aussteifungen und kleinere Ergänzungen beschränkt – diese Arbeiten werden hier auf das Jahr 1797 datiert. Das Fälldatum 1797 verweist auf einen zügigen Einbau der geschlagenen Hölzer. Dies läßt eine Bauzeit der Kirche von 1484 bis 1491 vermuten, korrespondierend mit der Datierung der Glocke auf 1484. Der Kirchenbau war der Bedeutung der Pfarrstelle, die ab 1322 Tegel und ab 1471 Lübars mitbetreute, nur angemessen.

Nach der Fertigstellung des Baus ist ein bedeutsamer Flügelaltar geschaffen worden. Erhalten sind noch drei geschnitzte Figuren – die heilige Anna, Maria mit Jesuskind, der heilige Nikolaus –, die einen Höhepunkt der mittelalterlichen vorprotestantischen Holzplastiken in Berlins Dorfkirchen darstellen.

750 Alt-Wittenau, Dorfanger, ev. Dorfkirche

Der heute noch den Kirchenraum beherrschende Kanzelaltar stammt aber erst aus der ersten Hälfte des 18. Jahrhunderts.

Die Glocke von 1583 mit ihrem umfangreichen Text zeugt vom protestantischen Selbstbewußtsein dieser Gemeinde, die sich hier schon Dalldorf nennt. Der in der Literatur erwähnte Zerstörungsgrad der Kirche im Dreißigjährigen Krieg kann nicht so umfangreich gewesen sein wie bisher angenommen, da Dach- und Turmkonstruktion erhalten geblieben sind. Wir können also davon ausgehen, daß das heutige äußere Erscheinungsbild im wesentlichen dem des ausgehenden 15. Jahrhunderts gleicht. Archäologische Grabungen im vorderen Teil des Kirchenschiffs haben Funde (Fundamentteile, Lehmfußbodenreste, Keramikteile, Gräber) zutage gefördert, die Indizien für einen Vorgängerbau mit Beisetzungen sind.

Die rechteckige Saalkirche aus ortstypischen Feldsteinen und großformatigen Ziegeln hat ein wuchtiges Satteldach mit Dachturm und eleganter Spitze. Die Biberschwanzeindeckung der Dachfläche – wohl vor 1800 – und die seit 1790 vorhandene Schiefereindeckung des Turms sind weitere Gestaltungselemente. Der Ziergiebel im Osten, bis zur Trauflinie in Feldsteinen errichtet, dann nur noch aus Ziegeln gemauert, wird durch drei nebeneinanderliegende getreppte Nischen geprägt und gibt der Kirche eine mittelalterlich-märkische Erscheinung. Das Westportal, unterhalb des Turms und fast auf der Mittelachse der Kirche hat seinen Standort schon seit der Erbauungszeit, ist aber um 1830 verändert worden. Vor diesem Eingang steht das Eisengußgrabmal für den 1792 verstorbenen Dalldorfer Pfarrer Gottlieb Michael Fetschow. Da die königliche »Berliner Eisengießerei« erst 1806 anfing, Kunstgüsse zu produzieren, ist hier entweder das Produkt einer anderen Gießerei (z. B. Lauchhammer) verwendet worden, oder es wurde erst Jahre später ein Berliner Guß aufgestellt.

Das Innere der Dorfkirche ist nicht nur nach der Reformation bzw. dann nach dem Dreißigjährigen Krieg verändert worden, sondern hat sicherlich auch durch die Aufstellung des barocken Kanzelaltars eine veränderte Fassung erhalten. 1830 wird es unter anderem durch die Änderung der äußeren Fensterform an den Längsseiten zu Auswirkungen im Inneren gekommen sein.

All diese Spuren zeugen von der wechselvollen Geschichte des Baus. Die Modernisierung 1956/57 hat Wichtiges zerstört, um den damaligen Bedürfnissen Rechnung zu tragen (z. B. wurde die historische flache Holzdecke durch eine Rabitzstichbogentonne ersetzt). In heutiger Zeit muß ein behutsames Reparieren die entstandenen Baufehler zu beseitigen versuchen.

722, 756, 757, 808 Alt-Wittenau 37 und 38
Bauernhof Siedtmann (37), 1889 von J. Ernst
Lehnschulzenhof Rosentreter (38), Wohnhaus 1865, 1870 bis 1908, Scheune 1895, Pferdestall 1870, Kutscher- und Remisenhaus 1908
zwei Baudenkmale; zugleich Teile des Denkmalbereichs (Ensemble) Alt-Wittenau und zugleich Teil des Gartendenkmals

Das Gehöft des Lehnschulzen Rosentreter, Alt-Wittenau 38, ist die bedeutendste bauliche Anlage der westlichen Hälfte der langgestreckten Wittenauer Dorfaue. Sie zeigt durch ihre Größe und die Anzahl der Bauten den ehemaligen besonderen Status ihres Eigentümers im sozialen Kontext der dörflichen Gemeinschaft. Die Familie der Rosentreter kann bis zum Anfang des 18. Jahrhunderts auf dieser Hofstelle nachgewiesen werden. Das heute noch erhaltene Bauensemble stammt aus unterschiedlichen Jahren des 19. Jahrhunderts und repräsentiert so einen wichtigen Teil der dörflichen baulichen Entwicklung Wittenaus. Es gibt in Proportion und Material das Erscheinungsbild einer bäuerlichen, märkischen Hofanlage wieder. 1865 wurde das traufständige, auf hohem Sockel stehende Wohnhaus in Verbindung mit dem westlichen Scheunenteil und der westlichen Stallanlage errichtet. In den siebziger Jahren wurde dann die Scheune nach Osten hin erweitert, und mit Pferdestall daneben wurde die Anlage zum Vier-Seiten-Hof. Bauherr war jeweils der Lehnschulze Gustav Rosentreter, dessen Initialen »GR« den Ziergiebel der Scheune an der Dorfaue schmücken. Bis auf das geputzte Wohnhaus sind alle Bauten in ziegelsichtigem Mauerwerk errichtet, teilweise mit preußischen Kappendecken und gußeisernen Stützen. Ziegelverband und Ziegelschmuck entsprechen in ihrer Gestalt und Qualität der Berliner Ziegeltradition. Als letztes Gebäude wurde 1908 eine Remise mit Kutscherwohnungen im Obergeschoß errichtet. Bauherr war nun schon A. Gerike, der mit dem Architekten Carl Behrend durch freie Interpretationen von Putz und Ziegelflächen die Auflösung des historischen Formenkanons in Richtung »Moderne« erreichte.

Der Bauernhof Siedtmann, Alt-Wittenau 37, ist eine kleinere Drei-Seiten-Hofanlage. Sie bildet mit dem Dorfanger, der Kirche und dem Rosentreter-Hof das Bauensemble, das als Rest der ursprünglichen Bebauung ein gutes Stück Geschichte des Dorfs Dalldorf repräsentiert. Hier wurde der Umbauprozeß erst gegen Ende des 19. Jahrhunderts eingeleitet. Die erhaltenen Bauten sind der Stall mit Ziergiebel von 1889 auf der östlichen Grundstücksgrenze und das 1906 errichtete Wohnhaus als villenartiges, bürgerliches, eingeschossiges »Landhaus« auf hohem Souterrain. Ein großes Dach mit zweigeschossigem Turm von Johannes Ernst zeugt vom Repräsentationsbedürfnis des Bauern. Nach dem Wegfall jeglicher wirtschaftlicher Nutzung und jahrelangem Leerstand wurden die beiden Hofanlagen zu einer Wohnanlage umgebaut. Der Charakter der bäuerlichen Hofstruktur ist vollständig erhalten geblieben. Wichtige Bauten und Bauteile sind als Originale mit Rekonstruktionen zusammengefügt worden, um der neuen Nutzung, dem baulichen Erhaltungszustand und der dörflichen Identität Rechnung zu tragen.

756 Alt-Wittenau 37, Bauernhof Siedtmann

725, 774 Eichborndamm 279, Dessinsche Häuser
Wohnhaus mit Stallgebäude, 1893 von H. Reimer
Baudenkmal und Bestandteil des Denkmalbereichs (Ensemble) Eichborndamm

Das außerhalb des eigentlichen Dorfkerns Alt-Wittenau am Eichborndamm – der ehemaligen historischen Chaussee von Spandau nach Rosenthal – liegende Gebäude ist ein besonderer Haustyp, der mit seinem Pendant nebenan eine selbstbewußte Einheit bildet, die aus der bäuerlichen Tradition kommt, aber schon fast zur bürgerlichen Villa geworden ist. Das eingeschossige, fünfachsige und traufständige Wohnhaus mit Souterrain und

757 Alt-Wittenau 38, Lehnschulzenhof Rosentreter

774 Eichborndamm 279, Dessinsche Häuser

Satteldach auf hohem Kniestock wurde 1893 nach Plänen von H. Reimer für den Bäckermeister Dessin (und das Nachbargebäude für einen Bruder) errichtet. Auf der Grundstücksgrenze zum Gegenstück Eichborndamm 277 wurden die Remisen rückseitig aneinander ziegelsichtig und mit je einem Pultdach errichtet. Der Grundriß des Hauses zeigt seine Herkunft vom traditionellen »Fünfachser«-Haustyp, wird jedoch durch einen Querflur geteilt. Die Südostfassade zur Straße hin weist einen reichhaltigen spätklassizistischen Aufbau und sehr geschmackvolle und gut gestaltete Stuckdetails auf. Die Hausmitte mit der Eingangstür wird durch einen Beischlag mit der seitlichen Freitreppe und ein großes umwehrtes Podest sowie durch einen knapp vorspringenden Mittelrisalit betont. Über der Haustür befindet sich in einer von Zweigen gerahmten Kartusche das Monogramm des Bauherrn J. D. Die Farbigkeit der Fassade ist in gebrochenem Weiß gehalten mit flaschengrünen Fenstern sowie dunkelblauen, schon aus der Erbauungszeit stammenden Rolläden, die in heruntergelassenem Zustand die Fenster als »Augen des Hauses« betonen. Die Hoffassade und die beiden Giebelseiten sind erheblich schlichter. Das vom Hof ebenerdig erschlossene und gut proportionierte Treppenhaus ist in allen historischen Details erhalten (Türen, Beschläge, Traillen, Decken- und Wandmalerei von einfacher dekorativer Art). Auch in den Räumen des Erdgeschosses haben sich alle wichtigen Ausbaudetails wie Türen, Fenster und Beschläge erhalten.

Eine Besonderheit stellen die drei erhaltenen Decken dar. In den beiden straßenseitigen Wohnräumen und der Diele haben sich nicht nur besonders wertvolle und reichhaltige Stuckornamente bewahrt, sondern es ist auch noch reichhaltige Deckenmalerei vollständig erhalten. In die Bordürenmalerei sind große Kartuschen mit figürlichen Darstellungen von Musikinstrumenten, Architekturlandschaften und Blumen eingesetzt. Die prächtige und heitere Deckenmalerei ist als Zeugnis für die selbstbewußte Haltung des schon bürgerlichen Bauernstands im ausgehenden 19. Jahrhundert nicht unbedeutend. An den Wänden der Diele haben sich bei der letzten Restaurierungsphase von 1994 noch spätbiedermeierliche Wandfassungen mit dem Monogramm des Erbauers und der Jahreszahl 1893 sowie einer Signatur des Künstlers gefunden.

Dieses Baudokument ist nicht nur durch die fast vollständige Erhaltung aller Details von Bedeutung, sondern auch durch die besondere Qualität des Entwurfs – denn hier wurde aus einem bäuerlichen Haustyp ein eigener Typ der bürgerlichen Villa mit gediegener zeitgemäßer Ausstattung geschaffen. Die restauratorische Instandsetzung einschließlich eines Dachausbaus ist hier im Einvernehmen mit den denkmalpflegerischen Forderungen und den Vorstellungen der Eigentümerin erfolgt.

774 Eichborndamm 279, Dessinsche Häuser

200 WITTENAU

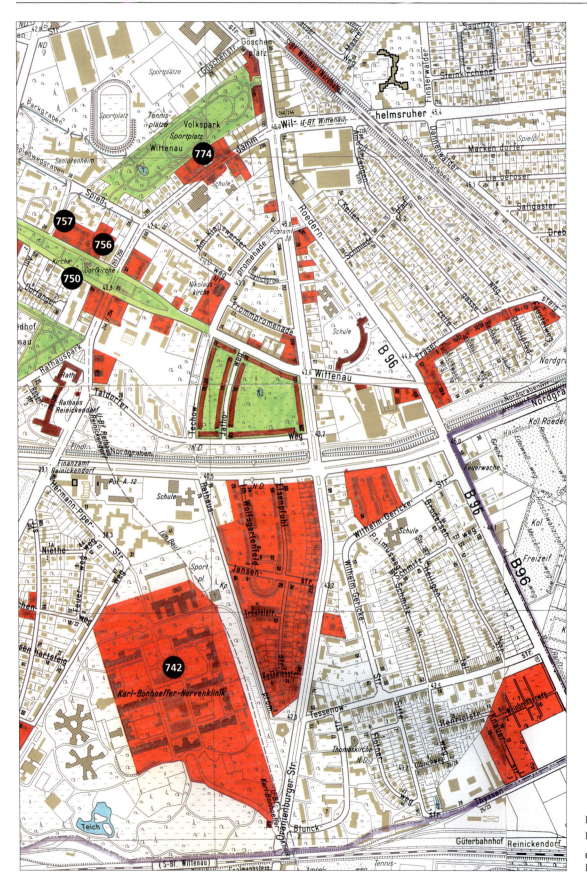

Bezirk Reinickendorf

Ortsteil Wittenau

Bereich der Baudenkmale
Bereich der Gartendenkmale
Objekte mit ausführlicher Beschreibung

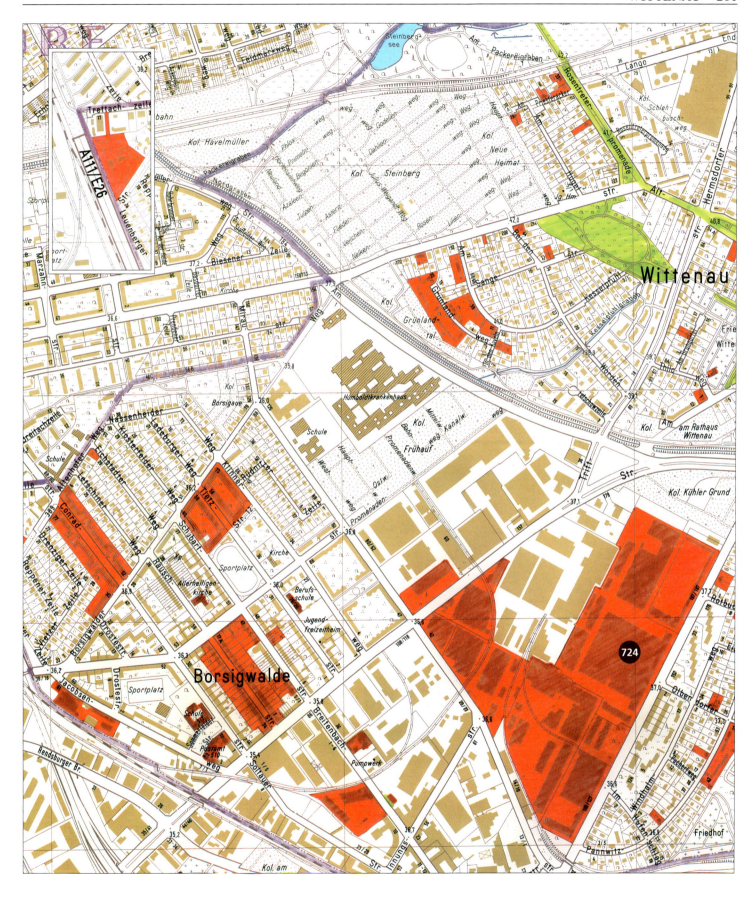

WITTENAU

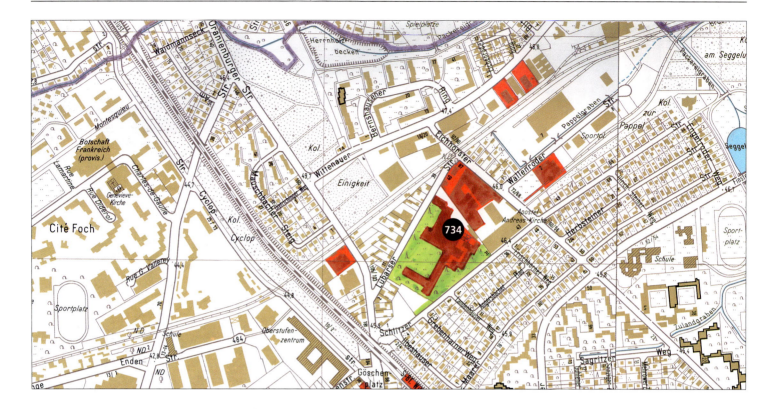

726 Räuschstraße 1–17 A, 57A–74, Kolonie Borsigwalde

730 Eichborndamm 238/240, Gutshof der Dalldorfer Irrenanstalt

727 Breitenbachstraße 7–9

731 Fräsersteig 2/86, Siedlung Roter Adler

728 Conradstraße 51–78

732 Grünlandweg 4/10, 9/29, Siedlung Grünland

733 Jacobsenweg 41/63, ehem. Böhmisches Brauhaus

737 Oranienburger Straße 78–80A

735 Lübarser Straße 40/46, Fahrzeugfabrik F. G. Dittmann

738 Oranienburger Straße 186–193

736 Miraustraße 46/56, RABOMA-Maschinenfabrik

739 Oranienburger Straße 218–220

740 Oranienburger Straße 221–228, Siedlung Wittenau

744 Räuschstraße 2–17 A, 57A–73, Kolonie Borsigwalde

741 Oranienburger Straße 230–284, Siedlung Wittenau

745 Techowpromenade 35/43, kath. St-Nikolaus-Kirche

743 Pannwitzstraße 42/58 A, Siedlung Stadtpark

746 Tietzstraße 44–59

747 *Trettachzeile 15, Wasserwerk der Landgemeinde Tegel*

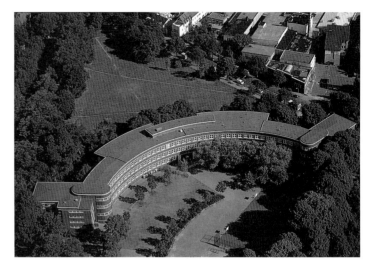

751 *Alt-Wittenau 8–12, Oberschulen*

748 *Weinbrennerweg 1–10B*

752 *Alt-Wittenau 21–22*

749 *Wilhelm-Gericke-Straße 10–14F*

754 *Alt-Wittenau 32 A*

755 Alt-Wittenau 34, Hof Witte

760 Alt-Wittenau 69

758 Alt-Wittenau 56, »Restaurant zur Dorfaue«

761 Alt-Wittenau 89–91, Geschi-Brotfabrik

759 Alt-Wittenau 66, Gutshof Wittenau

762 Alt-Wittenau 95

763 Altenhofer Weg 16

767 Breitenbachstraße 24–29, Hauptpostwerkstatt für Postkraftwagen

764 Am Grüngürtel 9/11, Siedlung Wolfsgarten

768 Breitenbachstraße 32, Um- und Abspannwerk Wittenau

765 Am Priesteracker 6 A/8, Siedlung Steinberg

769 Cyclopstraße, gußeiserne Bedürfnisanstalt

770 *Eichborndamm 180/182, Siedlung Stadtpark*

773 *Eichborndamm 277, Dessinsche Häuser*

771 *Eichborndamm 215/239, Rathaus Reinickendorf*

775 *Gorkistraße 180/182, Siedlung Grünland*

772 *Eichborndamm 274/284, Gemeindeschule Dalldorf*

776 *Gorkistraße 202, Siedlung Grünland*

777 Gorkistraße 210, Siedlung Grünland

780 Oranienburger Straße 70–71

778 Olbendorfer Weg 9/11, Siedlung Stadtpark

781 Oranienburger Straße 73

779 Oranienburger Straße 34–35

782 Oranienburger Straße 75

784 *Oranienburger Straße 80B, historische Tankstelle*

785 *Oranienburger Straße 98A–B, S-Bahnhof Wittenau (Nordbahn)*

786 *Oranienburger Straße 170/172, Maschinenfabrik*

787 *Oranienburger Straße 204*

788 *Pannwitzstraße 27, Siedlung Stadtpark*

790 *Pannwitzstraße 85/87, Siedlung Stadtpark*

791 Räuschstraße 18–20, kath. Allerheiligen Kirche

794 Rosentreterpromenade 17, Siedlung Steinberg

792 Rathauspromenade (gegenüber 20, 44), Grenzstein

795 Rosentreterpromenade 29, Siedlung Steinberg

793 Roedernallee 118

796 Rosentreterpromenade 31/33, Siedlung Steinberg

797 *Rotbuchenweg 10/12, Siedlung Stadtpark*

801 *Sommerfelder Straße 5/7, Benjamin-Franklin-Oberschule*

799 *Schubartstraße 7*

802 *Thiloweg 1, Siedlung Wolfsgarten*

800 *Sommerfelder Straße 2/12*

803 *Thiloweg 2, Städtischer Friedhof Wittenau, Feierhalle*

804 Tietzstraße 26/28, Stötzner-Sonderschule

810 Am Rathauspark, Rathauspark

805 Wallenroder Straße 4

816 Rosentreterpromenade, Promenade

807 Wittenauer Straße 76/80, Luftschutzbunker

DENKMALSCHUTZGESETZ

Gesetz zum Schutz von Denkmalen in Berlin (Denkmalschutzgesetz Berlin – DSchG Bln)

Vom 24. April 1995

Erster Abschnitt

Aufgaben, Gegenstand und Organisation des Denkmalschutzes

§ 1
Aufgaben

(1) Es ist Aufgabe von Denkmalschutz und Denkmalpflege, Denkmale nach Maßgabe dieses Gesetzes zu schützen, zu erhalten, zu pflegen, wissenschaftlich zu erforschen und den Denkmalgedanken und das Wissen über Denkmale zu verbreiten.

(2) Die Belange des Denkmalschutzes und der Denkmalpflege sind in die städtebauliche Entwicklung, Landespflege und Landesplanung einzubeziehen und bei öffentlichen Planungen und Maßnahmen angemessen zu berücksichtigen.

§ 2
Begriffsbestimmungen

(1) Denkmale im Sinne dieses Gesetzes sind Baudenkmale, Denkmalbereiche, Gartendenkmale sowie Bodendenkmale.

(2) Ein Baudenkmal ist eine bauliche Anlage oder ein Teil einer baulichen Anlage, deren oder dessen Erhaltung wegen der geschichtlichen, künstlerischen, wissenschaftlichen oder städtebaulichen Bedeutung im Interesse der Allgemeinheit liegt. Zu einem Baudenkmal gehören sein Zubehör und seine Ausstattung, soweit sie mit dem Baudenkmal eine Einheit von Denkmalwert bilden

(3) Ein Denkmalbereich ist eine Mehrheit baulicher Anlagen oder Grünanlagen (Ensemble, Gesamtanlage) sowie Straßen-, Platz- und Ortsbilder sowie Siedlungen einschließlich der mit ihnen verbundenen Frei- und Wasserflächen, deren Erhaltung aus in Absatz 2 genannten Gründen im Interesse der Allgemeinheit liegt, und zwar auch dann, wenn nicht jeder einzelne Teil des Denkmalbereiches ein Denkmal ist.

(4) Ein Gartendenkmal ist eine Grünanlage, eine Garten- oder Parkanlage, ein Friedhof, eine Allee oder ein sonstiges Zeugnis der Garten- und Landschaftsgestaltung, deren oder dessen Erhaltung aus in Absatz 2 genannten Gründen im Interesse der Allgemeinheit liegt. Zu einem Gartendenkmal gehören sein Zubehör und seine Ausstattung, soweit sie mit dem Gartendenkmal eine Einheit von Denkmalwert bilden.

(5) Ein Bodendenkmal ist eine bewegliche oder unbewegliche Sache, die sich im Boden oder in Gewässern befindet oder befunden hat und deren Erhaltung aus in Absatz 2 genannten Gründen im Intreresse der Allgemeinheit liegt.

§ 3
Bodendenkmale

(1) Wer ein Bodendenkmal entdeckt, hat die Arbeiten an der Fundstelle sofort einzustellen und die Entdeckung unverzüglich der unteren Denkmalschutzbehörde anzuzeigen. Zur Anzeige verpflichtet sind der Entdecker und der Verfügungsberechtigte; wird das Bodendenkmal bei der Durchführung eines Bauvorhabens entdeckt, so ist auch der Bauleiter zur Anzeige verpflichtet. Der Fund und die Fundstelle sind bis zum Ablauf von vier Werktagen nach der Anzeige in unverändertem Zustand zu belassen. Die oberste Denkmalschutzbehörde kann diese Frist angemessen verlängern, wenn die sachgerechte Untersuchung oder die Bergung des Bodendenkmals dies erfordert. Ist das Bodendenkmal bei laufenden Arbeiten entdeckt worden, soll die Frist von vier Werktagen nur überschritten werden, wenn der Betroffene hierdurch nicht wirtschaftlich unzumutbar belastet wird.

Die zuständige Denkmalbehörde ist unbeschadet des Eigentumsrechts berechtigt, den Bodenfund auszuwerten und, soweit es sich um bewegliche Bodendenkmale handelt, zu bergen und zur wissenschaftlichen Bearbeitung in Besitz zu nehmen, grundsätzlich jedoch nicht länger als sechs Monate vom Eingang der Anzeige an gerechnet.

(2) Bewegliche Bodendenkmale, deren Eigentümer nicht mehr zu ermitteln sind, werden mit der Entdeckung Eigentum des Landes Berlin.

(3) Das Graben nach Bodendenkmalen bedarf unbeschadet sonstiger Erlaubnisse der Genehmigung der zuständigen Denkmalbehörde. Die Genehmigung ist zu versagen, wenn nicht Gewähr dafür gegeben ist, daß die Durchführung der Grabung dem Schutze und der Pflege der Bodendenkmale gerecht wird.

(4) Abgegrenzte Flächen, in denen Bodendenkmale vorhanden sind oder vermutet werden, kann die zuständige Senatsverwaltung durch Rechtsverordnung zu Grabungsschutzgebieten erklären. In Grabungsschutzgebieten bedürfen Arbeiten, die Bodendenkmale zu Tage fördern oder gefährden können, der Genehmigung der zuständigen Denkmalbehörde. § 13 gilt entsprechend. Eine bisherige land- und forstwirtschaftliche Nutzung bleibt ohne Genehmigung zulässig, sofern sie bodendenkmalverträglich ist.

§ 4
Denkmalliste

(1) Denkmale sind nachrichtlich in ein öffentliches Verzeichnis (Denkmalliste) einzutragen. Bewegliche Bodendenkmale im Eigentum staatlicher oder kommunaler Museen und Sammlungen sind nur in den dort zu führenden Inventaren einzutragen.

(2) Die Eintragung erfolgt von Amts wegen oder auf Anregung des Verfügungsberechtigten. Eintragungen in den Denkmallisten werden von Amts wegen oder auf Anregung des Verfügungsberechtigten gelöscht, wenn die Eintragungsvoraussetzungen entfallen sind. Dies gilt nicht, wenn die Wiederherstellung eines Denkmals angeordnet ist. Die Verfügungsberechtigten werden umgehend von der Eintragung sowie der Löschung unterrichtet.

(3) Die Denkmallisten werden ortsüblich bekannt gemacht. Die Einsicht in die Denkmallisten ist jedermann gestattet.

§ 5
Denkmalfachbehörde

(1) Denkmalfachbehörde ist eine der zuständigen Senatsverwaltung nachgeordnete Behörde.

(2) Der Denkmalfachbehörde obliegen insbesondere folgende Aufgaben:

1. Mitwirkung beim Vollzug dieses Gesetzes und nach Maßgabe weiterer einschlägiger Bestimmungen,

2. systematische Erfassung von Denkmalen (Inventarisierung) und Erstellen einer Denkmaltopographie sowie deren Veröffentlichung,

3. nachrichtliche Aufnahme von Denkmalen in ein Verzeichnis (Denkmalliste) und dessen Führung,

4. wissenschaftliche Untersuchungen der Denkmale und Unterhaltung denkmalfachlicher Sammlungen als Beitrag zur Landesgeschichte,

5. Beratung und Unterstützung der Eigentümer und Besitzer von Denkmalen bei Pflege, Unterhaltung und Wiederherstellung,

6. Hinwirken auf die Berücksichtigung von Denkmalen bei der städtebaulichen Entwicklung,

7. Herausgabe von Rundschreiben zur Pflege von Denkmalen,

8. fachliche Beratung und Erstattung von Gutachten in allen Angelegenheiten der Denkmalpflege,

9. Vergabe von Denkmalpflegezuschüssen,

10. Veröffentlichung und Verbreitung von denkmalfachlichen Erkenntnissen,

11. Vertretung öffentlicher Belange des Denkmalschutzes und der Denkmalpflege,

12. Wahrnehmung von Ordnungsaufgaben nach diesem Gesetz, soweit Aufgaben der Hauptverwaltung,

13. Entscheidung über die Zustimmung nach § 6 Abs. 5 Satz 1.

§ 6
Denkmalschutzbehörden

(1) Den Denkmalschutzbehörden als Sonderordnungsbehörden obliegt der Schutz der Denkmale im Sinne des § 2 Abs. 1.

(2) Oberste Denkmalschutzbehörde ist die zuständige Senatsverwaltung.

(3) Untere Denkmalschutzbehörden sind die Bezirksämter; sie sind für alle Ordnungsaufgaben nach diesem Gesetz zuständig, soweit nichts anderes bestimmt ist.

(4) Der Stiftung Preußische Schlösser und Gärten Berlin-Brandenburg obliegen in bezug auf denkmalgeschütztes Stiftungsvermögen die Aufgaben einer unteren Denkmalschutzbehörde nach Absatz 3. Absatz 5 gilt entsprechend.

(5) Die unteren Denkmalschutzbehörden entscheiden im Einvernehmen mit der Denkmalfachbehörde. Das Einvernehmen gilt als hergestellt, wenn nicht innerhalb von drei Monaten eine Stellungnahme der Denkmalfachbehörde vorliegt. Kommt kein Einvernehmen zustande, so entscheidet die oberste Denkmalschutzbehörde. Bei Gefahr im Verzuge können die unteren Denkmalschutzbehörden vorläufig ohne Einvernehmen mit der Fachbehörde zum Schutze der Denkmale entscheiden. In diesen Fällen ist eine einvernehmliche Entscheidung mit der Fachbehörde unverzüglich nachzuholen. Satz 3 gilt entsprechend.

§ 7
Landesdenkmalrat

(1) Der Landesdenkmalrat berät das zuständige Mitglied des Senats. In allen Angelegenheiten von grundsätzlicher Bedeutung ist er zu hören.

(2) In den Landesdenkmalrat werden auf Vorschlag des zuständigen Mitglieds des Senats vom Senat für die Dauer von vier Jahren zwölf Mitglieder berufen. Der Landesdenkmalrat soll sich aus Vertretern der Fachgebiete Denkmalpflege, der Geschichte und der Architektur sowie paritätisch aus sachberührten Bürgern und Institutionen Berlins zusammensetzen.

(3) Die Mitglieder des Landesdenkmalrates sind ehrenamtlich tätig. Sie sind an Weisungen nicht gebunden.

(4) Der Landesdenkmalrat wählt aus seiner Mitte den Vorsitzenden und dessen Stellvertreter.

(5) Das Nähere regelt die Geschäftsordnung des Landesdenkmalrates, die vom Senat erlassen wird.

Zweiter Abschnitt

Allgemeine Schutzvorschriften

§ 8
Erhaltung von Denkmalen

(1) Der Verfügungsberechtigte ist verpflichtet, ein Denkmal im Rahmen des Zumutbaren instand zu halten und instand zu setzen, es sachgemäß zu behandeln und vor Gefährdungen zu schützen. Mängel, die die Erhaltung des Denkmals gefährden, hat er der zuständigen Denkmalbehörde unverzüglich anzuzeigen.

(2) Der Verfügungsberechtigte kann durch die zuständige Denkmalbehörde verpflichtet werden, bestimmte Maßnahmen zur Erhaltung des Denkmals durchzuführen. Kommt der Verfügungsberechtigte seiner Verpflichtung nach Absatz 1 Satz 1 nicht nach und droht hierdurch eine unmittelbare Gefahr für den Bestand eines Denkmals, kann die zuständige Denkmalbehörde die gebotenen Maßnahmen selbst durchführen oder durchführen lassen. Der Verfügungsberechtigte kann im Rahmen des Zumutbaren zur Erstattung der entstandenen Kosten herangezogen werden. Mieter, Pächter und sonstige Nutzungsberechtigte haben die Durchführung der Maßnahmen zu dulden.

(3) Für Denkmale kann die Erstellung von Denkmalpflegeplänen durch den Verfügungsberechtigten von der zuständigen Denkmalbehörde angeordnet werden, sofern dies zur dauerhaften Erhaltung der Denkmale sowie zur Vermittlung des Denkmalgedankens und des Wissens über Denkmale erforderlich ist. Denkmale sind nach diesen Denkmalpflegeplänen im Rahmen des Zumutbaren zu erhalten und zu pflegen.

§ 9
Nutzungen von Denkmalen

Denkmale sind so zu nutzen, daß ihre Erhaltung auf Dauer gewährleistet ist.

§ 10
Schutz der unmittelbaren Umgebung

(1) Die unmittelbare Umgebung eines Denkmals, soweit sie für dessen Erscheinungsbild von prägender Bedeutung ist, darf durch Errichtung oder Änderung baulicher Anlagen, durch die Gestaltung der unbebauten öffentlichen und privaten Flächen oder in anderer Weise nicht so verändert werden, daß die Eigenart und das Erscheinungsbild des Denkmals wesentlich beeinträchtigt werden.

(2) Die unmittelbare Umgebung eines Denkmals ist der Bereich, innerhalb dessen sich die bauliche oder sonstige Nutzung von Grundstücken oder von öffentlichen Flächen auf das Denkmal prägend auswirkt.

Dritter Abschnitt

Maßnahmen des Denkmalschutzes; öffentliche Förderung; Verfahrensvorschriften

§ 11
Genehmigungspflichtige Maßnahmen

(1) Ein Denkmal darf nur mit Genehmigung der zuständigen Denkmalbehörde
  1. in seinem Erscheinungsbild verändert,
  2. ganz oder teilweise beseitigt,
  3. von seinem Standort oder Aufbewahrungsort entfernt oder
  4. instand gesetzt, wiederhergestellt oder in seiner Nutzung verändert werden.
Dies gilt auch für das Zubehör und die Ausstattung eines Denkmals. Die Genehmigung nach Satz 1 ist zu erteilen, wenn Gründe des Denkmalschutzes nicht entgegenstehen oder ein überwiegendes öffentliches Interesse die Maßnahme verlangt.

(2) Einer Genehmigung bedarf ferner die Errichtung, Veränderung oder Beseitigung von Anlagen in der unmittelbaren Umgebung eines Denkmals, wenn sich dies auf den Zustand oder das Erscheinungsbild des Denkmals auswirkt. Die Genehmigung ist zu erteilen, wenn die Eigenart und das Erscheinungsbild des Denkmals durch die Maßnahme nicht wesentlich beeinträchtigt werden.

(3) Die Genehmigung kann unter Bedingungen und Auflagen sowie unter dem Vorbehalt des Widerrufs oder befristet erteilt werden. Gebietet es die besondere Eigenart eines Denkmals, kann die Genehmigung auch mit der Bedingung verbunden werden, daß bestimmte Arbeiten nur durch Fachleute oder unter der Leitung von Sachverständigen ausgeführt werden, die die zuständige Denkmalbehörde bestimmt.

(4) Alle Veränderungen und Maßnahmen an Denkmalen sind zu dokumentieren. Die Dokumentationspflicht obliegt dem Eigentümer, dem sonstigen Nutzungsberechtigten oder dem Veranlasser nach zumutbarer Maßgabe der zuständigen Denkmalbehörde.

§ 12
Genehmigungsverfahren

(1) Der Genehmigungsantrag ist der zuständigen Denkmalbehörde in Schriftform und mit aus denkmalfachlicher Sicht prüffähigen Unterlagen einzureichen; bei bauordnungsrechtlich genehmigungspflichtigen Vorhaben ist der Antrag bei der Bauaufsichtsbehörde einzureichen. Im Falle eines bauordnungsrechtlichen Genehmigungsverfahrens kann eine Genehmigung nach § 11 Abs. 1 und 2 auch gesondert beantragt werden. Dem Antragsteller wird innerhalb von vier Wochen nach Antragstellung die Ordnungsmäßigkeit und Vollständigkeit des Genehmigungsantrages bestätigt. Im Ausnahmefall kann die beantragte Genehmigung bis zu zwölf Monate ausgesetzt werden, soweit vorbereitende Untersuchungen am Denkmal oder seiner unmittelbaren Umgebung erforderlich sind. Satz 2 gilt entsprechend für das Zustimmungsverfahren nach der Bauordnung für Berlin.

(2) Die Genehmigung erlischt, wenn nicht innerhalb von zwei Jahren nach ihrer Erteilung mit der Ausführung begonnen oder wenn die Ausführung ein Jahr unterbrochen worden ist. Die Fristen nach Satz 1 können auf schriftlichen Antrag jeweils bis zu einem Jahr verlängert werden.

(3) Durch die Erteilung von Genehmigungen auf Grund dieses Gesetzes werden Genehmigungen, die auf Grund anderer Rechtsvorschriften erforderlich sind, nicht ersetzt. Wird im Falle eines bauordnungsrechtlichen Genehmigungs- oder Zustimmungsverfahrens eine Genehmigung nach § 11 Abs. 1 und 2 nicht gesondert beantragt, schließt die Baugenehmigung oder bauordnungsrechtliche Zustimmung die denkmalrechtliche Genehmigung ein. Die Entscheidung ergeht im Einvernehmen mit der zuständigen Denkmalbehörde. Das Einvernehmen gilt als hergestellt, wenn der Genehmigungsbehörde nicht innerhalb von vier Monaten nach Zugang des Stellungnahmeersuchens eine Verweigerung des Einvernehmens unter Angabe von Gründen vorliegt. Im bauaufsichtlichen Verfahren beteiligt die Bauaufsichtsbehörde die Denkmalschutzbehörde dann, wenn in der Denkmalliste eingetragene Denkmale betroffen sind. Diese Regelung gilt entsprechend für Entscheidungen, die die unmittelbare Umgebung eines Denkmals betreffen (§ 10 Abs. 1).

§ 13
Wiederherstellung; Stillegung

(1) Ist ein Denkmal ohne Genehmigung verändert und dadurch in seinem Denkmalwert gemindert worden oder ist es ganz oder teilweise beseitigt oder zerstört worden, so kann die zuständige Denkmalbehörde anordnen, daß derjenige, der die Veränderung, Beseitigung oder Zerstörung zu vertreten hat, den früheren Zustand wiederherstellt. Die Denkmalbehörde kann die erforderlichen Arbeiten auf Kosten des Verpflichteten durchführen lassen, wenn die denkmalgerechte Wiederherstellung sonst nicht gesichert erscheint. Sie kann von dem Verpflichteten einen angemessenen Kostenvorschuß verlangen. Verfügungsberechtigte, Mieter, Pächter und sonstige Nutzungsberechtigte haben die Durchführung der Maßnahmen zu dulden.

(2) Werden genehmigungspflichtige Maßnahmen ohne Genehmigung begonnen, so kann die zuständige Denkmalbehörde die vorläufige Einstellung anordnen. Werden unzulässige Bauarbeiten trotz einer schriftlich oder mündlich verfügten Einstellung fortgesetzt, so kann die zuständige Denkmalbehörde die Baustelle versiegeln oder die an der Baustelle vorhandenen Baustoffe, Bauteile, Geräte, Maschinen und Bauhilfsmittel in amtlichen Gewahrsam bringen. Die vorläufige Einstellung gilt für höchstens einen Monat.

§ 14
Auskunfts- und Duldungspflichten

(1) Verfügungs- und Nutzungsberechtigte sind verpflichtet, zur Erfüllung der Aufgaben nach diesem Gesetz den Denkmalbehörden oder ihren Beauftragten auf Verlangen die erforderlichen Auskünfte zu erteilen und Unterlagen vorzulegen. Notare, andere Personen und Stellen haben Urkunden, die sich auf ein Denkmal beziehen, den Denkmalbehörden vorzulegen und Auskünfte zu erteilen.

(2) Die Verfügungs- oder Nutzungsberechtigten haben zu ermöglichen, daß die Beauftragten der Denkmalbehörden in Wahrnehmung der Aufgaben nach diesem Gesetz auf Verlangen Grundstücke, Gebäude und Räume zu angemessener Tageszeit betreten können. Wohnungen dürfen gegen den Willen des Nutzungsberechtigten nur zur Verhütung einer dringenden Gefahr für ein Denkmal betreten werden. Das Grundrecht der Unverletzlichkeit der Wohnung (Artikel 13 des Grundgesetzes, Artikel 19 der Verfassung von Berlin) wird insoweit eingeschränkt.

(3) Die zuständigen Denkmalbehörden und ihre Beauftragten sind berechtigt, Bodendenkmale zu bergen und die notwendigen Maßnahmen zur Klärung der Fundumstände sowie zur Sicherung weiterer auf dem Grundstück vorhandener Bodenfunde durchzuführen.

(4) Der Wechsel des Eigentums an einem Denkmal ist unverzüglich der unteren Denkmalschutzbehörde von dem Veräußerer und im Falle der Erbfolge von dem Erben anzuzeigen.

§ 15
Öffentliche Förderung

(1) Für Maßnahmen zur Erhaltung, Unterhaltung und Wiederherstellung von Bau-, Garten- und Bodendenkmalen sowie sonstigen Anlagen von denkmalpflegerischem Interesse können im Rahmen der im Haushaltsplan von Berlin bereitgestellten Mittel Darlehen oder Zuschüsse gewährt werden.

(2) Die Gewährung eines Darlehens oder eines Zuschusses kann mit Auflagen und Bedingungen verbunden werden. Auflagen und Bedingungen, die sich auf den Bestand oder das Erscheinungsbild der Anlagen beziehen, sind auf Ersuchen der Denkmalfachbehörde als Baulasten in das Baulastenverzeichnis nach der Bauordnung für Berlin einzutragen. Das Nähere regelt die zuständige Senatsverwaltung durch Förderrichtlinien.

VIERTER ABSCHNITT

Ausgleichspflichtige Eigentumsbeschränkung, Enteignung, Vorkaufsrecht

§ 16
Ausgleichspflichtige Eigentumsbeschränkung

(1) Soweit durch die Anordnung von Maßnahmen nach § 8 und § 9 besondere Aufwendungen erforderlich werden, die in der Eigenschaft des Denkmals begründet sind und über das auch bei einem Denkmal wirtschaftlich zumutbare Maß hinausgehen, kann der Verfügungsberechtigte für die dadurch entstehenden Vermögensnachteile einen angemessenen Ausgleich in Geld verlangen. Unzumutbar ist eine wirtschaftliche Belastung insbesondere, soweit die Kosten der Erhaltung und Bewirtschaftung dauerhaft nicht durch die Erträge oder den Gebrauchswert des Denkmals aufgewogen werden können. Ein Anspruch auf Ausgleich besteht nicht, soweit der Verfügungsberechtigte oder sein Rechtsvorgänger die besonderen Aufwendungen durch mangelnde Instandhaltung selbst zu verantworten hat.

(2) Wird durch die Versagung einer nach § 11 Abs. 1 und 2 erforderlichen Genehmigung oder durch sonstige behördliche Maßnahmen auf Grund dieses Gesetzes eine bisher rechtmäßig ausgeübte wirtschaftliche Nutzung eines Denkmals oder seiner unmittelbaren Umgebung wirtschaftlich unzumutbar erschwert, so kann ebenfalls ein angemessener Ausgleich in Geld verlangt werden.

(3) § 254 des Bürgerlichen Gesetzbuches gilt sinngemäß. Öffentliche Fördermaßnahmen und staatliche Begünstigungen sind auf den Ausgleich anzurechnen.

(4) Würde der Ausgleich nach Absatz 1 oder Absatz 2 mehr als 50 vom Hundert des Verkehrswertes des Grundstückes oder des Verfügungsrechts betragen, so kann das Land Berlin die Übertragung des Eigentums oder sonstigen Verfügungsrechts verlangen. Kommt eine Einigung über die Übertragung nicht zustande, so kann das Land Berlin die Enteignung zu seinen Gunsten verlangen.

§ 17
Enteignung

(1) Kann eine Gefahr für den Bestand, die Eigenart oder das Erscheinungsbild eines Denkmals auf andere Weise nicht nachhaltig abgewehrt werden, so ist die Enteignung zugunsten des Landes Berlin zulässig.

(2) Der Eigentümer von Zubehör und Ausstattung im Sinne von § 2 Abs. 2 Satz 2 und Abs. 4 Satz 2, der nicht zugleich Verfügungsberechtigter des Bau- oder Gartendenkmals ist, kann zur Aufrechterhaltung der Einheit von Denkmalwert verpflichtet werden, die Zubehör- und Ausstattungsstücke auch nach Beendigung seines Nutzungsrechts in dem Bau- oder Gartendenkmal zu belassen. Soweit ihm hierdurch wirtschaftlich nicht zumutbare Nachteile entstehen, kann er einen angemessenen Ausgleich in Geld verlangen. Eine Enteignung zugunsten des Verfügungsberechtigten des Bau- oder Gartendenkmals ist zulässig, wenn die Einheit von Denkmalwert auf andere Weise nicht sichergestellt werden kann.

(3) Für die Enteignung und Entschädigung, auch bei beweglichen Sachen, gelten die Vorschriften des Berliner Enteignungsgesetzes vom 14. Juli 1964 (GVBl. S. 737), geändert durch Artikel I des Gesetzes vom 30. November 1984 (GVBl. S. 1664), soweit in diesem Gesetz nicht etwas anderes bestimmt ist.

§ 18
Vorkaufsrecht

(1) Dem Land Berlin steht beim Kauf von Grundstücken, auf oder in denen sich Baudenkmale, Gartendenkmale oder ortsfeste Bodendenkmale befinden, ein Vorkaufsrecht zu. Es darf im Einvernehmen mit der Denkmalfachbehörde nur ausgeübt werden, wenn dadurch die dauernde Erhaltung des Baudenkmals, Gartendenkmals oder ortsfesten Bodendenkmals gesichert werden kann. Im übrigen finden die Bestimmungen der §§ 24 bis 28 des Baugesetzbuches in der Fassung der Bekanntmachung vom 8. Dezember 1986 (BGBl. I S. 2253), das zuletzt durch Artikel 2 Abs. 2 des Gesetzes vom 22. 04. 1993 (BGBl. I S. 3486) geändert worden ist, über das gesetzliche Vorkaufsrecht der Gemeinde sinngemäß Anwendung.

(2) Das Land Berlin kann das Vorkaufsrecht auch zugunsten einer anderen juristischen Person des öffentlichen Rechts ausüben. Es kann das Vorkaufsrecht zugunsten einer juristischen Person des Privatrechts nur ausüben, wenn die dauernde Erhaltung der in oder auf einem Grundstück liegenden Baudenkmale, Gartendenkmale oder ortsfesten Bodendenkmale zu den satzungsmäßigen Aufgaben der juristischen Person gehört und bei Berücksichtigung aller Umstände gesichert ist. Absatz 1 Satz 2 gilt entsprechend. Das Land Berlin kann das Vorkaufsrecht zugunsten eines anderen nur ausüben, wenn ihm die Zustimmung des Begünstigten vorliegt.

FÜNFTER ABSCHNITT

Bußgeldvorschriften

§ 19
Ordnungswidrigkeiten

(1) Ordnungswidrig handelt, wer vorsätzlich oder fahrlässig

1. entgegen § 3 Abs. 1 Satz 1 nach Entdeckung eines Bodendenkmals die Arbeiten an der Fundstelle nicht sofort einstellt oder die Entdeckung der zuständigen Behörde nicht unverzüglich anzeigt,

2. entgegen § 3 Abs. 1 Satz 3 den Fund oder die Fundstelle bis zum Ablauf von vier Werktagen nach Abgabe der Anzeige nicht in unverändertem Zustand beläßt, sofern die oberste Denkmalschutzbehörde der Fortsetzung der Arbeit nicht zugestimmt hat,

3. entgegen § 3 Abs. 3 Satz 1 ohne Einwilligung der zuständigen Denkmalbehörde nach Bodendenkmalen gräbt,

4. entgegen § 8 Abs. 2 einer von der zuständigen Denkmalbehörde zur Erhaltung des Denkmals getroffenen vollziehbaren Anordnung nicht nachkommt oder deren Durchführung nicht duldet,

5. entgegen § 8 Abs. 3 Satz 2 ein Gartendenkmal nicht erhält oder pflegt,

6. ohne die nach § 11 Abs. 1 oder Abs. 2 Satz 1 erforderliche Genehmigung eine dort genannte Handlung vornimmt oder eine gemäß § 11 Abs. 3 mit der Genehmigung verbundene Auflage oder Bedingung nicht erfüllt,

7. einer zur Wiederherstellung eines Denkmals von der zuständigen Denkmalbehörde erlassenen vollziehbaren Anordnung nach § 13 Abs. 1 Satz 1 zuwiderhandelt oder entgegen § 13 Abs. 1 Satz 4 die Durchführung der Maßnahmen nicht duldet,

8. entgegen § 14 Abs. 1 der Auskunfts- oder Vorlagepflicht nicht vollständig oder nicht richtig nachkommt oder entgegen § 14 Abs. 2 einem Beauftragten einer Denkmalbehörde das Betreten eines Grundstückes oder Besichtigen eines Denkmals nicht gestattet,

9. entgegen § 14 Abs. 4 den Eigentumswechsel nicht unverzüglich anzeigt.

(2) Die Ordnungswidrigkeit kann mit einer Geldbuße bis zu 1 Million Deutsche Mark geahndet werden.

SECHSTER ABSCHNITT

Übergangs- und Schlußvorschriften

§ 20
Verwaltungsvorschriften

Die zuständige Senatsverwaltung erläßt die zur Ausführung dieses Gesetzes erforderlichen Verwaltungsvorschriften.

§ 21
Religionsgemeinschaften

(1) Entscheidungen und Maßnahmen der zuständigen Denkmalbehörde über Denkmale, die unmittelbar gottesdienstlichen Zwecken anerkannter Religionsgemeinschaften dienen, sind im Benehmen mit den zuständigen Behörden der Religionsgemeinschaften und unter Berücksichtigung der von diesen festgestellten gottesdienstlichen Belange zu treffen.

(2) § 16 Abs. 4 und § 17 finden auf Denkmale, die unmittelbar gottesdienstlichen Zwecken dienen, keine Anwendung.

§ 22
Überleitungsvorschrift

Die in dem Baudenkmalbuch und in dem Bodendenkmalbuch bislang eingetragenen Denkmale sowie die als in das Baudenkmalbuch eingetragen geltenden Denkmale gelten mit dem Inkrafttreten dieses Gesetzes als in die Denkmalliste nachrichtlich eingetragen. Bestands- und rechtskräftige Entscheidungen wirken gegenüber den Verfügungsberechtigten und Dritten fort.

§ 23
Inkrafttreten

(1) Dieses Gesetz tritt am Tage nach der Verkündung im Gesetz- und Verordnungsblatt für Berlin in Kraft.

(2) Mit dem Inkrafttreten dieses Gesetzes tritt das Denkmalschutzgesetz Berlin vom 22. Dezember 1977 (GVBl. S. 2540), geändert durch Artikel 1 des Gesetzes vom 30. November 1981 (GVBl. S. 1470), außer Kraft.

(3) Die nach § 17 des Denkmalschutzgesetzes Berlin vom 22. Dezember 1977 (GVBl. S. 2540) erlassenen Rechtsverordnungen treten spätestens fünf Jahre nach Inkrafttreten dieses Gesetzes außer Kraft.

DENKMALLISTE BERLIN-REINICKENDORF

Erläuterungen

Im Zusammenhang mit dem Denkmalschutzgesetz Berlin hat das Landesdenkmalamt Berlin die nachrichtliche Denkmalliste als aktuelles Verzeichnis der gegenwärtig bekannten Denkmalbereiche sowie der Bau-, Garten- und Bodendenkmale erarbeitet. Diese Denkmalliste wurde erstmals am 28. September 1995 im Amtsblatt für Berlin bekanntgemacht.

Die Denkmalliste ist gemäß § 2 DSchG Bln untergliedert nach Denkmalbereichen (im Sinne von Ensembles und im Sinne von Gesamtanlagen), nach Baudenkmalen (entspricht der Bezeichnung Einzeldenkmal), Gartendenkmalen und Bodendenkmalen.

1. a) Denkmalbereiche (Ensembles) sind historisch gewachsene, heterogene Baubereiche oder ganze Stadtviertel, die bisweilen als besondere Straßen-, Platz- und Ortsbilder einschließlich der mit ihnen verbundenen Frei- und Wasserflächen in Erscheinung treten. Beispiele für Ensembles sind Dorfanlagen, Ortszentren oder Mietshausquartiere. Häufig umfassen Ensembles auch Bauten oder Flächen, die für sich allein nicht denkmalswert, doch für den Charakter des umgrenzten Bereichs wichtig sind. Als Bestandteile eines Ensembles unterliegen sie jedoch ebenfalls dem Denkmalschutz. Am Ende der Ensemblelisten sind in einigen Fällen einzelne, nicht konstituierende Bestandteile, die inmitten dieser Denkmalbereiche stehen, aufgeführt. In der Regel sind dies Neubauten von untergeordneter Bedeutung, gelegentlich sogar von beeinträchtigender Wirkung. Für Baumaßnahmen an ihrer Stelle gelten die Bewertungskriterien, die sich aus den Besonderheiten des Ensembles ableiten lassen.

b) Denkmalbereiche (Gesamtanlagen) sind konzeptionell in einem Zug errichtete oder in funktionalem Zusammenhang entstandene Komplexe, die in allen ihren Teilen Denkmalbedeutung besitzen. Zu ihnen zählen beispielsweise Siedlungen, Wohnanlagen oder Schulkomplexe.

2. Baudenkmale (Einzeldenkmale) sind bauliche Anlagen unterschiedlicher Größe oder definierte Teile von baulichen Anlagen. Zu den Baudenkmalen kann die gesamte Bebauung auf einem Grundstück zählen, zum Beispiel Villa mit Gartenhaus, Verwaltungsgebäude mit Hofanlage oder dergleichen. Baudenkmale können Bestandteile von Denkmalbereichen sein.

3. Gartendenkmale sind Grün- oder Parkanlagen, Gärten, Friedhöfe, Alleen oder sonstige Zeugnisse der Garten- und Landschaftsgestaltung. Sie können bauliche Anlagen einschließen und Bestandteile von Denkmalbereichen sein.

4. Bodendenkmale sind bewegliche oder unbewegliche Sachen, die sich im Boden oder in Gewässern befinden. Da sie bis zu einer archäologischen Untersuchung nicht immer vollständig bekannt und genau lokalisierbar sind, können »abgegrenzte Flächen, in denen Bodendenkmale vorhanden sind oder vermutet werden«, außerdem durch Rechtsverordnung als Grabungsschutzgebiete ausgewiesen werden.

Ein (D) am Ende einer Listeneintragung kennzeichnet die Objekte, die bereits vor dem 7. Mai 1995 (nach DSchG Bln, 1977) ins Baudenkmalbuch eingetragen waren oder als eingetragen galten.

Die Denkmalliste ist fortlaufend durchnumeriert. *Kursiv* und dunkelgrau gesetzte Ziffern bezeichnen Objekte, die mit einer Abbildung in diesem Buch vertreten sind, zu suchen unter derselben Ziffer im jeweiligen Ortsteilkapitel.

Grundlage ist die Denkmalliste von 1995, Teil Reinickendorf.

Frohnau

Denkmalbereiche (Ensembles)

1 **Am Grünen Zipfel 5–7,** Landhausgruppe Am Grünen Zipfel
  Einzeldenkmale siehe: Am Grünen Zipfel 5; 6
  Weiterer Bestandteil des Ensembles:
  – Am Grünen Zipfel 7, Wohnhaus, 1912 von Paul Scholz & Co

2 **An der Buche 17–21,** Landhausgruppe An der Buche
  Gesamtanlage siehe: An der Buche 17–19 …
  Einzeldenkmal siehe: An der Buche 20
  Gartendenkmal siehe: An der Buche; An der Buche 17/21

3 **Gollanczstraße 3/11,** Wohnhausgruppe Gollanczstraße
  Einzeldenkmal siehe: Gollanczstraße 3/5
  Weitere Bestandteile des Ensembles:
  – Gollanczstraße 7, Wohnhaus, 1929–30 von Erich Taenzer
  – Gollanczstraße 9, Wohnhaus, 1929–30 von Erich Taenzer
  – Gollanczstraße 11, Wohnhaus, 1928–29 von Erich Taenzer

4 **Im Fischgrund 37/41, 44–46,** Landhäuser am Rosenanger
  Hambacher Weg 2
  Walporzheimer Straße 2/4
  Einzeldenkmale siehe: Im Fischgrund 41; 44
  Gartendenkmal siehe: Im Fischgrund 41
  Weitere Bestandteile des Ensembles:
  – Im Fischgrund 37/Walporzheimer Straße 2, Wohnhaus, 1935 von Otto Bellin
  – Im Fischgrund 45, Haus Fellenberg, 1911 von Paul Poser
  – Im Fischgrund 46, Wohnhaus, 1933 von Hermann Regese

5 **Ludolfinger Platz 1–5,** Ortskern Frohnau mit den Platzanlagen Ludolfinger und Zeltinger Platz sowie der Straßenbrücke
  Maximiliankorso 1
  Zeltinger Platz 1–4, 6–7, 17–18
  Einzeldenkmale siehe: Ludolfinger Platz, Platzgestaltung; S-Bahnhof Frohnau; 1/3; 2; 4; 5
  Gartendenkmal siehe: Straßen- und Grünflächensystem Frohnau

6 **Zerndorfer Weg 24–28,** Wohnhausgruppe Zerndorfer Weg
  Einzeldenkmale siehe: Zerndorfer Weg 24; 25
  Gartendenkmal siehe: Zerndorfer Weg 24
  Weitere Bestandteile des Ensembles:
  – Zerndorfer Weg 26, Haus Modersohn, 1935 von Walter und Johannes Krüger
  – Zerndorfer Weg 27, Wohnhaus, 1928 von Josef Waigel
  – Zerndorfer Weg 28, Wohnhaus, 1936 von Paul Friedrich Nieß

Denkmalbereiche (Gesamtanlagen)

7 **An der Buche 17–19, 21, Gruppe am Berg,** Landhäuser, 1910–11 von Heinrich Straumer & H. Hermann (D) (*siehe Ensemble* An der Buche 17–21 *und Gartendenkmale* An der Buche; An der Buche 17/21)

8 **Maximiliankorso 6, Siedlung Frohnau,** 1923–24 von Paul Mebes & Paul Emmerich
  Wahnfriedstraße 2/14

9 **Oranienburger Chaussee 45–58, Waldsiedlung Frohnau,** 1924–25 von Franz Vogt (D)
  Bieselheiderweg 9/21, 25/35
  Bundschuhweg 15/19
  Schönfließer Straße 88/96

10 **Staehleweg 1–47, 49/53, Invalidensiedlung,** 1937–38 vom Heeresbauamt I Berlin (Kallmeyer und Hagen) (D) (*siehe Gartendenkmal* Staehleweg 1–47 …)

11 **Welfenallee 25/29,** Hausgruppe, 1924 von Otto Kaping & H. Ruhl
  Kreuzritterstraße 3–6

12 **Welfenallee 72/74, Siedlung Barbarossahöhe,** 1926–29 von Paul Poser (*siehe Gartendenkmal* Welfenallee)
  Donnersmarckallee 27/29
  Forstweg 38/70
  Olwenstraße 1/7, 15/19
  Zwergenweg 1, 3–6

13 **Zerndorfer Weg 55/77,** Doppel- und Reihenwohnhäuser, 1926–27 von Max Meyer

Einzeldenkmale

14 **Alemannenstraße 16, Kupfer-Castell,** Wohnhaus, 1933 von der Deutschen Kupferhaus GmbH (System Förster & Krafft)

15 **Alemannenstraße 36, Haus Neumann,** 1925 von Walter & Johannes Krüger

16 **Alemannenstraße 69,** Wohnhaus, 1912 von Max Scheiding

17 **Am Grünen Hof 6,** Wohnhaus, 1936 von Werner Gregor

18 **Am Grünen Hof 7, Haus Kaufmann,** 1912 von Paul Poser

19 **Am Grünen Hof 17, Haus Holland,** 1912 von Paul Poser

20 **Am Grünen Zipfel 5,** Wohnhaus, 1912 von Paul Scholz & Co (*siehe Ensemble* Am Grünen Zipfel 5–7)

21 **Am Grünen Zipfel 6,** Wohnhaus, 1912 von Paul Scholz & Co (*siehe Ensemble* Am Grünen Zipfel 5–7)

22 **Am Priesterberg 14/16, Fasanen-Hof,** Wohnhaus, 1937 von Fritz August Breuhaus
  Speerweg 36

23 **Am Rosenanger 8,** Wohnhaus, 1932 von A. Kokert

24 **Am Rosenanger 14,** Wohnhaus, 1932 von Heinrich Möller & A. Kokert

25 **An der Buche 20,** Wohnhaus, 1927–28 von C. Kuhn (*siehe Ensemble* An der Buche 17–21)

26 **Artuswall 26,** Wohnhaus, 1936 von Bruno König

27 **Benediktinerstraße 12,** Wohnhaus, 1934–35 von Felix Sturm (D)

28 **Benediktinerstraße 32,** Wohnhaus, 1930–31 von Max Taut & Franz Hoffmann

29 **Donnersmarckplatz 1,** Wohnhaus mit Einfriedung, 1913 von F. Hermann
  Donnersmarckallee

30 **Edelhofdamm,** Park-Pavillon, 1909 von Gustav Hart & Lesser (*siehe Gartendenkmal* Straßen- und Grünflächensystem Frohnau)

31 **Edelhofdamm 24,** Wohnhaus, 1928 von Willy Mühlau

32 **Edelhofdamm 31,** Wohnhaus, 1936 von Walter & Johannes Krüger

33 **Edelhofdamm 32,** Wohnhaus, 1921 von Hans Seyffert

34 **Edelhofdamm 36,** Wohnhaus, 1935 von Hans Liepe

35 **Edelhofdamm 40, Haus Schneider,** 1910 von Otto Strubel und Karl Schneider

36 **Edelhofdamm 42, Haus Thiedig,** 1911 von Heinrich Straumer & Herrmann

37 **Edelhofdamm 45,** Wohnhaus, 1934 von Bruno Ahrends

38 **Edelhofdamm 54, Buddhistisches Haus,** 1924–27 von Max Meyer (*siehe Gartendenkmal* Edelhofdamm 54)

39 **Edelhofdamm 58,** Wohnhaus, 1935 von Paul Poser (D)

40 **Edelhofdamm 67, Haus Iffland,** 1928 von Walter & Johannes Krüger

41 **Forstweg 25,** Wohnhaus, 1935 von Walter & Johannes Krüger

42 **Forstweg 75,** Wohnhaus, 1931 von der Eigenheim-Dauerholzhaus-Gesellschaft mbH

43 **Frohnauer Straße 112–122, Friedhof Hermsdorf,** Wasserturm Hermsdorf, 1909 von Carl Francke (*siehe Gartendenkmal* Frohnauer Straße 112/122)

44 **Frohnauer Straße 112/122, Friedhof Hermsdorf,** Feierhalle, 1911–12 von G. Hoffmann (*siehe Gartendenkmal* Frohnauer Straße 112/122)
45 **Frohnauer Straße 112/122, Friedhof Hermsdorf,** Torgebäude, 1912 von Dietz (*siehe Gartendenkmal* Frohnauer Straße 112/122)
46 **Frohnauer Straße 130,** Wohnhaus, 1931 von E. Paul Hetzer
47 **Frohnauer Straße 144,** Wohnhaus, 1911 von der Berliner Hausbau-Gesellschaft mbH
48 **Frohnauer Straße 144 A, Haus Winkler,** 1911 von Otto Rudolf Salvisberg (*siehe Gartendenkmal* Frohnauer Straße 144 A)
49 **Fürstendamm 6,** Wohnhaus, 1921 von Menz & Thienhaus
50 **Fürstendamm 25/26,** Wohnhaus mit Vorgarteneinfriedung, 1924 von Paul Poser
51 **Fürstendamm 27,** Wohnhaus, 1936 von Otto von Estorff & Gerhard Winkler
52 **Fürstendamm 30, Haus Ihmsen,** 1911 von Paul Poser
53 **Fürstendamm 52,** Wohnhaus mit Vorgarteneinfriedung, 1928–29 von Robert Kirsch
54 **Fürstendamm 63,** Wohnhaus, 1928 von Erich Kunowsky
55 **Fürstendamm 68,** Wohnhaus, 1930 von Alfred Wahl & Aribert Rödel
56 **Gollanczstraße 3/5,** Doppelwohnhaus, 1929 von Erich Taenzer (*siehe Ensemble* Gollanczstraße 3/11)
57 **Gollanczstraße 18/24, Victor-Gollancz-Schule** mit Direktorwohnhaus, 1929 von Fritz Beyer
Markgrafenstraße 82
58 **Gurnemanzpfad 52, Atelierhaus Brandenburg,** Wohn- und Atelierhaus, 1964–65 von Günter Maiwald
59 **Hainbuchenstraße 1,** Wohnhaus, 1935 von Peter Thimister
Maximiliankorso
60 **Hainbuchenstraße 9,** Wohnhaus, 1938 von Fritz Eisler
61 **Hainbuchenstraße 22,** Wohnhaus, 1928 von Karl H. Wisotzky & J. D. Perpanoff (D)
62 **Hainbuchenstraße 26, Haus Pegler,** 1929 von Eckart Muthesius und Klemens Weigel
63 **Hainbuchenstraße 54,** Wohnhaus, 1962 von Rudolf Kügler und Rudolf Wilhelms
64 **Hainbuchenstraße 56, Haus Dr. Conrads,** 1964 von Heinz Schudnagies
65 **Hainbuchenstraße 64/76, Friedhof Frohnau,** Feierhalle, 1910 von Carl Stahl-Urach (*siehe Gartendenkmal* Straßen- und Grünflächensystem Frohnau)
66 **Hohenheimer Straße 13,** Wohnhaus, 1928 von Willy Mühlau
67 **Hohenheimer Straße 19, Haus Sparmann,** 1911 von Heinrich & Hermann Straumer
68 **Hohenheimer Straße 31, Haus Trapp,** 1910–11 von Heinrich Straumer
69 **Hohenheimer Straße 36, Haus Strohmaier,** 1911 von Heinrich Straumer
70 **Horandweg 5/7,** Doppelwohnhaus, 1938–39 von Fritz Schopohl
71 **Horandweg 28, Haus Regel,** 1957–58 von Heinz Schudnagies
72 **Im Amseltal 3–5, Haus Morawsky,** 1924–25 von Fritz Fenker
73 **Im Amseltal 19, Haus Bensemann,** 1911 von Heinrich Straumer & Hermann
74 **Im Amseltal 24,** Wohnhaus, 1921 von Paul Poser
75 **Im Fischgrund 1,** Wohnhaus, 1913 von Wilhelm Koban
76 **Im Fischgrund 2,** Wohnhaus, 1913 von Wilhelm Koban
77 **Im Fischgrund 41, Haus Berger** mit Einfriedung und Eckpavillon, 1910 von Paul Poser (*siehe Ensemble* Im Fischgrund 37/41 ... *und Gartendenkmal* Im Fischgrund 41)
78 **Im Fischgrund 44,** Wohnhaus mit Einfriedung, 1938–39 von H. Baier und Konrad Fleck (*siehe Ensemble* Im Fischgrund 37/41 ...)
79 **Jostweg 13, Kupfer-Castell,** Wohnhaus, 1931 von der Hirsch, Kupfer- und Messingwerke AG
80 **Kammgasse 20,** Wohnhaus und Garage, 1934 von Carl Börner
81 **Karmeliterweg 4,** Wohnhaus (Ambi-Haus), 1922 von Franz Krüger und Paul Poser
82 **Karmeliterweg 9,** Wohnhaus, 1926 von R. Bitzau (D)
83 **Karmeliterweg 32,** Wohnhaus, 1929 von Kurt Reimer
84 **Karmeliterweg 34,** Wohnhaus, 1935 von E. Paul Hetzer
85 **Kasinoweg 3,** Wohnhaus, 1929 von Hermann Bamm
86 **Kasinoweg 4,** Wohnhaus, 1929 von Hermann Bamm
87 **Kniggeweg 1–2,** Doppelwohnhaus, 1929 von Georg Peter
88 **Königsbacher Zeile 7,** Wohnhaus, 1928–29 und 1932–34 von Reinhold Hans Winter
89 **Langohrzeile 7,** Wohnhaus, 1929 von Willy Schmolling
90 **Ludolfinger Platz,** Platzgestaltung, 1909–10 von Ludwig Lesser (*siehe Ensemble* Ludolfinger Platz 1–5 *und Gartendenkmal* Straßen- und Grünflächensystem Frohnau)
91 **Ludolfinger Platz, S-Bahnhof Frohnau,** Empfangsgebäude und Bahnsteig, 1908–10 von Gustav Hart & Lesser und der Kgl. Eisenbahndirektion Berlin (*siehe Ensemble* Ludolfinger Platz 1–5)
92 **Ludolfinger Platz, S-Bahnhof Frohnau,** Straßenbrücke, 1908–10 von der Kgl. Eisenbahndirektion Berlin und Gustav Hart & Lesser (*siehe Ensemble* Ludolfinger Platz 1–5)
93 **Ludolfinger Platz 1/3, Kasino Frohnau,** Geschäfts- und Wohnhaus mit Aussichts-Wasserturm, 1909–10 von Gustav Hart & Lesser, Wiederaufbau 1950–51 (*siehe Ensemble* Ludolfinger Platz 1–5)
94 **Ludolfinger Platz 2, Geschäftshaus Frohnau,** 1909–10 von Gustav Hart & Lesser, Wiederaufbau 1950–51 von Ewald Grätz (*siehe Ensemble* Ludolfinger Platz 1–5)
95 **Ludolfinger Platz 4,** Geschäfts- und Wohnhaus, 1926–28 von Paul Poser (D) (*siehe Ensemble* Ludolfinger Platz 1–5)
Maximiliankorso 1
96 **Ludolfinger Platz 5, Villa Wutke** mit Vorgarteneinfriedung, 1924–25 von Paul Poser (D) (*siehe Ensemble* Ludolfinger Platz 1–5)
Welfenallee 2/4
97 **Ludolfinger Weg 17,** Wohnhaus, 1933 von Reinhold Hundt, Wiederaufbau 1949–51 und 1955 von Otto Block und der Bauabteilung der Borsig AG
98 **Ludolfinger Weg 35, Haus Dr. Rudolphson,** 1911–12 von Heinrich Straumer
99 **Ludolfinger Weg 39,** Wohnhaus, 1912 von Julius Schossow
100 **Ludolfinger Weg 54, Sperlingsheim,** Villa, 1911 von Heinrich Straumer, Umbau 1925–26 von Bruno Buch
101 **Ludolfinger Weg 61,** Wohnhaus, 1937 von Hans Liepe
102 **Ludolfinger Weg 73, Haus Prof. Hesse,** 1911–12 von Heinrich Straumer
Maximiliankorso 43
103 **Markgrafenstraße 18, Haus Nähler,** 1914 von Ernst Schneckenberg
104 **Markgrafenstraße 24,** Wohnhaus, 1911 von Otto Berlich
105 **Markgrafenstraße 45, Haus Döring,** Wohnhaus, 1927 von Walter Krüger
106 **Markgrafenstraße 65, Haus Dr. Wolff,** 1910 von Heinrich Straumer
107 **Markgrafenstraße 69,** Wohnhaus, 1911 von Max Scheiding (D)
108 **Markgrafenstraße 74,** Wohnhaus, 1924 von Fritz Fenker
109 **Markgrafenstraße 89, Glaserei Prippenow,** Wohn- und Werkstättengebäude, 1912 von Paul Poser, Umbau 1922–23 von Haase & Jahnke
Minheimerstraße
110 **Maximiliankorso 3,** Wohnhaus, 1933 von Paul Poser
111 **Maximiliankorso 12,** Wohnhaus, 1929 von O. Kaping
112 **Maximiliankorso 16,** Wohnhaus, 1927 von Kälber & Schneider
113 **Maximiliankorso 37, Villa Albert,** 1911 von Georg Metzendorf
114 **Maximiliankorso 50,** Wohnhaus, 1939 von der Deutschen Werkstätten AG Hellerau
115 **Maximiliankorso 60,** Wohnhaus, 1910 von Gustav Lanzendorf
116 **Maximiliankorso 66, Haus Dr. Reichenauer,** 1934 von Werry Roth

117 **Mehringerstraße 3,** Wohnhaus, 1911 von Johannes Hahne
118 **Mehringerstraße 7,** Wohnhaus, 1921–24 von Paul Poser
119 **Mehringerstraße 20,** Wohnhaus, 1930 von W. Rudolf Reichel
120 **Mehringerstraße 23,** Wohnhaus, 1931 von Gerhard Eichhorn
121 **Minheimerstraße 20/22,** Doppelwohnhaus, 1927–28 von Erich Taenzer
122 **Nibelungenstraße 8,** Wohnhaus, 1911 von Max Krieg
123 **Olwenstraße 51,** Wohnhaus, 1938 von Wolfang Berkel
124 **Olwenstraße 62, Haus Schultz,** 1965–66 von Heinz Schudnagies
125 **Oranienburger Chaussee,** Verkaufspavillon der Berliner Terrain-Centrale GmbH, 1909 von Paul Poser (*siehe Gartendenkmal* Oranienburger Chaussee)
Utestraße
126 **Oranienburger Chaussee, Pilz,** Straßenunterstand, um 1910 von Carl Stahl-Urach (*siehe Gartendenkmal* Straßen- und Grünflächensystem Frohnau)
127 **Oranienburger Chaussee 68,** Wohnhaus, 1912 von Max Scheiding
128 **Oranienburger Chaussee 68 A,** Stall- und Remisengebäude (Wohnhaus), 1912 von Max Scheiding
129 **Ortwinstraße 3,** Wohnhaus mit Vorgarteneinfriedung, 1912 und 1928 von Walter Schulze
Alemannenstraße
130 **Ortwinstraße 5/7, Haus Robert** mit Vorgarteneinfriedung, 1928 von W. Ludewig
131 **Ortwinstraße 14,** Wohnhaus, 1921 von Hans Jessen
132 **Rauentalerstraße 3,** Wohnhaus, 1925 von Otto Kaping & H. Ruhl
133 **Remstalerstraße 10, Gutshof Frohnau,** Remise (Wohnhaus), 1909 von Heinrich Straumer, Umbau 1934 von Walter & Johannes Krüger
134 **Remstalerstraße 11/13,** Wohn- und Remisengebäude (Wohnhaus), 1913 von Paul Poser
135 **Remstalerstraße 32,** Wohnhaus, 1930 von Franz Harborth
136 **Rüdesheimer Straße 12,** Wohnhaus
137 **Rüdesheimer Straße 18,** Wohnhaus mit Vorgarteneinfriedung, 1935 von Kurt Sternsdorff
138 **Schönfließer Straße 12A,** ehem. HJ-Heim Frohnau (Jugendfreizeitheim), 1939 von Boris von Bodisco
139 **Schönfließer Straße 18/20, Haus Salzenbrodt,** 1937 Doppelwohnhaus von Walther Bünte, 1968–69 Umbau zu einem Einfamilienwohnhaus von Werner Düttmann
140 **Schönfließer Straße 95,** Wohnhaus, 1928–29 von Rudolf Fränkel
141 **Senheimer Straße 19,** Wohnhaus, 1929 von Hermann Mannkopf
142 **Senheimer Straße 22,** Wohnhaus, 1910 von Max Scheiding
Markgrafenstraße
143 **Senheimer Straße 35, kath. St. Hildegard Kirche,** 1913–14 Turnhalle der höheren Mädchenschule Frohnau von Paul Poser, 1921 Umbau in eine ev. Notkirche, 1936–38 Umgestaltung in eine kath. Kirche
144 **Senheimer Straße 49 A, Haus Dr. Möhring,** 1935–36 von Fritz G. Winter
145 **Senheimer Straße 53A,** Wohnhaus, 1941 von Paul Friedrich Nieß, Ausführung 1951–54
146 **Sigismundkorso, Pilz,** Straßenunterstand, 1910 von Ludwig Lesser (?) (*siehe Gartendenkmal* Straßen- und Grünflächensystem Frohnau)
Maximiliankorso
147 **Sigismundkorso 1–2,** Wohnhaus, 1922 von Paul Tarruhn
148 **Sigismundkorso 5,** Wohnhaus, 1912 von Max Scheiding
149 **Sigismundkorso 13–14,** Wohnhaus (ev. Schule), 1910–11 von Franz Scholz
150 **Sigismundkorso 15,** Wohnhaus, 1936 von Henry König
151 **Sigismundkorso 19,** Wohnhaus, 1911–12 von Franz Berner und Arno Caroli
Alemannenstraße 26

152 **Sigismundkorso 22,** Wohnhaus, 1927 von der Berliner Hausbau Gesellschaft mbH
153 **Sigismundkorso 25–26,** Wohnhaus, 1928 von Josef Braun & Albrecht Gunzenhauser (*siehe Gartendenkmal* Sigismundkorso 25–26)
154 **Sigismundkorso 34,** Wohnhaus, 1914 von der Berliner Hausbau Gesellschaft mbH
155 **Sigismundkorso 57,** Doppelwohnhaus, 1936 von Hans Liepe
156 **Sigismundkorso 63,** Wohnhaus, 1938–39 von Ernst E. Rottmann (*siehe Gartendenkmal* Sigismundkorso 63)
Am Kahlschlag
157 **Sigismundkorso 79 A,** Wohnhaus, 1929 von E. Paul Hetzer
158 **Sigismundkorso 82, Villa Corts** (Schule), 1910 von Leo Nachtlicht
An der Buche 25
159 **Sigismundkorso 84,** Wohnhaus, 1911–12 von Max Scheiding
160 **Sigismundkorso 86,** Wohnhaus und Remise, 1926 von Paul Poser
Tannenstraße 8
161 **Speerweg 16/18,** Wohnhaus mit Garage und Vorgarteneinfriedung, 1936–37 von Hans Simon & W. Hoppe
162 **Speerweg 30/32,** Wohnhaus, 1938 von Ernst E. Rottmann
Am Priesterberg
163 **Stolzingstraße 49/51,** Wohnhaus, 1934 von Paul Poser
164 **Tannenstraße 5,** Wohnhaus, 1937 von Ewald Grätz
165 **Wahnfriedstraße 1, Haus Francke,** 1909 von Paul Poser
Maximiliankorso 8
166 **Walporzheimer Straße 4,** Wohnhaus, 1930 von Walter Parthey
Hambacher Weg 2
167 **Welfenallee 11,** Wohn- und Geschäftshaus, 1926 von Otto Kaping & H. Ruhl
Knappenpfad
168 **Welfenallee 15,** Wohnhaus, 1924 von Otto Kaping & H. Ruhl
169 **Welfenallee 47/49, Haus Lebius,** 1911 von Heinrich Straumer
170 **Welfenallee 52,** Wohnhaus, 1931 von Christian Strube
171 **Wiltinger Straße 15, Haus Kersten,** 1957–58 von Heinz Schudnagies
Ariadnestraße 11
172 **Zeltinger Platz,** Platzgestaltung, 1910–12 von Ludwig Lesser (*siehe Ensemble* Ludolfinger Platz 1–5 *und Gartendenkmal* Straßen- und Grünflächensystem Frohnau)
173 **Zeltinger Platz 1/3,** Wohn- und Geschäftshaus, 1931–32 von Walter & Johannes Krüger, Wiederaufbau 1946–49 von Walter Krüger (?), Laden (Konditorei), 1953 von Walter Krüger, Eckladen (Eisenwaren Zietlow), 1956–57 von Alexander Zenk (*siehe Ensemble* Ludolfinger Platz 1–5)
174 **Zeltinger Platz 2/6,** Wohn- und Geschäftshaus mit Garagen, 1929–1931 von Walter & Johannes Krüger, 1939–40 Erweiterung (Zeltinger Platz 6) von Walter & Johannes Krüger (?)
(*siehe Ensemble* Ludolfinger Platz 1–5)
175 **Zeltinger Platz 7,** Laden (Apotheke), 1953–54
(*siehe Ensemble* Ludolfinger Platz 1–5)
176 **Zeltinger Platz 17–18, ev. Johanneskirche** mit Pfarr- und Gemeindehaus, 1934–37 von Walter & Johannes Krüger, 1966–67 Umbauten von Walter Krüger (*siehe Ensemble* Ludolfinger Platz 1–5)
177 **Zeltinger Straße 6, Villa Worch,** 1925 von Paul Poser
178 **Zeltinger Straße 9,** Wohnhaus, Remise und Teepavillon, 1911 von Naumann & Schmidt (D)
Senheimer Straße
179 **Zeltinger Straße 15,** Wohnhaus, 1909 von Paul Poser
180 **Zeltinger Straße 16,** Wohnhaus, 1927 von Walter Brandt
181 **Zeltinger Straße 23, Haus Jessen,** 1919 von Heinrich Straumer
182 **Zeltinger Straße 25, Haus Dr. Bordt,** 1911 von Heinrich Straumer
183 **Zeltinger Straße 29,** Wohnhaus, 1914 von Max Scheiding
184 **Zeltinger Straße 31, Haus Rumland,** 1909–10 von Paul Poser
185 **Zeltinger Straße 39/41,** Wohnhaus, 1911 von Hans Herrmann

186 *Zeltinger Straße 53, Haus Jonson,* 1909–11 von Heinrich Straumer & Herrmann (D)
Zerndorfer Weg 54

187 *Zeltinger Straße 54,* Wohnhaus, Umbau 1935 von Ludwig Spreitzer (D)
Zerndorfer Weg

188 *Zerndorfer Weg 24,* Wohn- und Atelierhaus mit Einfriedung, 1937 von Paul Friedrich Nieß (*siehe Ensemble* Zerndorfer Weg 24–28 *und Gartendenkmal* Zerndorfer Weg 24)

189 *Zerndorfer Weg 25,* Wohnhaus, 1927 von der Wolgaster Holzhäuser Gesellschaft mbH (D) (*siehe Ensemble* Zerndorfer Weg 24–28)

Gartendenkmale

190 **An der Buche** (vor Nrn. 19 und 21), Öffentliche Grünanlage mit Brunnen und Rundbank, 1911 von Heinrich Straumer (D) (*siehe Ensemble* An der Buche 17–21 *und Gesamtanlage* An der Buche 17–19 …)

191 **An der Buche 17/21,** Villengärten, 1911 von Ludwig Lesser (?) (D) (*siehe Ensemble* An der Buche 17–21 *und Gesamtanlage* An der Buche 17–19 …)

192 **Edelhofdamm 54,** Grünflächen des Buddhistischen Hauses, 1923–30 von Paul Dahlke (D) (*siehe Einzeldenkmal* Edelhofdamm 54)

193 **Frohnauer Straße 112/122 Friedhof Hermsdorf,** 1911 von Ludwig Lesser (*siehe Einzeldenkmal* Frohnauer Straße 112/122)

194 **Frohnauer Straße 144A,** Landhausgarten, 1911 von Ludwig Lesser (*siehe Einzeldenkmal* Frohnauer Straße 144 A)

195 **Gollanczstraße 32/38,** Landhausgarten, 1937–38 von Hermann Mattern

196 **Hattenheimer Straße 10,** Vorgarten, 1960 von Hamann

197 **Im Fischgrund 41,** Vorgarten, 1911 von Ludwig Lesser und Paul Poser (*siehe Ensemble* Im Fischgrund 37/41 … *und Einzeldenkmal* Im Fischgrund 41)

198 **Oranienburger Chaussee,** Gartenanlage des Verkaufspavillon der Berliner Terrain-Centrale GmbH, 1909 von Ludwig Lesser (*siehe Einzeldenkmal* Oranienburger Chaussee)
Utestraße

199 **Oranienburger Chaussee, Baugebiet Hubertussee,** Straßennetz, Alleen, See, 1908–09 von Brix & Genzmer und Ludwig Lesser
Utestraße

200 **Sigismundkorso 25–26,** Landhausgarten, 1928 (*siehe Einzeldenkmal* Sigismundkorso 25–26)

201 **Sigismundkorso 63,** Hausgarten, 1938 von Herta Hammerbacher (*siehe Einzeldenkmal* Sigismundkorso 63)
Am Kahlschlag 21–21 A

202 **Staehleweg 1–47, 49/53,** Grünanlagen in der Invalidensiedlung, 1937–39 von Kallmeyer & Hagen (D) (*siehe Gesamtanlage* Staehleweg 1–47 …)

203 **Straßen- und Grünflächensystem Frohnau,** 1909 von Brix & Genzmer und Ludwig Lesser (*siehe Ensemble* Ludolfinger Platz 1–5 *und Einzeldenkmale* Edelhofdamm; Hainbuchenstraße 64/76; Ludolfinger Platz; Oranienburger Chaussee; Sigismundkorso; Zeltinger Platz)
Donnersmarckplatz
Edelhofdamm, zwischen Nr. 12/52 und 15a/49
Hainbuchenstraße 64/76, Friedhof Frohnau
Im Fischgrund, Rosenanger
Ludolfinger Platz
Ludwig-Lesser-Park
Oranienburger Chaussee, Pilz
Poloplatz
Regenspeichereichanlagen
Schmuckplatz am Edelhofdamm, zwischen Nr. 64/74 und 61/69a
Sigismundkorso, zwischen Ludolfinger Platz und Tannenstraße

Sigismundkorso/Ecke Maximiliankorso, Pilz
Wiltinger Straße
Zeltinger Platz

204 **Welfenallee,** Ruheplatz an der Barbarossahöhe, 1926–27 von Paul Poser (*siehe Gesamtanlage* Welfenallee 72/74)
Olwenstraße

205 **Zerndorfer Weg 24,** Hausgarten, 1938 von Adam Kleinlein (*siehe Ensemble* Zerndorfer Weg 24–28 *und Einzeldenkmal* Zerndorfer Weg 24)

Heiligensee

Denkmalbereiche (Ensembles)

206 **Alt-Heiligensee 12–17, 19–110, 112, Ortskern Heiligensee** mit Dorfanger, Kirche und Straße Alt-Heiligensee
Gesamtanlage siehe: Alt-Heiligensee 107/109
Einzeldenkmale siehe: Alt-Heiligensee, Dorfkirche; 12/16; 33; 38; 39; 43; 45/47; 50; 52/54; 55; 56/58; 57/59; 60/62; 61–61 A; 67; 68; 73/75; 76; 77/79; 82/84; 83/89; 90/92; 93/95; 96/98; 104
Gartendenkmal siehe: Alt-Heiligensee, Dorfanger
Konstituierende Bestandteile des Ensembles:
– Alt-Heiligensee, Dorfanger, Straßenbahnwartehalle mit WC und Kiosk
– Alt-Heiligensee 17, Büdnerhof Kemnitz, Wohnhaus, Kern vor 1843, Stall, 1878, Umbauten 1895 und 1899
– Alt-Heiligensee 19/23, Bauernhof Bergemann, Wohnhaus, 1858, Remise, 1901, Stall, 1902
– Alt-Heiligensee 20/22, Bauernhof Lemke (später Bergemann), Wohnhaus, 1869 von O. Przwisinski und Thiele (?), Scheune, 1862, Stall, 1858, Wagenremise, 1887
– Alt-Heiligensee 25, Wohnhaus und Stall, 1881
– Alt-Heiligensee 34, Wohnhaus, um 1938
– Alt-Heiligensee 36, Mietshäuser, 1938–40
– Alt-Heiligensee 41, Wohnhaus, Stall und Waschküche, 1897
– Alt-Heiligensee 42, Wohnhaus und Stall, 1897
– Alt-Heiligensee 46, Mietshäuser, 1906
– Alt-Heiligensee 71, Büdnerhof Gericke, Wohnhaus, vor 1843, Stall, 1879
– Alt-Heiligensee 78/80, Bauernhof Lemke, Arbeiterwohnhaus, 1908 von August Conrad
– Alt-Heiligensee 91, Kossätenhof Grieft, Wohnhaus mit Gaststätte, 1909 von Otto Behrend
Nicht konstituierende Bestandteile des Ensembles:
Alt-Heiligensee 13/15, 24, 26–32, 40, 48–49, 63–66, 69–70, 72/74, 81, 86, 99–103, 105–110, 112

207 **Ruppiner Chaussee 139/145B, Gut Schulzendorf**
Schulzendorfer Straße 1–2
Einzeldenkmal siehe: Ruppiner Chaussee 139/141
Weitere Bestandteile des Ensembles:
– Ruppiner Chaussee 143, Restaurant »Sommerlust«, Wohn- und Gaststättengebäude, 1876 und 1886 von C. Trampel, Kegelbahn, 1911 von A. Müller
– Ruppiner Chaussee 145 A, Wohn- und Restaurationsgebäude (Wohnhaus), 1888–89, Saalanbau, 1880
– Ruppiner Chaussee 145B, Wohnhaus, um 1840

208 **Ruppiner Chaussee 217/235, S-Bahnhof Schulzendorf**
Einzeldenkmale siehe: Ruppiner Chaussee 217; 235
Weiterer Bestandteil des Ensembles:
– Ruppiner Chaussee 217, Empfangsgebäude, 1892–93 von Gareis

Denkmalbereiche (Gesamtanlagen)

209 **Alt-Heiligensee 107/109, Haus Friedrich und Haus Stellfeld,** Gesamtkonzept 1965–66 von Heinz Schudnagies, Haus Friedrich (Nr. 109) von Heinz Schudnagies, Haus Stellfeld (Nr. 107) von Werner Stellfeldt (*siehe Ensemble* Alt-Heiligensee 12–17 …)

210 **Ruppiner Chaussee 268, Kaserne für das I. Bataillon/Flakregiment 32** (Unterkunft der Berliner Bereitschaftspolizei), 1936–37 von Dölger (?)

211 **Schulzendorfer Straße 10/12, Wohnanlage Im Eichengrund,** 1937–38 von Hans Scharoun
Andornsteig 1/3
Helmkrautstraße 48/54

212 **Ziegenorter Pfad 9, 11–40, 42/66, 67–74, Borsigsiedlung Heiligensee,** städtebauliche Anlage mit Reihen- und Doppelwohnhäusern, 1923–24 von Hermann Jansen, verändert weitergeführt 1935–38 von Fritz Buck
Deeper Pfad 1, 7–30
Freester Weg 4–4G, 6–11, 13/17, 18–21
Karwitzer Pfad 1–8, 10, 13A-24
Kiefheider Weg 2/42, 43–45
Labeser Weg 1–19
Neuwarper Pfad 2/4, 6–10, 12/22, 23–37
Sagemühler Steig 1/7, 13–44, 46/56, 57–79
Sonnenwalder Weg 1–28, 30/40, 41–64, 66/78, 79–101
Stolpmünder Weg 2/42
Thurbrucher Steig 1–11, 13/31, 32–67, 69/71

Einzeldenkmale

213 **Alt-Heiligensee, Dorfanger, ev. Dorfkirche Heiligensee,** 15./16. Jh, Westturm 1707–13 (?), Umbauten 1936–37 (*siehe Ensemble* Alt-Heiligensee 12–17 … *und Gartendenkmal* Alt-Heiligensee, Dorfanger)

214 **Alt-Heiligensee 12/16, Bauernhof Loeper** (später Schönberg), Nr. 12: Wohnhaus und Stall, 1900–01 von A. Conrad; Nr. 14/16: Wohnhaus, 1876–77 von Przewisinski, Erweiterung 1932, Scheune 1901 und Stall, 1885 von A. Conrad; Bootshaus (Holzbau), 1930 (*siehe Ensemble* Alt-Heiligensee 12–17 …)

215 **Alt-Heiligensee 33,** Mietshaus mit Vorgarteneinfriedung und Stall, 1911 von Otto Behrend, Back- und Waschhaus, 1894 von Fritz Schönberg (*siehe Ensemble* Alt-Heiligensee 12–17 …)

216 **Alt-Heiligensee 38,** Mietshaus, 1896 von Karl Puhlmann (*siehe Ensemble* Alt-Heiligensee 12–17 …)

217 **Alt-Heiligensee 39,** Heim der Hitlerjugend, 1937–39 von Karl Heinrich Hahn (*siehe Ensemble* Alt-Heiligensee 12–17 …)

218 **Alt-Heiligensee 43,** Wohnhaus (Fachwerk), vor 1850 (D) (*siehe Ensemble* Alt-Heiligensee 12–17 …)

219 **Alt-Heiligensee 45/47,** Pfarrgehöft, Wohnhaus, vor 1850, rückwärtiges Pfarrhaus, 1936–37 von Otto Kuhlmann, Gemeindehausanbau, 1959–60 von Günter Behrmann (*siehe Ensemble* Alt-Heiligensee 12–17 …)

220 **Alt-Heiligensee 50, Bauernhof Dannenberg** (später Eichborn), Wohnhaus, 1891 von Stiebitz und Köppchen und 1900 von August Conrad, Einfriedung und Stall, 1869 (*siehe Ensemble* Alt-Heiligensee 12–17 …)

221 **Alt-Heiligensee 52/54, Bauernhof Dannenberg** (Gaststätte und Hotel Dannenberg), Wohnhaus (Hotel), 1869, Wohnhaus mit Gaststätte, 1900 von August Conrad, 1913 Restaurantumbau, rückwärtige Wirtschaftsbauten: Pferdestall (Restaurant) von 1869, Waschküchenzwischenbau von 1891, Stall von 1900, Café-Pavillon am Neuendorfer See, 1957 von Hans Steinert (*siehe Ensemble* Alt-Heiligensee 12–17 …)

222 **Alt-Heiligensee 55, Büdnerhof Bartel,** Wohnhaus, 1847 von A. Ribbe, Scheune, 1894 von Fritz Schönberg, Seitenwohngebäude, 1905 von August Conrad (D) (*siehe Ensemble* Alt-Heiligensee 12–17 …)

223 **Alt-Heiligensee 56/58, Küster- und Schulgehöft,** Küsterwohnhaus, Stall und Schulgebäude 1896 von Schönrock, Erweiterung der Schule 1913–14 von Ernst Busse (*siehe Ensemble* Alt-Heiligensee 12–17 …)

224 **Alt-Heiligensee 57/59, Lehnschulzenhof Bartel,** Wohnhaus, 1858, Ställe, 1856 und 1865, Scheune, 1860 (D) (*siehe Ensemble* Alt-Heiligensee 12–17 …)

225 **Alt-Heiligensee 60/62, Bauernhof Kurth,** Wohnhaus (Postamt) und Ställe, 1869, Scheune, 1858 und 1896, Taubenturm, 1912 von August Conrad (*siehe Ensemble* Alt-Heiligensee 12–17 …)

226 **Alt-Heiligensee 61–61 A, Dorfschmiede,** Schmiedewerkstatt, 1878 von Kniehase, Wohnhausanbau, 1891 von A. Nieter und K. Neye, Stall (Nr. 61 A), 1870 von C. Schüler (*siehe Ensemble* Alt-Heiligensee 12–17 …)

227 **Alt-Heiligensee 67, Gasthaus Zur Dorfaue,** Wohn- und Gasthaus, 1869 von Otto Przewisinski, Saalanbau, 1888 von Julius Thiele, Stall, 1910 von Ernst Busse (D) (*siehe Ensemble* Alt-Heiligensee 12–17 …)

228 **Alt-Heiligensee 68, Amtshaus Heiligensee** mit Einfriedung, 1910–11 von Ernst Busse (*siehe Ensemble* Alt-Heiligensee 12–17 …)

229 **Alt-Heiligensee 73/75,** Straßenbahnbetriebsbahnhof mit Hofpflasterung, Schienen und Einfriedung, 1912–13 vom AEG-Baubüro (*siehe Ensemble* Alt-Heiligensee 12–17 …)

230 **Alt-Heiligensee 76, Bauernhof Lemke,** Wohnhaus mit Vorgarteneinfriedung, 1877 von Josef Wagenitz (*siehe Ensemble* Alt-Heiligensee 12–17 …)

231 **Alt-Heiligensee 77/79, Kossätenhof Regelsdorff** (später Kossätenhof Loeper), Wohnhaus, 1881 von W. Kölln, Fachwerkscheune, vor 1847, Erweiterung 1847, Stall, 1875, Werkstattanbau am Stall, 1909 von Ernst Busse, Bretterzaun und Stabgittereinfriedung (*siehe Ensemble* Alt-Heiligensee 12–17 …)

232 **Alt-Heiligensee 82/84, Kossätenhof Neue,** Wohnhaus, 1891 (*siehe Ensemble* Alt-Heiligensee 12–17 …)

233 **Alt-Heiligensee 83/89, Bauernhof Bergemann** (später Parnemann), Wohnhaus, 1891 von Karl Puhlmann, Stall, 1889 von Julius Thiele (*siehe Ensemble* Alt-Heiligensee 12–17 …)

234 **Alt-Heiligensee 90/92, Bauernhof Kühne,** Wohnhaus, 1879 von C. Trampel, Stall, 1876 von Gentz, Scheune und Stall, 1896 von Fritz Schönberg, Arbeiterwohnhaus, 1868 von A. Ribbe (*siehe Ensemble* Alt-Heiligensee 12–17 …)

235 **Alt-Heiligensee 93/95, Kossätenhof Grieft,** Wohnhaus (Fachwerk), um 1800, Stall, 1909 von Otto Behrend, Backhaus, Ende 19. Jh., Einfriedung (*siehe Ensemble* Alt-Heiligensee 12–17 …)

236 **Alt-Heiligensee 96/98, Bauernhof Dannenberg,** Stall, 1894 und Hofeinfahrt mit Kopfsteinpflaster (*siehe Ensemble* Alt-Heiligensee 12–17 …)

237 **Alt-Heiligensee 104, Bootshaus Havelblick,** 1930 von Karl Krüger (D) (*siehe Ensemble* Alt-Heiligensee 12–17 …)

238 **An der Wildbahn 33, Haus Hannah Höch,** Wohnhaus (Holzhaus), 1912 von Carl Höhr & Co., Erweiterungen 1920 und 1933 (*siehe Gartendenkmal* An der Wildbahn 33)
An der Hasenfurt 1

239 **Bekassinenweg 18,** Wohnhaus mit Laden, 1958 von Heinz Schudnagies, Erweiterungsbau, 1967 von Heinz Schudnagies
Im Erpelgrund

240 **Henningsdorfer Straße 126,** Wohn- und Bürogebäude mit Gartenanlage und Vorgarteneinfriedung, 1918–19 von Carl Dirk, Umbau zum Hospital 1957, Wirtschaftsgebäude, 1920 und 1923 von Carl Dirk
Krantorweg 66

241 **Rallenweg 2/4,** Kindererholungsheim, 1955 vom Bezirksamt Tiergarten, Amt für Hochbau

242 **Ruppiner Chaussee** (gegenüber Nr. 377 A), Meilenstein, nach 1840 aufgestellt

243 **Ruppiner Chaussee 139/141, Gut Schulzendorf,** Landarbeiterwohn-

haus, um 1810, Stall, 1885 (D) (*siehe Ensemble* Ruppiner Chaussee 139/145B)
244 **Ruppiner Chaussee 217, S-Bahnhof Schulzendorf**, Dammbahnhof, 1921–25 von Rudolf Röttcher (*siehe Ensemble* Ruppiner Chaussee 217/235)
245 **Ruppiner Chaussee 235, S-Bahnhof Schulzendorf**, Beamtenwohnhaus, 1926–27 von Rudolf Röttcher (*siehe Ensemble* Ruppiner Chaussee 217/235)
246 **Sandhauser Straße 78/130**, Feierhalle und Einfriedung des **Friedhof Heiligensee**, 1910–11 von Ernst Busse
247 **Sandhauser Straße 139/145, Gaswerk Heiligensee**, Gasmeisterhaus, Apparatehaus, Ofenhaus, 1909 von Ernst Busse
248 **Schulzendorfer Straße 3**, Wohnhaus mit Gaststätte, 1896 von Wilhelm Brandt, Saalanbau, 1926
Bisonweg
249 **Schulzendorfer Straße 23**, Pfarrhaus, 1935 von Ernst Hornig
250 **Schulzendorfer Straße 44**, Wohnhaus, 1903 von A. Ebendorf

Gartendenkmale

251 **Alt-Heiligensee, Dorfanger** (*siehe Ensemble* Alt-Heiligensee 12–17 … und Einzeldenkmal Alt-Heiligensee, Dorfanger)
252 **An der Wildbahn 33**, Hausgarten, ab 1939 von Hannah Höch (*siehe Einzeldenkmal* An der Wildbahn 33)
An der Hasenfurt 1

Hermsdorf

Denkmalbereiche (Ensembles)

253 **Alt-Hermsdorf 1–4, 8/10, 11, 27–30, 35–39,** Ortskern Hermsdorf mit Dorfanger und Straße Alt-Hermsdorf
Almutstraße 7
Berliner Straße 14–20
Einzeldenkmale siehe: Almutstraße 7; Alt-Hermsdorf 2–3; 8; 10; 11; 27; 35; 39
Weitere Bestandteile des Ensembles:
– Alt-Hermsdorf 1, Büdnerwohnhaus, Stall (Wohnhaus), 1. Hälfte 19. Jh.
– Alt-Hermsdorf 4, Büdnerwohnhaus, 1. Hälfte 19. Jh., Stall, Ende 19. Jh.
– Alt-Hermsdorf 28, Mietshaus mit Vorgarteneinfriedung, 1908 von W. Müller
– Alt-Hermsdorf 29, Wohnhaus mit Vorgarteneinfriedung, 18. Jh.
– Alt-Hermsdorf 30, Wohn- und Werkstättengebäude, 1888–91 von F. Malingriaux
– Alt-Hermsdorf 36, Gemeindehaus Hermsdorf, 1. Hälfte 19. Jh., 1907 Aufstockung von Gustav Hoffmann
– Alt-Hermsdorf 37, Wohnhaus, Mitte 19. Jh., Stall, letztes Drittel 19. Jh.
– Alt-Hermsdorf 38, Büdnerwohnhaus, 2. Hälfte 18. Jh.
– Berliner Straße 14, Kossätenwohnhaus, 2. Hälfte 18. Jh.
– Berliner Straße 19, Wohnhaus, Mitte 19. Jh., rückwärtig Wohnhaus, 2. Hälfte 19. Jh., Vorgarteneinfriedung, Ende 19. Jh.
254 **Backnanger Straße 3–6, 16**, Kolonie der Deutschen Volksbaugesellschaft eGmbH
Schramberger Straße 32
Einzeldenkmale siehe: Backnanger Straße 3; 4, 5
Weitere Bestandteile des Ensembles:
– Backnanger Straße 6, Mietshaus, 1900–01
– Backnanger Straße 16, Mietshaus, 1902 von Ernst Fröhlich

255 **Bertramstraße 1, 3–27, 29/31, Kolonie Hermsdorf** der Berliner Baugenossenschaft eGmbH
Berliner Straße 24–26
Einzeldenkmale siehe: Bertramstraße 7/9; 11/13; 14; 15/19
Weitere Bestandteile des Ensembles:
– Bertramstraße 3/5, Doppelwohnhaus, 1891–92 von W. Liefert
– Bertramstraße 4/6, Doppelwohnhaus, 1891–92 von W. Liefert
– Bertramstraße 8/10, Doppelwohnhaus, 1891–92 von W. Liefert
– Bertramstraße 12, Wohnhaus, 1891–92 von W. Liefert
– Bertramstraße 16/18, Doppelwohnhaus, 1900 von W. Liefert
– Bertramstraße 20/22, Doppelwohnhaus, 1900 von W. Liefert
– Berliner Straße 24–25, Doppelwohnhaus, 1891–92 von W. Liefert

Denkmalbereiche (Gesamtanlagen)

256 **Am Buchenberg 2–8, 10/12, 13–15, 18A-B, 22, 28, Siedlung Waldfried**, 1935–36 von Hermann Schluckebier
Martin-Luther-Straße 33/45
257 **Fellbacher Straße 18–19**, Georg Herwegh-Oberschule mit Direktorenwohnhaus, 1926–28 vom Hochbau- und Siedlungsamt Reinickendorf, Wohnhaus um 1930
Hermsdorfer Straße 150
Schramberger Straße 23/27
258 **Glienicker Straße, S-Bahnhof Hermsdorf**, Südtunnel, 1895, Empfangsgebäude, Nordtunnel, Bahnsteig mit Aufbauten, 1908–13 von Karl Cornelius; Eisenbahnerwohnhaus, 1923 von Richard Brademann
Schloßstraße
259 **Hillmannstraße 8/10, Villenkolonie Hillmann**, Wohnhäuser, 1895 von Hugo Behrens

Einzeldenkmale

260 **Almutstraße, ev. Dorfkirche Hermsdorf**, 1754–56, Vorhalle, Chor, Sakristei, 1909 von Zöllner (D) (*siehe Ensemble* Alt-Hermsdorf 1–4 …)
261 **Alt-Hermsdorf 2–3**, Doppelwohnhaus, 1. Hälfte 19. Jh. (D) (*siehe Ensemble* Alt-Hermsdorf 1–4 …)
262 **Alt-Hermsdorf 8**, Wohnhaus, letztes Drittel 18. Jh., Stall, 1902, Werkstattgebäude (Wohnhaus), Ende 19. Jh. (*siehe Ensemble* Alt-Hermsdorf 1–4 …)
263 **Alt-Hermsdorf 10, Kossätenhof Hermann**, Wohnhaus, Mitte 18. Jh. (*siehe Ensemble* Alt-Hermsdorf 1–4 …)
264 **Alt-Hermsdorf 11**, Bauernhof mit Wohnhaus und rückwärtigen Ställen, 2. Hälfte 19. Jh. und 1898 (*siehe Ensemble* Alt-Hermsdorf 1–4 …)
265 **Alt-Hermsdorf 27, Kossätenhof Müller**, Wohnhaus, 2. Hälfte 18. Jh., Stall, 1892 (*siehe Ensemble* Alt-Hermsdorf 1–4 …)
266 **Alt-Hermsdorf 35, Gemeindeschule Hermsdorf** (Heimatmuseum), 1889, Erweiterung 1897–98 von Ernst Busse, Schulhaus auf dem Hof, 1905–06 von Gustav Hoffmann (?) (*siehe Ensemble* Alt-Hermsdorf 1–4 …)
267 **Alt-Hermsdorf 39, Büdnerhof Bruckmann**, Wohnhaus, um 1752, Seitengebäude (Schlachthaus), 2. Hälfte 19. Jh. (D) (*siehe Ensemble* Alt-Hermsdorf 1–4 …)
268 **Am Waldpark 14, Haus Schmidt**, 1910 von Heinrich Straumer
269 **Auguste-Viktoria-Straße 30**, Wohnhaus mit Remise und Vorgarteneinfriedung, 1897 von Ernst Busse
270 **Backnanger Straße 3**, Wohnhaus, 1893 von der Deutschen Volksbaugesellschaft eGmbH (*siehe Ensemble* Backnanger Straße 3–6 …)
Schramberger Straße 32
271 **Backnanger Straße 4**, Wohnhaus, 1895 von C. Bredereck (*siehe Ensemble* Backnanger Straße 3–6 …)

272 **Backnanger Straße 5**, Wohnhaus, 1899 von Ernst Busse (*siehe Ensemble* Backnanger Straße 3–6 …)
273 **Berliner Straße 112**, Mietshaus mit Vorgarteneinfriedung, 1890 von Neuendorf
274 **Berliner Straße 113**, Mietshaus, um 1890
275 **Berliner Straße 116**, Wohnhaus, um 1880/90 (D)
276 **Berliner Straße 132**, Bauernhof Sotte, Wohnhaus, 1851, Stall, 1891 von Carl Sott
277 **Bertramstraße 7/9**, Doppelwohnhaus, 1891–92 von W. Liefert (*siehe Ensemble* Bertramstraße 1 …)
278 **Bertramstraße 11/13**, Doppelwohnhaus, 1891–92 von W. Liefert (*siehe Ensemble* Bertramstraße 1 …)
279 **Bertramstraße 14**, Wohnhaus, 1891–92 von W. Liefert (*siehe Ensemble* Bertramstraße 1 …)
280 **Bertramstraße 15/19**, Doppelwohnhaus, 1900 von W. Liefert (*siehe Ensemble* Bertramstraße 1 …)
281 **Drewitzer Straße 10, Villa Fleck** mit Einfriedung, 1906–07 von Ernst Fröhlich, Stall mit Garage, 1921 von Carl Koeppen (D)
282 **Drewitzer Straße 33**, Wohnhaus, 1935 von Paul Friedrich Nieß
Frankendorfer Steig 9
283 **Falkentaler Steig 16**, Mietshaus mit Vorgarteneinfriedung, 1912 von Hugo Dietz
284 **Falkentaler Steig 18**, Wohnhaus mit schmiedeeiserner Gittereinfriedung des Vorgartens, 1896 von H. Doil
285 **Falkentaler Steig 98**, Wohnhaus mit Vorgarteneinfriedung, 1905 von Josef Lückerath, Monopteros, 1910 von Ernst Fröhlich
286 **Fellbacher Straße 29**, Mietshaus, 1903 von Albert Müller
287 **Freiherr-vom-Stein-Straße 31, Gustav-Dreyer-Schule**, 1927–28 vom Hochbau- und Siedlungsamt Reinickendorf
Fichtestraße 11/15
288 **Friedrichstaler Weg 23**, Wohnhaus mit Remise, 1902 von Ernst Fröhlich
Drewitzer Straße 20
289 **Friedrichstaler Weg 31**, Wohnhaus, 1905 von Ernst Fröhlich
290 **Frohnauer Straße 74/80, Kindersanatorium Wiesengrund**, 1926–27
291 **Heidenheimer Straße 39**, Wohnhaus (Typenholzhaus), 1923–24 von Höntsch & Co.
Schramberger Straße 17
292 **Heinsestraße 24, Feuerwache Hermsdorf** mit Pferdestall, 1913–14 von Hugo Dietz
293 **Heinsestraße 23**, Wohnhaus, 1924 von F. Lauchstädt
Heidenheimer Straße 2
294 **Hermsdorfer Damm 149/151**, Wohn- und Geschäftshaus mit Garagen, 1928
295 **Hermsdorfer Damm 155, Haus Seemann**, 1933–34 von Paul Baumgarten
296 **Hermsdorfer Damm 176/178**, Doppelwohnhaus mit rückwärtigen Wirtschaftsgebäuden und Gartenpavillon, 1892 von der Deutschen Volksbaugesellschaft eGmbH
297 **Hermsdorfer Damm 179/181**, Hotel mit Restaurant und Tanzsaal, 1897 von Schmidt (D)
Falkentaler Steig 2
298 **Hermsdorfer Damm 195 kath. Maria-Gnaden-Kirche** mit Pfarrhaus und Vorgarteneinfriedung, 1933–34 von Josef Bischof
Olafstraße 44/46
299 **Hermsdorfer Damm 216, Landhaus Neunzig** mit Vorgarteneinfriedung, 1909 von Heinrich Straumer
300 **Hermsdorfer Damm 246, Landhaus Rost**, Wohnhaus mit Vorgarteneinfriedung, 1907 von Ernst Rossius v. Rhyn & Paul Reuter
301 **Hillmannstraße 4, Villenkolonie Hillmann**, Wohnhaus und Stall, 1905–06 von Georg Hillmann (?), Vorgarteneinfriedung, 1915

302 **Hohenzollernstraße 6**, Wohnhaus mit Vorgarteneinfriedung, 1898–99 von Ernst Fröhlich
Drewitzer Straße 40/42
303 **Junostraße 7-7 A, Hermsdorfer Ton- und Zementwarenfabrik (Restaurant Seeschloß)**, Wohnhaus mit Saalbau, Fabrikgebäude mit Schornstein und Brennofen, 1860er, 1880er und 1890er Jahre (D)
304 **Kurhausstraße 30–34, Dominikus-Krankenhaus**, Kinder- und Schwesternwohnheim mit Kapelle St. Joseph, 1898–99 von Christoph Hehl; Dominikusstift, 1907–08 von Christoph Hehl, Erweiterungsflügel, 1927-28 von Hans Holubek (?)
305 **Kneippstraße 35/45, Kneipp-Kurhaus Hohenzollernbad**, Kurhaus, Wandelgang, Gieß- und Badehaus, Pförtnerhaus, 1894–95 von Engelke, 1923 Umbau des Badehauses zum Wohnhaus von Otto Michaelsen, 1960 Wandelgang erneuert (D) (*siehe Gartendenkmal* Kneippstraße 35/45)
Drewitzer Straße
Kurhausstraße 36
306 **Kurhausstraße 41, Villa Margarethe** mit Vorgarteneinfriedung, 1898 von W. Schulz (D)
307 **Lotosweg 33/35**, Doppelwohnhaus, 1898 von Ernst Fröhlich
308 **Lotosweg 75**, Wohnhaus, 1911 von Willy Nölte
309 **Martin-Luther-Straße 26**, Wohnhaus, 1932 von Lothar Krause
310 **Olafstraße 14, Landhaus Fischer** (Kindertagesstätte), 1907 von Hermann Muthesius, Anbau Gartenseite, 1967–68
311 **Olafstraße 26**, Wohnhaus, 1911 von Paul Stephanowitz
312 **Olafstraße 36/38**, Doppelwohnhaus, 1911–12 von Walter Anger
313 **Ringstraße 17, Haus Beckmann**, 1907–08 von Gustav Gutschow mit Max und Minna Beckmann (?)
314 **Ringstraße 25, Landhaus Decker** (Blockhaus) mit Vorgarteneinfriedung, 1903–04 von Max Krieg
315 **Schloßstraße 13**, Wohnhaus, 1898–99 von C. Eichholz (D)
316 **Schloßstraße 27, Umformwerk Hermsdorf**, 1922–25 von Richard Brademann
317 **Schramberger Straße 49/51**, Doppelwohnhaus mit rückwärtigen Wirtschaftsgebäuden, 1892 von der Deutschen Volksbaugesellschaft eGmbH
318 **Schulzendorfer Straße**, Eisenbahnbrücke, 1910–11 von der Kgl. Eisenbahndirektion Berlin
Tegeler Straße
319 **Schulzendorfer Straße 13**, Wohnhaus, 1928 von Otto Heinrich
320 **Schulzendorfer Straße 112, Siedlung Heimgart**, Wohnhaus, 1929 von Erwin Gutkind
Zieselweg 2
321 **Silvesterweg 11, Landhaus Koeppen** mit Vorgarteneinfriedung, 1912–13 von Walter Koeppen
322 **Silvesterweg 17**, Wohnhaus mit Vorgarteneinfriedung, 1912 von Fritz Schulte
323 **Tegeler Straße 2**, Bürohaus (?), um 1938
324 **Wachsmuthstraße 3**, Mietshaus, 1891 von G. Müller
325 **Wachsmuthstraße 28, ev. Apostel-Paulus-Kirche** mit Gemeindehaus und Kindergarten, 1934–35 von Otto Risse, 1937 Erweiterung des Gemeindehauses von Otto Risse
Schloßstraße
326 **Waldseeweg 7/9**, Mietshaus mit Vorgarteneinfriedung, 1911 von Felix Krüger
Olafstraße 25
327 **Waldseeweg 8/10**, Mietshaus mit Vorgarteneinfriedung, 1908 von August Conrad
Olafstraße 23
328 **Waldseeweg 12**, Wohnhaus, Stall, 1912–13 von C. Laxmann (?)
Olafstraße 20/22

329 **Waldseeweg 18, Landhaus Brandt**, 1908 von Ernst Rossius v.
Rhyn & Paul Reuter
Silvesterweg 13
330 **Waldseeweg 29**, Wohnhaus, 1913–14 von Felix Krüger
331 **Waldseeweg 40**, Wohnhaus mit Vorgarteneinfriedung, 1911 von
W. Ackermann
332 **Waldseeweg 43/45**, Wohnhaus mit Vorgarteneinfriedung, 1911 von
Felix Krüger
Solquellstraße 26
333 **Waldseeweg 47**, Wohnhaus, 1907 von Ernst Rang & Arnold Silbersdorf
334 **Waldseeweg 49**, Wohnhaus, 1910 von Albert Zedewitz

Gartendenkmal

335 **Kneippstraße 35/45**, Parkanlage des **St. Josefs-Altenheimes** (D)
(*siehe Einzeldenkmal* Kneippstraße 35/45)
Drewitzer Straße
Kurhausstraße 36

Konradshöhe

Denkmalbereich (Gesamtanlage)

336 **Friederikestraße 20A-B**, Wohn- und Bootshaus, 1930–32 von Richard
Schimmeyer

Einzeldenkmale

337 **Am Krähenberg 8**, Wohnhaus, 1934 von der Baugesellschaft für
Eigenheime mbH
338 **Am Krähenberg 43A**, Wohnhaus, 1936 von Artur Teske
339 **Am Krähenberg 45**, Wohnhaus, 1934 von Paul Poser
340 **Beatestraße 42**, Wohnhaus (Altenheim), 1900–01 von Friedrich
Schmidt, Umbau mit Wohnungsanbau, 1959 von Heinz Schudnagies
341 **Eichelhäherstraße 19, Haus Konradshöhe**, kath. Kranken- und Erziehungsheim mit Kapelle, Anbau von 1906, 1929–30 von Felix Halbach
Baummardersteig 2/14
Falkenhorststraße
342 **Falkenhorststraße 17–20, Villa Bonte**, Wohnhaus mit Gärtnerhaus,
1894 von Adolf Müller
343 **Falkenplatz 7**, Wohnhaus, 1929–30 von Felix Halbach
344 **Luisenstraße 21–22**, Schulhaus, 1904–05 von August Conrad
345 **Ottilienweg 7**, Wohnhaus, 1906–07 von August Conrad
346 **Rohrweihstraße 21**, Wohnhaus (Allkupferhaus), 1932 von der
Hirsch, Kupfer- und Messingwerke AG
Sperberstraße 36
347 **Rohrweihstraße 41**, Wohnhaus mit Remise, 1894 von Ernst Wilski
348 **Scharfenberger Straße 26, Restaurant Seegarten**, Wohn- und Gaststättengebäude, um 1872, Tanzsaalanbau, 1896 von Paul Krüger, Sommersaal, 1902 von August Conrad, Sommerbuffet (Holzbau), Ende 19. Jh.
349 **Scharfenberger Straße 41, Terrassen am See**, Wohnhaus, 1879,
Erweiterung zum Restaurationsbetrieb, 1893 von Hermann Engelke,
Tanzsaalanbau, 1896 von A. Müller, Holzveranda, 1925 von Richard
Schimmeyer
350 **Schwarzspechtweg 1/3, ev. Jesus-Christus-Kirche mit Pfarrhaus**,
1937–38 von Otto Kuhlmann
Wildtaubenweg 2/6

Lübars

Denkmalbereiche (Ensembles)

351 **Alt-Lübars, 1–30, 36–38 A, Ortskern Lübars** mit Dorfanger, Dorfkirche und Straße Alt-Lübars
Zabel-Krüger-Damm 228
Einzeldenkmale siehe: Alt-Lübars, Dorfkirche; Telefonzelle; 4–5; 8; 9;
10; 11; 14; 15; 16; 17; 20; 21; 22; 23; 25–26; 27; 29; 37; Zabel-Krüger-Damm 228
Gartendenkmal siehe: Alt-Lübars, Dorfanger
Konstituierende Bestandteile des Ensembles:
– Alt-Lübars 3, Handwerkergehöft Zabel, Wohnhaus, 1856 von Schulze,
Stall, 1879 von Carl Sott
– Alt-Lübars 6–7, Kossätenhof Müller, Wohnhaus, 1839, Stall (Arztpraxis mit Wohnung) 1879 und 1909, Hühnerstallanbau, 1909, Einfriedung, 1903
– Alt-Lübars 12, Volksschule und Feuerwache, 1905–06 von Emil
Bopst, Spritzenhaus, 1897 und Holzsteigeturm, 1928 von Reppin
– Alt-Lübars 13, Bauernhof Knobbe (später Büdnerhof Trebut), Wohnhaus, 1908 von Gustav Neuendorf, Stall, 1904 von E. Böttcher
– Alt-Lübars 18–19, Bauernhof Rosentreter, Wohnhaus, 1846 von
Grützmacher, Remisen- und Stallanbau 1877, Arbeiterwohnhaus,
Ende 18. Jh.
– Alt-Lübars 36, Wohnhaus, vor 1844, Umbau 1862, Ladeneinbau 1969
Nicht konstituierende Bestandteile des Ensembles:
Alt-Lübars 1–2B; 24–24 A; 28; 29 A; 30; 37 A; 38–38 A

Denkmalbereiche (Gesamtanlagen)

352 **Zabel-Krüger-Damm 106/122**, Reihenwohnhäuser, 1936–37 von
Wolfgang Werner
Am Osrücken 2/24
Waldläuferweg 1–32
353 **Zehntwerderweg 202, 204–209, 211/215, Kriegerheimstättensiedlung Lübars**, Doppelwohnhäuser, 1924–25 von Bruno Ahrends

Einzeldenkmale

354 **Alt-Lübars, Dorfanger, ev. Dorfkirche**, 1793 (D) (*siehe Ensemble*
Alt-Lübars 1–30 … *und Gartendenkmal* Alt-Lübars, Dorfanger)
355 **Alt-Lübars, Dorfanger**, Telefonzelle, 1934–35 vom Reichspost-Zentralamt (*siehe Ensemble* Alt-Lübars 1–30 … *und Gartendenkmal* Alt-Lübars, Dorfanger)
356 **Alt-Lübars 4–5, Kossätenhof Neuendorf**, Wohnhaus mit Vorgarteneinfriedung, 1877–78 von Schulze, Stall, 1885, 1893–94, Wiederaufbau 1976–78, Scheune, 1856, Stall in der Südwestecke des Grundstücks, 1846 (*siehe Ensemble* Alt-Lübars 1–30 …)
357 **Alt-Lübars 8, Dorfkrug**, Wohnhaus mit Restauration und Tanzsaal,
1899 von Carl Sott, rückwärtiger Stall, 1899 von Carl Sott (D)
(*siehe Ensemble* Alt-Lübars 1–30 …)
358 **Alt-Lübars 9, Bauernhof Rabe**, Wohnhaus mit Vorgarteneinfriedung,
1896 von Carl Sott, Scheune, 1862 von Schulze, Stall mit Wagenschuppen, 1890 von Carl Sott, Stall, 1877 von Carl Sott, Geräteschuppen an
der Scheune, 1879 (*siehe Ensemble* Alt-Lübars 1–30 …)
359 **Alt-Lübars 10**, Arbeiterwohnhaus, 1844 von Seeger, Stallanbau, 1846
(D) (*siehe Ensemble* Alt-Lübars 1–30 …)
360 **Alt-Lübars 11, Bauernhof Müller**, Wohnhaus mit Vorgarteneinfriedung, 1869 von Schulze, Stall, 1889–90 von Carl Sott, Waschküche

mit Wagenremise, 1890 von Schirmer (*siehe Ensemble* Alt-Lübars 1–30 …)

361 **Alt-Lübars 14, Bauernhof Knobbe** (später Büdnerhof Trebut)**,** Wohnhaus, 1875 von Carl Sott, Stall, 1930 von Justus Neuendorf, Stall, 1897 von Carl Sott (*siehe Ensemble* Alt-Lübars 1–30 …)

362 **Alt-Lübars 15, Büdnerhof Schreier** (später Büdnerhof Sott), Wohnhaus, vermutl. 2. Hälfte 18. Jh., Remisenanbau 1884 (*siehe Ensemble* Alt-Lübars 1–30 …)

363 **Alt-Lübars 16, Kossätenhof Qualitz**, Wohnhaus und Stall, 1882 von Carl Sott, Scheune, 1893–94 von Carl Sott, Stall, 1897 von Carl Sott, Einfriedung und Hofmauer (*siehe Ensemble* Alt-Lübars 1–30 …)

364 **Alt-Lübars 17, Büdnerhof Rieke**, Wohnhaus, um 1800, Anbau 1846, Stall, 1892 von Carl Sott (D) (*siehe Ensemble* Alt-Lübars 1–30 …)

365 **Alt-Lübars 20, Gasthof Zum lustigen Finken**, Schafhirtenhaus (Wohnhaus und Gaststätte), Ende 18. Jh., rückwärtiger Tanzsaalanbau, 1874, Stall, 1851 von Seeger, Scheunenanbau, 1868 (*siehe Ensemble* Alt-Lübars 1–30 …)

366 **Alt-Lübars 21, Kossätenhof Sott**, Wohnhaus, 1844 von Seeger, Stallanbau, 1900 von Carl Sott, Vorgarteneinfriedung, 1911 (*siehe Ensemble* Alt-Lübars 1–30 …)

367 **Alt-Lübars 22, Schäferhütte**, Hirtenhaus, um 1790, Stall um 1890 (D) (*siehe Ensemble* Alt-Lübars 1–30 …)

368 **Alt-Lübars 23, Büdnerhof Rasch** (später Büdnerhof Müller), Wohnhaus, 1900 von Carl Sott, Scheune, 1881 von Schulze, Stall und Wagenschuppen, 1885, Stallerweiterung 1900 (*siehe Ensemble* Alt-Lübars 1–30 …)

369 **Alt-Lübars 25–26, Lehnschulzenhof**, Wohnhaus, 1882 von Carl Sott (*siehe Ensemble* Alt-Lübars 1–30 …)

370 **Alt-Lübars 27, Bauernhof Kühne**, Wohnhaus mit Vorgarteneinfriedung, 1909 von G. Schirmer und Albert Mehl, Fachwerkscheune, 1846, Erweiterungen 1860 und 1925, Stall im Anschluß zur Scheune, 1883 von Carl Sott, Backofen, 2. Hälfte 19. Jh. (*siehe Ensemble* Alt-Lübars 1–30 …)

371 **Alt-Lübars 29**, Scheune und Stall, 1896 von Carl Sott (*siehe Ensemble* Alt-Lübars 1–30 …)

372 **Alt-Lübars 37, Dorfschmiedegehöft**, Wohnhaus, 1844 von Seeger, Scheune, 1864 und 1871, Stall, 1888 und 1891 von Carl Sott (D) (*siehe Ensemble* Alt-Lübars 1–30 …)

373 **Am Güterbahnhof, Güterbahnhof Lübars**, Stationsvorsteherhaus mit Güterschuppen, 1907 vom Bauamt des Kreises Niederbarnim (D)

374 **Am Rohrbusch 1/3, Stadtrandsiedlung Lübars**, Doppelwohnhaus, 1935 von Boris von Bodisco und Walter Stridde

375 **Am Vierrutenberg 22/24, Kriegerheimstättensiedlung Lübars**, Doppelwohnhaus, 1923 von Bruno Ahrends

376 **Am Vierrutenberg 59–65, Volksschule Lübars**, 1934–38 von Haase

377 **Benekendorffstraße 115, Zum gelben Klinker**, Kantinen- und Wohngebäude, 1892 von Franz Wähler

378 **Benekendorffstraße 177/179, Kriegerheimstättensiedlung Lübars**, Doppelwohnhaus, 1923 von Bruno Ahrends

379 **Herrnholzweg 22 A/24, Kriegerheimstättensiedlung Lübars**, Doppelwohnhaus, 1922 von Bruno Ahrends

380 **Zabel-Krüger-Damm 153/155, Kriegerheimstättensiedlung Lübars**, Doppelwohnhaus, 1921 von Bruno Ahrends

381 **Zabel-Krüger-Damm 156/158, Kriegerheimstättensiedlung Lübars**, Doppelwohnhaus, 1922 von Bruno Ahrends

382 **Zabel-Krüger-Damm 188/190, Kriegerheimstättensiedlung Lübars**, Doppelwohnhaus, 1922 von Bruno Ahrends

383 **Zabel-Krüger-Damm 193/195, Kriegerheimstättensiedlung Lübars**, Doppelwohnhaus, 1921 von Bruno Ahrends

384 **Zabel-Krüger-Damm 205/207, Kriegerheimstättensiedlung Lübars**, Doppelwohnhaus, 1922 von Bruno Ahrends

385 **Zabel-Krüger-Damm 228**, Wohnhaus, 1869 von Marquard, Stall, 1893 von Carl Sott (*siehe Ensemble* Alt-Lübars 1–30 …)

386 **Zehntwerderweg 185/187, Kriegerheimstättensiedlung Lübars**, Doppelwohnhaus, 1924–25 von Bruno Ahrends

Gartendenkmal

387 **Alt-Lübars, Dorfanger** (*siehe Ensemble* Alt-Lübars 1–30 … *und Einzeldenkmale* Alt-Lübars, Dorfanger)

Bodendenkmal

388 **Gemarkung Lübars, Flur 23, Flurstück 1,** Siedlungen und Gräberfeld, Jüngere Bronzezeit, Vorrömische Eisenzeit und Römische Kaiserzeit

Reinickendorf

Denkmalbereiche (Ensembles)

389 **Alt-Reinickendorf 17–27, 35–38, Ortskern Reinickendorf** mit Dorfanger und Straße Alt-Reinickendorf
Freiheitsweg 34/52, 56/60
Hinter der Dorfaue 1–27
Luisenweg 1–30, 41–71
Einzeldenkmale siehe: Alt-Reinickendorf, Dorfanger; 20; 21–22; 25–27; 35; 36–37; 38
Gartendenkmal siehe: Alt-Reinickendorf, Dorfanger
Weitere Bestandteile des Ensembles:
– Alt-Reinickendorf 17–19B/Freiheitsweg 34/52/Luisenweg 1–30, 41–71, Luisenhof-Siedlung, 1919–20 von Georg Heyer
– Alt-Reinickendorf 23/24, Maschinenfabrik Prometheus, Verwaltungsgebäude, um 1935
– Freiheitsweg 56/60/Hinter der Dorfaue 1–27, Gemeindesiedlung Hinter der Dorfaue, 1919–20 von der Gemeindebauverwaltung Reinickendorf

390 **Alt-Reinickendorf 61–62**, Mietshausgruppe
Klemkestraße 1–2
Kopenhagener Straße 2
Residenzstraße 1–2, 154–156
Einzeldenkmale siehe: Alt-Reinickendorf 61–62; Kopenhagener Straße 2; Residenzstraße 154; 155; 156
Weiterer Bestandteil des Ensembles:
– Residenzstraße 1–2, Schützenhaus (Mietshaus), um 1900

391 **Emmentaler Straße 58–69, 72/86**, Platz- und Randbebauung
Genfer Straße 28/38, 41/43
Residenzstraße 21–23
Thurgauer Straße 9, 11–20, 22/30
Gesamtanlage siehe: Emmentaler Straße 72/86
Einzeldenkmale siehe: Emmentaler Straße 58/60; 59/61; 63/69
Weiterer Bestandteil des Ensembles:
– Emmentaler Straße 62 A/68 A/Genfer Straße 28/38/Thurgauer Straße 9/19, Wohnanlage, um 1935 von Heinrich Straumer

392 **Epensteinplatz 4–5**, Randbebauung mit Platzgrundriß des Epensteinplatzes
Epensteinstraße 12–14, 16/30
Mittelbruchzeile 96/110
Schwabstraße 15/23, 27

Schwartzstraße 1–4, 6
Gesamtanlage siehe: Epensteinplatz 4–5
Weiterer Bestandteil des Ensembles:
– Epensteinstraße 13/Schwabstraße 15/23, Wohnanlage 1929–30, von Wilhelm Keller & Rudolf Prömmel

393 **Flottenstraße 5–8**, Werksanlage der **H. Gossen Stahlhoch- und Brückenbauanstalt**
Einzeldenkmale siehe: Flottenstraße 5–6
Weiterer Bestandteil des Ensembles:
– Flottenstraße 7–8, Montagehalle, um 1910

394 **General-Barby-Straße 2/4, 6–22, 24/52**, Wohnanlagen, überwiegend 1924–27 von Ernst Engelmann & Emil Fangmeyer
Am Doggelhof 1–4, 6/10
Auguste-Viktoria-Allee 72–78
Engelmannweg 1–22 A, 63–86
General-Woyna-Straße 2–12
Scharnweberstraße 41–49
Zobeltitzstraße 38/40 G, 41A–C, 42–45, 47, 51/57
Gesamtanlage siehe: General-Woyna-Straße 2/12
Weitere Bestandteile des Ensembles:
– Am Doggelhof 1–3, 2/10/Auguste-Viktoria-Allee 72–78/Engelmannweg 1–22 A, 63–86/General-Barby-Straße 2–52/Scharnweberstraße 41–49/Zobeltitzstraße 38–40G, 41 A–C, 42/44, 43/47, Wohnanlage, 1924–27 von Ernst Engelmann & Emil Fangmeyer und Paul Zimmerreimer
– General-Barby-Straße 7/21, Wohnanlage, 1925–26 von Hans Kraffert

395 **Holländerstraße 37–51, Demonstrativbauvorhaben Reinickendorf**, 1959–64 von Georg Lichtfuss, Alfred Schild, Edmund Meurin
Julierstraße 2/8C, 3–3B, 5–5B
Klenzepfad 39/45
Lübener Weg 1/23
Septimerstraße 1–11B, 12–42, 44/46C
Teichstraße 21–28
Winterthurstraße 2/4 A, 5
Einzeldenkmale siehe: Holländerstraße 37; 38; 39; 40; 41; Julierstraße 2/4; Winterthurstraße 2–2 A; 4–4 A
Weitere Bestandteile des Ensembles:
– Holländerstraße 41–42/Julierstraße 3–3B, 5–5B, 6/8C/Septimerstraße 1–11B, 12–42, 44/46C/Winterthurstraße 5, Wohnhäuser, 1959–62 von Georg Lichtfuss und Alfred Schild
– Klenzepfad 39/45/Lübener Weg 1/23/Teichstraße 21–28, Einfamilienhäuser, 1963–64 von Edmund Meurin

396 **Klemkestraße 9, 11–23, 25/29, 28/32, 35/41, 38/42, 47–50, Siedlung Paddenpuhl**, überwiegend 1927–29 und 1936–37 von Fritz Beyer
Am Stand 1–12
Armbrustweg 3/11, 13–24
Breitkopfstraße 91–103, 105/109, 119/127, 129–140
Büchsenweg 9/21
Emmentaler Straße 107/131
Gamsbartweg 3–10
Grünrockweg 3–12
Kopenhagener Straße 6/30
Lampesteig 1–12
Residenzstraße 143/149
Gesamtanlage siehe: Klemkestraße 9 …
Gartendenkmal siehe: Breitkopfstraße
Weitere Bestandteile des Ensembles:
– Armbrustweg 3/9/Breitkopfstraße 92/102/Emmentaler Straße 109/131/ Gamsbartweg 3–10, Wohnanlage, 1935 von Heinrich Straumer
– Kopenhagener Straße 6/30, Wiederaufbau, 1951–52 von der Entwurfsabteilung der GSW

397 **Letteallee 82/94**, Mietshausgruppe
Provinzstraße 113–114
Einzeldenkmale siehe: Letteallee 82/86; 90; Provinzstraße 113–114
Weitere Bestandteile des Ensembles:
– Letteallee 88, Mietshaus mit Quergebäude, um 1910
– Letteallee 92, Mietshaus mit Quergebäude, um 1910

398 **Ollenhauerstraße 44A-64, 72, 76- 96A**, Wohnanlagen Ollenhauerstraße
Humboldtstraße 30–31
Kienhorststraße 2–22, 28/40
Lindauer Allee 100–115, 117
Pfahlerstraße 2/20, 3/7, 13/19
Reinickes Hof 1–22
Saalmannstraße 2/34
Saalmannsteig 1/13
Schulenburgstraße 1–18
Solferinostraße 2, 20–25
Waldowstraße 1–32, 34–55, 57–60
Waldstraße 1–9, 104–107
Gesamtanlagen siehe: Ollenhauerstraße 45–51; 52–55; 56–60
Weitere Bestandteile des Ensembles:
– Ollenhauerstraße 44A-C/Pfahlerstraße 3/7, 13/19/Solferinostraße 2, 20–25/Waldowstraße 57–60, Wohnanlage, 1936–37 von Hans Ratzlow
– Ollenhauerstraße 61–64/Lindauer Allee 100/114/Waldowstraße 34–37, Wohnanlage, 1936–37 von Karl Werner
– Ollenhauerstraße 72, 76–84/Reinickes Hof 1–22/Saalmannstraße 2/ 34/ Saalmannsteig 1/13/Waldstraße 1–9, Wohnanlage Reinickes Hof, 1927–31, 1939 von Max Bleier & Franz Clement
– Ollenhauerstraße 85–96a/Kienhorststraße 28/40/Waldstraße 104–107, Wohnanlage, 1928–29 von Erwin Gutkind
– Waldowstraße 1–32/Humboldtstraße 30–31, Wohnanlage, 1929–30 von Max Taut & Franz Hoffmann

399 **Pankower Allee 35/53, 59/63, 38/40, 44, 54/64, Wohngebiet Letteplatz**
Gedonstraße 1–13
Hausotterstraße 27–31 A
Kühleweinstraße 22/34, 35/39, 43/57, 67/73, 79/81
Letteallee 37/41, 46/48, 53–64
Mickestraße 1–20, 22/24
Mittelbruchzeile 34/48, 57/67, 66/68
Simmelstraße 30–42
Reginhardstraße 41/71, 75/81, 85/135
Gesamtanlagen siehe: Pankower Allee 35/43; 54/64; Provinzstraße 40–44; Reginhardstraße 85/127; 129/135
Einzeldenkmale siehe: Pankower Allee 38/40; 44; 45; 47/53
Weiterer Bestandteil des Ensembles:
– Kühleweinstraße 2/20/Reginhardstraße 35/39, Erweiterung der Wohnanlage von Erich Glas, 1938–39 von Max R. B. Abicht und J. Ruppert

400 **Residenzstraße 56–61**, Mietshausgruppe
Einzeldenkmale siehe: Residenzstraße 56; 58; 59; 60
Weitere Bestandteile des Ensembles:
– Residenzstraße 57, Mietshaus mit Quergebäude, um 1910
– Residenzstraße 61, Wohnhaus mit Gewerbebauten, Ende 1870er Jahre

401 **Residenzstraße 130–132A**, Mietshausgruppe, überwiegend 1904–10 von Otto Dowe
Friedrich-Wilhelm-Straße 85–87
Einzeldenkmale siehe: Friedrich-Wilhelm-Straße 85; 86; Residenzstraße 130/131; 132 A
Weiterer Bestandteil des Ensembles:
– Residenzstraße 132, Mietshaus, 1904 von Otto Dowe

Denkmalbereiche (Gesamtanlagen)

402 **Am Schäfersee 21/67**, Wohnanlage, 1930–31 von Fritz Beyer
Brienzer Straße 42/56
Holländerstraße 11–16
403 (REI/REI-G)

403 **Aroser Allee 116/118, 121–155, 157/193, Weiße Stadt**, 1929–31 von Bruno Ahrends, Wilhelm Büning und Otto Rudolf Salvisberg (D) (*siehe Gartendenkmal* Aroser Allee 116/118 …)
Baseler Straße 55/57
Bieler Straße 1/9
Emmentaler Straße 2–11, 13/37, 40–57
Genfer Straße 45/119
Gotthardstraße 4/8
Romanshorner Weg 54/82, 61/79, 96/212
Schillerring 1/23, 29/31
St.-Galler-Straße 5

404 **Becherweg 1–17, 22–28**, Wohnanlage, um 1929
Humboldtstraße 97/99

405 **Emmentaler Straße 72/86**, Wohnanlage, 1929–31 von Erwin Gutkind (*siehe Ensemble* Emmentaler Straße 58–69 …)
Residenzstraße 21–23
Thurgauer Straße 12/30

406 **Epensteinplatz 4–5**, Wohnanlage, 1928 von Wilhem Keller & Rudolf Prömmel (*siehe Ensemble* Epensteinplatz 4–5)
Epensteinstraße 12/30
Mittelbruchzeile 96/110
Schwabstraße 27
Schwartzstraße 1/3, 2/6

407 **Flottenstraße 28–42, Argus-Motoren-Gesellschaft mbH**, Verwaltungsbauten und anschließende Werkhallen, 1935–41 von Werner Issel, einzelne Bauten im Kern um 1902 und 1917
Kopenhagener Straße 35/57

408 **Flottenstraße 50–53, Werksanlage C. L. P. Fleck Söhne**, 1892 von Wittmann (?), Erweiterungen 1907 und 1914

409 **General-Woyna-Straße 2/12**, Wohnanlage, 1927–28 von Hans Kraffert (*siehe Ensemble* General-Barby-Straße 2/4 …)
Zobeltitzstraße 51/57

410 **Holländerstraße 31–34, Luxuspapierfabrik Albrecht & Meister AG**, 1908 von Grändorff & Schulz, Erweiterungen 1937–42 (D)
Aroser Allee 60/84

411 **Klemkestraße 9, 11–23, 25/29, 35/41, 47/49, 28/32, 38/42, 48/50, Siedlung Paddenpuhl**, 1927–29 von Fritz Beyer, 1936–37 von Fritz Beyer, Erich Dieckmann, Josef Scherer (*siehe Ensemble* Klemkestraße 9 … *und Gartendenkmal* Breitkopfstraße)
Am Stand 1–12
Armbrustweg 11/23, 14/24
Breitkopfstraße 91/109, 119/129, 130–140
Büchsenweg 9/21
Emmentaler Straße 107
Grünrockweg 3–12
Lampesteig 1–12
Residenzstraße 143/149

412 **Kopenhagener Straße 60/74, Maschinenfabrik und Eisengießerei Carl Schoening GmbH**, um 1898–1902 von Malingriaux, Erweiterungen 1912–18 von Hermann Streubel

413 **Letteallee 6/26, 34/36**, Wohnanlage, 1926–27 von Helmut Grisebach & Heinz Rehmann
Residenzstraße 105

414 **Markstraße 20A–24**, Wohnanlage, 1940–41 von Ernst Rosswog
Reginhardstraße 1/9

415 **Ollenhauerstraße 45–51**, Wohnanlage, 1927–28 von Erwin Gutkind (D) (*siehe Ensemble* Ollenhauerstraße 44A–64 …)
Kienhorststraße 3/21
Pfahlerstraße 2/20
Waldowstraße 50–55

416 **Ollenhauerstraße 52–55**, Wohnanlage, 1925–27 von Max Bleier & Franz Clement (*siehe Ensemble* Ollenhauerstraße 44A–64 …)
Kienhorststraße 2/22
Schulenburgstraße 1–10
Waldowstraße 44–49

417 **Ollenhauerstraße 56–60**, Wohnanlage, 1926–27 von v. Guérard (D) (*siehe Ensemble* Ollenhauerstraße 44A–64 …)
Lindauer Allee 101/117
Schulenburgstraße 11–18
Waldowstraße 38–42

418 **Pankower Allee 35/43**, Wohnanlage, 1928–29 von Hans Jessen (*siehe Ensemble* Pankower Allee 35/53 …)
Gedonstraße 1–13
Kühleweinstraße 43/57, 67/73, 79/81
Mittelbruchzeile 34/46
Simmelstraße 30–42

419 **Pankower Allee 54/64**, Wohnanlage, 1929–30 von Erich Glas und Max Wutzky (*siehe Ensemble* Pankower Allee 35/53 …)
Kühleweinstraße 22/34
Letteallee 46/48, 53–64
Mickestraße 2–20, 22/24
Reginhardstraße 41/71, 75/81

420 **Provinzstraße 40–44, Werksanlage der Ostdeutschen Spritfabrik GmbH**, 1899–1900 von Alterthum & Zadek, Verwaltungsgebäude, um 1924, Wirtschaftsgebäude, 1952–54 von F. Heinrich, Kühlturm, 1954 von Stillich & Schmöcker (*siehe Ensemble* Pankower Allee 35/53 …)

421 **Reginhardstraße 85/127**, Wohnanlage, 1929 von Franz Fedler & Hans Kraffert (D) (*siehe Ensemble* Pankower Allee 35/53 …)
Mittelbruchzeile 66/68
Pankower Allee 59/63

422 **Reginhardstraße 129/135**, Wohnanlage, 1924–25 von Franz Lauchstädt (*siehe Ensemble* Pankower Allee 35/53)
Hausotterstraße 27–31 A
Mittelbruchzeile 57/67

423 **Siedelmeister Weg 1/23, 14/28**, Wohnanlage, 1955–57 von Herbert Noth
Waldstraße 33–36

424 **Teichstraße 65, Humboldtkrankenhaus**, 1908–10 von Mohr & Weidner (D) (*siehe Gartendenkmal* Teichstraße 65)
St.-Galler-Straße 7/19
Romanshorner Weg 165

425 **Verlängerte Koloniestraße 7–12, Adria Konserven- und Dörrgemüsefabrik Julius Feher AG**, 1917–18 von Bruno Buch
Kühnemannstraße 51/69

Einzeldenkmale

426 **Aegirstraße 9, Kleine Lettekolonie**, Wohnhaus, um 1874
427 **Aegirstraße 10, Kleine Lettekolonie**, Wohnhaus, um 1874
428 **Alt-Reinickendorf**, Dorfanger, Kirche, E. 15. Jh., Turm 1713 (?) (D) (*siehe Ensemble* Alt-Reinickendorf 17–27 … *und Gartendenkmal* Alt-Reinickendorf, Dorfanger)
429 **Alt-Reinickendorf**, Dorfanger, Transformatorensäule, um 1912 (*siehe Ensemble* Alt-Reinickendorf 17–27 … *und Gartendenkmal* Alt-Reinickendorf, Dorfanger)

430 **Alt-Reinickendorf**, Dorfanger, Bedürfnisanstalt, um 1900
(*siehe Ensemble* Alt-Reinickendorf 17–27 … *und Gartendenkmal* Alt-Reinickendorf, Dorfanger)
431 **Alt-Reinickendorf 20**, Schalthaus der Bewag, um 1912
(*siehe Ensemble* Alt-Reinickendorf 17–27 …)
432 **Alt-Reinickendorf 21–22**, Gemeinde- und Pfarrhaus, um 1912 von Hans Krecke (?) (*siehe Ensemble* Alt-Reinickendorf 17–27 …)
433 **Alt-Reinickendorf 25–27, Schraubenfabrik A. Schwartzkopff**, Fabrikgebäude, Pförtnerhaus, 1898–99 von R. Hoffmann
(*siehe Ensemble* Alt-Reinickendorf 17–27 …)
434 **Alt-Reinickendorf 29A**, Mietshaus mit Remise, um 1895
435 **Alt-Reinickendorf 35, Büdnerhof Ribbe**, Wohnhaus, 1826, Seitenwohngebäude, 1885, Werkstattgebäude, 1947–48 von Werner Gregor (D)
(*siehe Ensemble* Alt-Reinickendorf 17–27 …)
436 **Alt-Reinickendorf 36–37, Bauernhof Grokopf**, Wohnhaus, 1874 von W. Helmsdorff, erweitert 1887 von Carl Sott, Scheune, 1896 von Wilhelm Dermitzel, Stall, 1874 von Carl Sott, erweitert 1891 (D)
(*siehe Ensemble* Alt-Reinickendorf 17–27 …)
437 **Alt-Reinickendorf 38, Amtshaus Reinickendorf**, 1885 von Curvy, aufgestockt 1896–97 von Carl Moritz (*siehe Ensemble* Alt-Reinickendorf 17–27 …)
438 **Alt-Reinickendorf 44, Bauernhof Müller**, Wohnhaus, 1865 von Schulze
439 **Alt-Reinickendorf 48, Bauernhof Kerkow**, Wohnhaus, Mitte 19. Jh.
440 **Alt-Reinickendorf 49**, Wohnzeile, 1958–59 von A. Hunneke und Albrecht
Lindauer Allee 22A-C
441 **Alt-Reinickendorf 54**, Mietshaus und Schlachthaus, um 1890
442 **Alt-Reinickendorf 61–62**, Mietshäuser, um 1910 von Reppin (?)
(*siehe Ensemble* Alt-Reinickendorf 61–62)
443 **Amendestraße 12**, Mietshaus, um 1908
444 **Amendestraße 22, Amende-Garage**, 1937 von Erich Grünwald
445 **Auguste-Viktoria-Allee 17, ev. Segenskirche**, 1892 von H. Schatteburg
446 **Auguste-Viktoria-Allee 95–96, Mark-Twain-Grundschule**, 1906 von Reppin
447 **Baseler Straße 18, Lutherhaus**, ev. Gemeindehaus, 1928–29 von Werner Gregor
448 **Blankestraße 12, Kirchhof der Dankes-Gemeinde**, Mausoleum der Familie Roggenbach, 1908
449 **Breitkopfstraße 66–80, Gustav-Freytag-Oberschule**, 1956–58 vom Hochbauamt Reinickendorf
450 **Büchsenweg 23 A, Kolumbus-Grundschule** mit Kindergartenpavillon, 1968–70 von Sergius Ruegenberg
451 **Bürgerstraße 8–9**, Mietshaus mit Remise, um 1880
452 **Eichborndamm, S-Bahnhof Eichbornstraße**, Dammbahnhof mit Bahnsteigaufbauten, 1900–05
453 **Eichborndamm 5**, Mietshaus, 1900 von H. Müller
454 **Eichborndamm 6**, Werkstattgebäude mit Hofmauer, 1909 von Richard Krauel
455 **Eichborndamm 9**, Mietshaus, 1900 von H. Richter
456 **Eichborndamm 13**, Mietshaus mit Hintergebäude, 1911–12 von Hermann Knop
457 **Eichborndamm 71**, Wohnhaus, 1924–25 von Friedrich Kuhlmann
Kienhorststraße 159/161
458 **Emmentaler Straße 58/60**, Mietshaus um 1910
(*siehe Ensemble* Emmentaler Straße 58–69 …)
Genfer Straße 41
459 **Emmentaler Straße 59/61**, Mietshaus um 1910
(*siehe Ensemble* Emmentaler Straße 58–69 …)
Genfer Straße 43
460 **Emmentaler Straße 63/69, Friedrich-Engels-Oberschule**, 1905
(*siehe Ensemble* Emmentaler Straße 58–69 …)
461 **Emmentaler Straße 100**, Wohnhaus, um 1880 (D)
462 **Flottenstraße 5–6**, Verwaltungsgebäude, um 1910
(*siehe Ensemble* Flottenstraße 5–8)
463 **Flottenstraße 5–6**, Kantinen- und Stallgebäude, um 1910
(*siehe Ensemble* Flottenstraße 5–8)
464 **Flottenstraße 5–6**, Werkhalle, um 1935
(*siehe Ensemble* Flottenstraße 5–8)
465 **Flottenstraße 14–20, Johann Weiß Maschinenfabrik und Apparatebau GmbH**, 1961–62 von Eduard Brettschneider
466 **Flottenstraße 24, Eisenbauwerkstätten Hein, Lehmann & Co. AG**, Direktionsgebäude, um 1897
467 **Friedrich-Wilhelm-Straße 78**, Mietshaus, 1924 von Franz Lauchstädt
468 **Friedrich-Wilhelm-Straße 85**, Mietshaus, 1926
(*siehe Ensemble* Residenzstraße 130–132 A)
469 **Friedrich-Wilhelm-Straße 86**, Mietshaus, 1910
(*siehe Ensemble* Residenzstraße 130–132 A)
470 **Gesellschaftstraße 35, Kleine Lettekolonie**, Wohnhaus, um 1874
471 **Graf-Haeseler-Straße 2–4**, Mietshäuser, 1928 von Franz Fedler
472 **Hausotterplatz 3, Hausotter-Grundschule** mit Turnhalle, 1897, Erweiterungsbau (heute Friedrich-von-Bodelschwingh Sonderschule), 1909 von Hans Krecke
Hoppestraße 1–6
473 **Hausotterstraße 6**, Schalthaus der Bewag, um 1910
474 **Hausotterstraße 53**, Wohnhaus, 1870er Jahre
475 **Hausotterstraße 63**, Wohnhaus mit Hintergebäude, 1870er Jahre (D)
476 **Hausotterstraße 70**, Mietshaus mit Hintergebäude, um 1890
477 **Hausotterstraße 71**, Wohnhaus mit Hintergebäude, um 1880
478 **Hausotterstraße 72–73**, Wohnzeile, 1962 von Werner Kessler
Winterstraße 1
479 **Hausotterstraße 93–94**, Mietshausgruppe, um 1928 von Richard Haendschke
480 **Hausotterstraße 101**, Mietshaus mit Remise, 1890er Jahre
481 **Herbststraße 12**, Wohnhaus mit Hintergebäude, um 1895
482 **Holländerstraße 37**, Wohnhochhaus, 1959–62 von Georg Lichtfuss
(*siehe Ensemble* Holländerstraße 37–51)
483 **Holländerstraße 38**, Wohnhochhaus, 1959–62 von Georg Lichtfuss
(*siehe Ensemble* Holländerstraße 37–51)
484 **Holländerstraße 39**, Wohnhochhaus, 1959–62 von Georg Lichtfuss
(*siehe Ensemble* Holländerstraße 37–51)
485 **Holländerstraße 40**, Wohnhochhaus, 1959–62 von Georg Lichtfuss
(*siehe Ensemble* Holländerstraße 37–51)
486 **Holländerstraße 41**, Wohnhochhaus, 1959–62 von Georg Lichtfuss
(*siehe Ensemble* Holländerstraße 37–51)
487 **Holländerstraße 116**, Wohnhaus mit Hintergebäude, 1890er Jahre
488 **Holländerstraße 120**, Wohnhaus mit Hintergebäude, 1890er Jahre
489 **Hoppestraße 29**, Wohnhaus mit Hintergebäude, 1889–94 von Paul Krüger und Wilhelm Dermitzel
490 **Hoppestraße 30**, Wohnhaus mit Hintergebäude, 1891 von L. Kettner (?)
491 **Humboldtstraße 68–73, Kirchhof der St.-Sebastian Gemeinde**, Inspektorwohnhaus mit Einfriedung, Kapelle, 1902 von Hermann Bunning, Blumenverkaufshalle, 1928 von Frydag & Greth
492 **Humboldtstraße 74–90, Städtischer Friedhof Reinickendorf**, Feierhalle, 1897 von Carl Moritz, Bronzesarkophag für Arthur Strousberg, 1874 (1900 gegossen) von Reinhold Begas, aufgestellt in der Pfeilerhalle, 1928 von Richard Ermisch
493 **Julierstraße 2/4**, Wohnzeile, 1959–62 von Georg Lichtfuss
(*siehe Ensemble* Holländerstraße 37–51)
494 **Klemkestraße 3/7, kath. St. Marien-Kirche** mit Pfarrhaus, 1913–19 von August Kaufhold
495 **Kopenhagener Straße, S-Bahnhof Wilhelmsruh**, Dammbahnhof und Eisenbahnbrücke, 1908–10 von Ernst Schwartz

496 **Kopenhagener Straße**, Eisenbahnbrücke der Kremmener Bahn, um 1905
497 **Kopenhagener Straße 2**, Mietshaus, 1910 von A. C. Robert
(*siehe Ensemble* Alt-Reinickendorf 61–62)
Klemkestraße 1
498 **Kopenhagener Straße 59/75, A. Dinse-Maschinenbau AG**, Werkhalle, 1921 von Bruno Buch
499 **Kremmener Bahn/Nordbahn**, Abzweigungsbauwerk, 1901–06
500 **Letteallee 82/86, kath. St. Marien Kapelle**, 1902 von W. Dassler
(*siehe Ensemble* Letteallee 82/86)
501 **Letteallee 90**, Mietshaus, 1910–11 von H. Gernand
(*siehe Ensemble* Letteallee 82/86)
502 **Lindauer Allee 23–25, Paul-Löbe-Oberschule**, 1906–07, Erweiterung 1913–14 von Reppin
503 **Markstraße 30–31**, Mietshaus, 1889–90 von A. Hitzmann, Tankstelle, 1953 nach einem Typenentwurf der Deutschen Gasolin AG
504 **Mittelbruchzeile 107**, Mietshaus, um 1910
505 **Ollenhauerstraße 7**, Tankstelle mit Wagenpflegehalle und Autoverkaufspavillon, 1957–58 von Hans Kunde
Friedrich-Karl-Straße 1–3
506 **Ollenhauerstraße 11**, Tankstelle mit Wagenpflegehalle, 1955 von Walter Labes
Großkopfstraße 1–2
507 **Ollenhauerstraße 24–28, Domfriedhof St.-Hedwig**, Kapelle, 1907–08 von Carl Moritz
508 **Ollenhauerstraße 35**, Wohnhaus, 1873 von A. Heinersdorf
509 **Ollenhauerstraße 97–99, Messingwerk H. A. Jürst & Seidel**, Verwaltungsgebäude, 1890 von R. Arans
510 **Ollenhauerstraße 100–103, Chemische Fabrik Hönningen**, Kohlenbunker mit Transportanlage, 1914 von den Eisenbauwerkstätten Hein, Lehmann & Co.
511 **Ollenhauerstraße 104**, Wohnhaus, 1894 von Oskar Peucker
512 **Ollenhauerstraße 112**, Mietshaus, 1885 von G. Neuendorf
513 **Ollenhauerstraße 139–140**, Wohn- und Geschäftshaus, 1953–54 von Walter Soltau
Scharnweberstraße 17–20
514 **Otisstraße, U-Bahnhof Seidelstraße**, Dammbahnhof mit Bahnsteigaufbauten, 1958 von Bruno Grimmek
515 **Pankower Allee 9**, Wohn- und Restaurationsgebäude mit Hintergebäude, 1874
516 **Pankower Allee 13–15**, Mietshaus mit Hintergebäude, 1887–88 von August Hitzmann
517 **Pankower Allee 12/14, Große Lettekolonie**, Doppelwohnhaus mit Stall, um 1872 (D)
518 **Pankower Allee 38/40, Große Lettekolonie**, Doppelwohnhaus mit Stall, um 1872
(*siehe Ensemble* Pankower Allee 35/53 …)
519 **Pankower Allee 44, Reginhard-Grundschule**, 1905 von Reppin (?), Turnhalle, verm. 1882 (*siehe Ensemble* Pankower Allee 35/53 …)
520 **Pankower Allee 45**, Mietshaus, 1900–01 von Emil Helm
(*siehe Ensemble* Pankower Allee 35/53 …)
Kühleweinstraße
521 **Pankower Allee 47/53**, Straßenbahnbetriebshof, 1899–1900 vom Baubüro der Großen Berliner Straßenbahn AG
(*siehe Ensemble* Pankower Allee 35/53 …)
522 **Provinzstraße, S-Bahnhof Schönholz**, Dammbahnhof mit Bahnsteigaufbauten, 1903–04 von Suadicani
523 **Provinzstraße, Güterbahnhof Schönholz**, Güterschuppen, um 1902, Stellwerk Stm, 1913 von Carl Cornelius, Stellwerk Snt, um 1930 von Richard Brademann (?)
524 **Provinzstraße 84**, Mietshaus, 1903–04 von Max Mechler
Hoppestraße 19

525 **Provinzstraße 85**, Mietshaus, 1899–1900 von Wilhelm und Otto Dermitzel
526 **Provinzstraße 87**, Wohnhaus, 1877, Stall- und Remisengebäude, 1887 von H. Eicke
Winterstraße 18
527 **Provinzstraße 113–114**, Mietshaus, 1908 von Max Saffran
(*siehe Ensemble* Letteallee 82/86)
Letteallee 94
528 **Reginhardstraße 46, Kleine Lettekolonie**, Doppelwohnhaus, um 1874
Gesellschaftsstraße 42
529 **Reginhardstraße 54**, Mietshaus, um 1908
Aegirstraße
530 **Residenzstraße**, Netzstation mit Kiosk, 1955–57 von den Bauabteilungen der BEWAG und der Berliner Stadtreinigung
Am Schäfersee
531 **Residenzstraße 24–25, Postamt 51**, 1925–26 von Robert Gaedicke
532 **Residenzstraße 26–26A**, Mietshäuser, 1929–30 von Erwin Gutkind
533 **Residenzstraße 37–38**, Bezirksstelle der Allgemeinen Ortskrankenkasse, 1955–56 von Robert Schöffler
Stargardtstraße
534 **Residenzstraße 56**, Mietshaus mit Hintergebäude, um 1878
(*siehe Ensemble* Residenzstraße 56–61)
535 **Residenzstraße 58**, Mietshaus mit Hintergebäude, um 1898 von Alexander (D) (*siehe Ensemble* Residenzstraße 56–61)
536 **Residenzstraße 59**, Mietshaus mit Hintergebäude, um 1878
(*siehe Ensemble* Residenzstraße 56–61)
537 **Residenzstraße 60**, Mietshaus mit Hintergebäude, um 1885
(*siehe Ensemble* Residenzstraße 56–61)
538 **Residenzstraße 97–98**, Mietshausgruppe, 1927–28 von Heinrich Iwan & Stephan von Zamojsky
539 **Residenzstraße 109, Restaurant Kastanienwäldchen**, Wohnhaus mit Gaststätte, um 1860
540 **Residenzstraße 120–121**, Steuerhaus, 1865 von Möller
541 **Residenzstraße 127**, Mietshaus, 1911 von Paul Wiesener
Raschdorfstraße 1/3
542 **Residenzstraße 130–131**, Mietshaus, 1909–10 von Otto Dowe (*siehe Ensemble* Residenzstraße 130–132 A)
543 **Residenzstraße 132A**, Mietshaus, 1908 von Otto Dowe, rückwärtig Scheune, 1878, Wiederaufbau 1890 (*siehe Ensemble* Residenzstraße 130–132 A)
544 **Residenzstraße 154**, Mietshaus, 1910 von Paul Wiesener
(*siehe Ensemble* Alt-Reinickendorf 61–62)
545 **Residenzstraße 155**, Mietshaus, 1910 von Julius Dowe
(*siehe Ensemble* Alt-Reinickendorf 61–62)
546 **Residenzstraße 156**, Mietshaus, 1909–10 von Otto Dowe
(*siehe Ensemble* Alt-Reinickendorf 61–62)
Klemkestraße 2
547 **Roedernallee, Güterbahnhof Reinickendorf**, Stellwerke Rwb und Rkd, um 1930 von Richard Brademann (?)
548 **Roedernallee 2A-2B, S-Bahnhof Reinickendorf**, Beamtenwohnhaus, um 1900, Empfangsgebäude, 1893, Bahnhof mit Bahnsteig, 1900–04
549 **Roedernallee 177**, Mietshaus, um 1895
550 **Roedernallee 200–204, Paracelsusbad**, 1957–60 vom Hochbauamt Reinickendorf
551 **Saalmannstraße, S-Bahnhof Wittenau (Kremmener Bahn)**, Empfangsgebäude, 1893, Bahnhof und Bahnsteig, 1904 von Ernst Schwartz
552 **Scharnweberstraße, U-Bahnhof Scharnweberstraße**, 1958 von Bruno Grimmek
553 **Scharnweberstraße**, Bahnbrücke der U-Bahnlinie 6, 1958 von Bruno Grimmek

554 **Scharnweberstraße 1–2, III. Kirchhof der Dorotheenstädtischen Gemeinde**, Inspektorwohnhaus, 1894 von W. Vollmer
555 **Scharnweberstraße 81**, Kiosk mit Bedürfnisanstalt, 1931 von Hans Krecke
556 **Scharnweberstraße 64–66**, Mietshausgruppe, 1903–06 von Paul Freydank
557 **Scharnweberstraße 108**, Mietshaus, 1904 von Gustav Lanzendorf
558 **Stargardtstraße 11/13, Stadtbücherei**, 1962 vom Hochbauamt Reinickendorf
559 **Thurgauer Straße 66, Haus der Jugend** mit Wohnhaus für den Hauswart, 1944 von Boris von Bodisco, Ausführung 1951 vom Hochbauamt Reinickendorf
Walliser Straße
560 **Winterstraße 16**, Wohn- und Bürogebäude mit Werkstätten, 1905–06 von A. C. Kindermann, 1909 von Steenersen & Neustein
561 **Winterthurstraße 2–2A**, Wohnzeile, 1959–62 von Georg Lichtfuss (*siehe Ensemble* Holländerstraße 37–51)
562 **Winterthurstraße 4–4A**, Wohnzeile, 1959–62 von Georg Lichtfuss (*siehe Ensemble* Holländerstraße 37–51)

Gartendenkmale

563 **Alt-Reinickendorf, Grünanlage am Bahnhof**, Öffentliche Grünanlage, 1932 von F. Kuhrt
Roedernallee
564 **Alt-Reinickendorf Dorfanger** (*siehe Ensemble* Alt-Reinickendorf 17–27 … *und Einzeldenkmale* Alt-Reinickendorf, Dorfanger)
565 **Am Schäfersee**, Öffentliche Grünanlage, 1922–28 von Karl Löwenhagen
566 **Aroser Allee**, Promenade, 1908
567 **Aroser Allee 116/118, 121–155, 157/193, Siedlungsgrün der Weißen Stadt**, 1929–31 von Ludwig Lesser (*siehe Gesamtanlage* Aroser Allee 116/118 …)
Baseler Straße 55/57
Bielerstraße 1/9
Emmentaler Straße 2/10, 3/57, 40/56
Genfer Straße 45/119
Gotthardstraße 4/8
Romanshorner Weg 54/82, 61/79, 96/212
Schillerring 1/23, 29/31
St.-Galler-Straße 5
568 **Breitkopfstraße, Breitkopfbecken**, Öffentliche Grünanlage, 1928 von Erwin Barth (*siehe Ensemble* Klemkestraße 9 *und Gesamtanlage* Klemkestraße 9)
569 **Roedernallee, Kienhorstpark**, Öffentliche Grünanlage, 1931–32 von F. Kuhrt
Veltenerstraße
570 **Teichstraße 65**, Krankenhausgarten, 1909–10 von Mohr & Weidner (D) (*siehe Gesamtanlage* Teichstraße 65)
St.-Galler-Straße 7/19
Romanshorner Weg 165

Tegel

Denkmalbereiche (Ensembles)

571 **Alt-Tegel 2, 4–9, Ortskern Tegel**
Einzeldenkmale siehe: Alt-Tegel 2; 4; 5/7; 6
Weitere Bestandteile des Ensembles:
– Alt-Tegel 8, Wohn- und Geschäftshaus, 1912–13 von Gustav Müller und Liepe & Gerres
– Alt-Tegel 9, Wohnhaus, 1879
572 **Buddestraße 20/28, Gleichrichterwerk Tegel**
Einzeldenkmale siehe: Buddestraße 20/22; 24/26; 28
Weiterer Bestandteil des Ensembles:
– Wirtschaftsgebäude, um 1925 von Richard Brademann (?)
573 **Flohrstraße 12/24, Carl Flohr AG**, Werksanlage
Einzeldenkmal siehe: Flohrstraße 12/24
Weitere Bestandteile des Ensembles:
– Werkhalle, um 1916 von Cremer & Wolffenstein (?), Erweiterungen 1934, 1940–41
– Restteil des Maschinenhauses, um 1910
574 **Scharfenberg, Schulfarm Scharfenberg**
Gesamtanlage siehe: Scharfenberg
Weitere Bestandteile des Ensembles:
– Scharfenberg, Schulfarm Scharfenberg, Schule und Turnhalle, 1934–36 von Richard Ermisch, Anbau und Aufstockung, 1954–55 vom Hochbauamt Reinickendorf
– Scharfenberg, Schulfarm Scharfenberg, Brunnenhaus, 1954–55 von Kaminski, Bauabteilung der Berliner Wasserwerke
– Scharfenberg, Schulfarm Scharfenberg, Bienenhaus, 1950 von der Bauhandwerkerschule der Zitadelle Spandau, Gewächshaus, 1952 vom Bezirksamt Reinickendorf
575 **Straße 22 Nr. 2/10, Aktiengesellschaft Lauchhammer**, Werksanlage
Otisstraße 53/57
Einzeldenkmal siehe: Straße 22 Nr. 2/10
Weiterer Bestandteil des Ensembles:
– Straße 22 Nr. 2/10, Werkhalle, 1922 vom technischen Baubüro der Lauchhammer AG
576 **Waidmannsluster Damm 60 A/62, 64 A/80, Siedlung Freie Scholle** (D)
Allmendeweg 1–35, 37/51, 64–123
Egidystraße 4 A/6 A, 9–14 A, 17, 19, 19 A, 20–23, 25, 34–65
Erholungsweg 2/24, 40, 44/58
Freilandweg 3–5
Moorweg 4/46
Moränenweg 2, 3, 4/8, 10–41, 51/61
Schollenhof 1–31
Schollenweg 3–67
Steilpfad 1–19, 21, 23–50, 52, 54, 55/75, 82/86
Talsandweg 3–20, 22
Waidmannsluster Damm 60 A/70, 72–74, 76–80
Gesamtanlagen siehe: Egidystraße 4 A/6A …; Schollenhof 1–31; Talsandstraße 3–20 …
Weiterer Bestandteil des Ensembles:
– Kampweg 3, 5–6 A, Mietwohnhäuser, 1929 von Bruno Taut

Denkmalbereiche (Gesamtanlagen)

577 **Adelheidallee 17/21, Schloß Tegel**, Gutshaus, 16. Jh., Umbau, 1820–24 von Karl Friedrich Schinkel (D); Wirtschaftshof mit Hofmauer, 1899–1900 von A. Witt; Gärtnerhaus, um 1760 (D); Humboldtgrab, 1829 von Karl Friedrich Schinkel, Statue der Hoffnung von Bertel Thorvaldsen (D); Grabstätte Kunth, Grabstele, 1830; nördl. Teil des Wirtschaftshofes, 1911, Wiederaufbau 1971–72 (*siehe Gartendenkmal* Adelheidallee 17/21)
578 **Am Brunnen 1–22, Kleinhaussiedlung Am Steinberg**, Gemeindesiedlung Tegel, 1919–20 von Hornig
Am Rosensteg 1–8
An der Heide 1–12
Kehrwieder 1/2

579 **An der Mühle 5–9, Humboldtmühle**, Mühlengebäude mit Mehlsilo, Beamtenwohnhaus, Verwaltungs- und Pförtnergebäude, Getreidespeicher, Bauteile vor 1879, 1906 von Feit & Hallert, 1911– um 1935 von Enders & Lichtenstein, 1939–40, 1946–47, 1963–64 von Erich Kitzing, 1979–80 von Horst Joergens (D)

580 **Berliner Straße 19–37**, Werksanlage Borsig, 1898–99 von Friedrich Reimer & Konrad Körte, davon erhalten: 2 Werkhallen, Werkstor und Verwaltungsgebäude; 1910–40 zahlreiche Erweiterungen und Neubauten vom firmeneigenen Baubüro, davon erhalten: 5 Werkhalle, eine Kraftwagenhalle. 2 Verwaltungsgebäude; Lohnbüro mit Kasino und das Bürohochhaus (D), 1922–23 und 1922–24 von Eugen Schmohl mit A. Hillenbrand
(*siehe Einzeldenkmal* Berliner Straße 19–37)

581 **Billerbecker Weg 123A**, Fremdarbeiterbaracken (Gartenarbeitsschule), um 1941

582 **Egidystraße 4 A/6 A, 9–15, 17–20, 21/25, 22, 34–65, Kolonie Freie Scholle**, Doppelwohnhäuser, 1899–1910 von Gustav Lilienthal, Otto Pasdach, M. Samter, Walter Anger, R. Schabelski & Stephanowitz (D)
(*siehe Ensemble* Waidmannsluster Damm 60 A/62 …)
Waidmannsluster Damm 76–80

583 **Gabrielenstraße 34/40, Schloßparksiedlung Tegel**, Wohnhäuser mit Vorgärteneinfriedungen, 1938 von Hermann Werner
Dacheroedenstraße

584 **Gorkistraße 28/70**, Wohnanlage, 1929–31 von Erwin Anton Gutkind
Eschachstraße 60/62
Marzahnstraße 1–3
Ziekowstraße 119–124

585 **Rue Ambroise Paré 13/15, Cité Pasteur**, Reihengarage, 1953 von Jacob Schallenberger & Gerhard Krebs; Erweiterungen, 1957 von der Hochbauabteilung beim Senator für Bau- und Wohnungswesen

586 **Rue Henry Guillaumet 2, Cité Guynemer**, Reihengaragen, 1953–54 von Wolfgang Dommer, 1957 von der Hochbauabteilung des Senators für Bau- und Wohnungswesen
Rue Nungesser et Coli 4

587 **Saatwinkler Chaussee 31, Saatwinkel, Gaststätte Prinzengarten**, Wohnhaus um 1821, Anbauten für den Gaststättenbetrieb 1844, 1858, 1890, 1900, 1951; Eis- und Bierkeller, 1853, An- und Aufbauten), um 1880–1900; neue Adresse: Im Saatwinkel 31

588 **Saatwinkler Chaussee 55/57, Saatwinkel, Blumeshof**, Wohnhaus mit Gastwirtschaft (Holz-Fachwerk), um 1835, Erweiterungen 1842, um 1847, 1951, 1954 und 1957, Zeilenbauten mit Sommerwohnungen, 1892 von Julius Kosewsky, Holzhallen mit Anglerbude, 1845 und um 1870, Befestigungsmauer am Seeufer

589 **Scharfenberg Schulfarm Scharfenberg**, Wirtschaftshof, Scheunen- und Stallgebäude (Holzfachwerk), Ende 18. Jh.; Gärtnerwohnhaus, um 1870 von Th. Drescher, Umbauten 1885 und nach 1945; Werkstättengebäude mit Fährwarte, 1927–28 von Richard Ermisch; Schülerwohnheim und Unterrichtsgebäude (Kunstwerkstätten), 1927–28 von Richard Ermisch, Anbau, 1983 vom Hochbauamt Reinickendorf; Lehrer- und Schulleiterwohnhaus, 1935 von Richard Ermisch; Schülerwohnheime, 1956–57 von Nina Kessler (*siehe Ensemble* Scharfenberg)

590 **Schollenhof 1–31, Siedlung Freie Scholle**, Reihen-, Doppelwohnhäuser und Mietshausgruppen, 1925–33 von Bruno Taut (D)
(*siehe Ensemble* Waidmannsluster Damm 60 A/62 …)
Allmendeweg 1–35, 37/51, 64–123
Erholungsweg 2/24, 40, 44/48
Freilandweg 3–5
Moorweg 6/46
Moränenweg 2, 3, 4/8, 10–41, 51/61
Steilpfad 1–19, 21, 23–50, 52/54, 55/75, 82/86
Waidmannsluster Damm 66/74

591 **Seidelstraße 37–44, Strafgefängnis Tegel**, Zellenflügelgebäude mit Verwaltungs- und Kirchenanbau, Krankenhaus, Beamtenwohnhäuser an der Seidelstraße, Einfriedung mit Torgebäude, 1896–98 von der Ministerial-Baukommission, Ministerium für öffentliche Arbeiten, Druckereigebäude, 1908

592 **Talsandweg 3–20, 22, Siedlung Freie Scholle**, Wohnanlage, 1937 von der Planungsabteilung der GEHAG (D)
(*siehe Ensemble* Waidmannsluster Damm 60 A/62 …)
Erholungsweg 50/58
Waidmannsluster Damm 60 A/64 A

593 **Tile-Brügge-Weg 65/101**, Wohnanlage, 1926–27 von Wilhelm Büning
Bollestraße 14/20

594 **Veitstraße 1–4B**, Mietshausgruppe, 1922 von Richard Kettner (?)
Berliner Straße 85
Buddestraße 5

595 **Veitstraße 45–47**, Mietshausgruppe, 1928 von Fritz Buck
Buddestraße 1/3

596 **Wilkestraße 7/7C, 9/11, Nixe und Neptun**, Wohnhochhäuser, 1965–67 von Heinz Schudnagies mit Erwin Montag und Günter Druschke

Einzeldenkmale

597 **Adelheidallee 5/7, Landhaus Holdefleiß**, 1903–04 von Julius Wendler, Vorgarteneinfriedung (auch Adelheidallee 1/3 und Gabrielenstraße 30), 1904 von Ottomar Holdefleiß

598 **Adelheidallee 13**, Wohnhaus, 1920 von Bruno Ahrends

599 **Alt-Tegel, Dorfanger, ev. Kirche Alt-Tegel**, 1911–12 von Jürgen Kröger mit **Grabmal für Wilhelmine Anne Susanne v. Holwede, geb. Colomb**, um 1784

600 **Alt-Tegel 2**, Wohnhaus mit Gaststätte, 1898 von Otto Paarßen
(*siehe Ensemble* Alt-Tegel 2 …)

601 **Alt-Tegel 4**, Wohn- und Geschäftshaus, 1891 von Hermann Valtink, Aufstockung und Seitenflügel, 1910 von Alexander (?)
(*siehe Ensemble* Alt-Tegel 2 …)

602 **Alt-Tegel 5/7**, Wohn- und Geschäftshaus, 1908 von Ernst Busse
(*siehe Ensemble* Alt-Tegel 2 …)

603 **Alt-Tegel 6**, Wohn- und Geschäftshaus, 1912 von Gustav Gebhardt und Gustav Müller (*siehe Ensemble* Alt-Tegel 2 …)

604 **Alt-Tegel 17**, Mietshaus, 1913 von Ernst Busse

605 **Alt-Tegel 18, Büdnerhof Müller**, Wohnhaus, 1839 von A. Ribbe

606 **Alt-Tegel 34**, Mietshaus mit Vorgarteneinfriedung, 1909–10 von Karl Fischer

607 **Alt-Tegel 35, Gemeindeschule Tegel** (Wohnhaus), 1870 (D)

608 **Alt-Tegel 51, Lehnschulzenhof Ziekow**, Wohnhaus, um 1839; Seitengebäude, 1882; Gartenpavillon, Einfriedung mit Toranlage

609 **Am Buddeplatz 4**, Wohn- und Geschäftshaus, 1905 von Hermann Valtink
Brunowstraße 2–3

610 **Berliner Straße, U-Bahnhof Tegel**, 1956–58 von Bruno Grimmek

611 **Berliner Straße, U-Bahnhof Borsigwerke**, 1956–58 von Bruno Grimmek

612 **Berliner Straße 1A**, Wohn- und Geschäftshaus, 1909 von Ernst Busse

613 **Berliner Straße 5**, Wohn- und Geschäftshaus, 1899 von Wilhelm Blumke und Gustav Franke

614 **Berliner Straße 6**, Wohn- und Geschäftshaus, 1911 von Ernst Busse

615 **Berliner Straße 19–37, Germaniahalle**, Werksgelände Borsig, um 1872 für die Märkisch-schlesische Maschinen und Hütten AG, Erweiterungen, 1884, 1885–87, 1915 (*siehe Gesamtanlage* Berliner Straße 19–37)

616 **Berliner Straße 41**, Mietshausgruppe, 1921 von Richard Kettner
Egellsstraße 1

617 **Berliner Straße 43**, Mietshausgruppe, 1921 von Richard Kettner
Biedenkopfer Straße 2/4
618 **Berliner Straße 70**, Beamten- und Arbeiterwohnhaus, 1897 von Konrad Reimer & Friedrich Körte
Ernststraße 1/3
619 **Bernauer Straße 66/68, kath. St. Bernhard Kirche** mit Sakristei, Pfarrhaus und Kindergarten, 1959–60 von Alfons Leitl mit Karl Braun
Sterkrader Straße 43
620 **Bernstorffstraße 5**, Wohnhaus, 1896 von C. Buschow
621 **Bernstorffstraße 6/8A**, Mietshausgruppe, 1905 von W. Frost
622 **Bonifaziusweg**, Transformatorensäule, um 1920 von der BEWAG
Agathenweg
623 **Borsigdamm**, Schmuckbogen, 1956 von Gerhard Schultze-Seehof
624 **Brunowstraße 26, Landhaus Marscheider**, 1921 von Richard Kettner
625 **Buddestraße 41**, Mietshaus, 1903–04 von Hermann Valtink
626 **Buddestraße 2–10, S-Bahnhof Tegel**, Stellwerk Tegel, 1905 von Karl Cornelius (D)
627 **Buddestraße 20/22**, Beamtenwohnhaus, 1921 von Rudolf Röttcher (*siehe Ensemble* Buddestraße 20/28)
628 **Buddestraße 24/26**, Gleichrichterwerk, 1925–26 von Richard Brademann (*siehe Ensemble* Buddestraße 20/28)
629 **Buddestraße 28**, Beamtenwohnhaus, 1926-27 von Richard Brademann (*siehe Ensemble* Buddestraße 20/28)
630 **Campestraße 9**, Wohnhaus mit Einfriedung (Kinderheim »Haus an der Malche«), 1907 von A. Witt
631 **Eisenhammerstraße 16, Villa Bock**, 1878 von Krüger
632 **Eisenhammerweg 8, Haus Czesalsky**, 1932 von Paul Baumgarten, Wiederaufbau, 1947–49
633 **Eisenhammerweg 22/24, Clubhaus Germania**, Bootshaus, 1911–12 von Emil Frey, Umbau 1956–57 von W. Berkel
634 **Flohrstraße 12/24**, Fabrikations- und Bürogebäude mit Werk- und Pförtnerhäuschen, 1937–38 von Gerhard Kamps (*siehe Ensemble* Flohrstraße 12/24)
635 **Gabrielenstraße 59 A, Villa Schiller**, mit Vorgarteneinfriedung, 1901 von J. Makowka
636 **Gabrielenstraße 66**, Wohnhaus, 1924 von Ernst Busse
Campestraße
637 **Gabrielenstraße 68, Haus Stöwer**, 1913 von Paul Poser
638 **Gorkistraße 22/24**, Mietshausgruppe, 1928–29 von Fritz Hermann Moldzio
Buddestraße 17/19
639 **Grußdorfstraße 3–4, Postamt 27 Tegel**, 1899–1901, 1903 von Hermann Valtink, Aufstockung 1913–14 von Buddeberg, Erweiterung für das Fernsprechamt Tegel 1921–23 von Edmund Beisel
640 **Hatzfeld Allee 2/4, Humboldt-Schule**, mit Einfriedung, 1910–11 von Karl Fischer
An der Oberrealschule 3
Eschachstraße 74/76
Tile-Brügge-Weg 1/7
641 **Holzhauser Straße, U-Bahnhof Holzhauser Straße**, Dammbahnhof und Brücke, 1957–58 von Bruno Grimmek mit Werner Klenke und Horst Grewe
642 **Im Jagen 65, Pumpwerk Tegelort**, 1929–30 von Swyter
643 **Karolinenstraße 3B, Villa Kirchner**, Wohnhaus mit Vorgarteneinfriedung, 1886 von Paul Scheer
644 **Karolinenstraße 8**, Wohnhaus, 1888–89 von R. Schneider, Vorgarteneinfriedung mit Pergola, 1889, Wintergartenanbau, 1906
645 **Karolinenstraße 10, Gasthof Waldschänke**, Wohnhaus, um 1760 (D)
646 **Karolinenstraße 12, Gasthof Alter Fritz** mit Stallungen, um 1650, Erweiterungs- und Saalbau, 1885 (D)

647 **Liebfrauenweg 15/17, kath. St. Joseph-Kirche**, 1932–33 von Josef Bischof mit Rudolf Ullrich und Bodo v. Bodisco
648 **Medebacher Weg 13/15, kath. Herz-Jesu-Kirche**, 1904–05 von Ludwig Schneider, Mietshaus 1904–05 von Hermann Valtink, Pfarrhaus, 1912–13 von J. Welz
Brunowstraße 37
649 **Medebacher Weg 14/16**, Wohn- und Geschäftshaus, 1905–06 von Hermann Valtink, Café/Konditorei-Laden, 1959 von Gerhard Malachowski
650 **Neheimer Straße 7**, Beamtenwohnhaus, 1877–78 von den Städtischen Wasserwerken
651 **Reiherwerder, Landhaus Borsig**, 1911–13 von Eugen Schmohl & Alfred Salinger (D), Stall- und Wagengebäude, Eingangstor mit Pförtnerhaus, 1905 von Erich Blunck (*siehe Gartendenkmal* Reiherwerder)
652 **Schloßstraße 7–10**, Straßenbahnwagendepot, Verwaltungsgebäude und Wirtschaftsgebäude, 1899–1900 von der technischen Abteilung der Großen Berliner Straßenbahn
653 **Schloßstraße 24**, Mietshaus, 1874–75 von E. Plage (D)
654 **Schloßstraße 25**, Mietshaus, 1900–01 von C. Fuchs (D)
655 **Schwarzer Weg, Tegeler Segelclub e. V.**, Clubhaus, 1920, Erweiterung 1928 von Gustav Müller
656 **Sterkrader Straße 47, ev. Martinus Kirche**, 1962–63 von Eduard Ludwig
Namslaustraße 59/61
657 **Sterkrader Straße 49/59**, ehem. Fabrikanlage mit Verwaltungsgebäude, Hallengebäude mit Einfriedung, 1941, Bürogebäude, 1937 von der Bauabteilung der Rheinmetall-Borsig AG (D)
Neheimer Straße 56/60
658 **Straße 22 Nr. 2/10**, Büro- und Wohngebäude, 1922 von Georg Klingenberg & Werner Issel (*siehe Ensemble* Straße 22 Nr. 2/10)
Otisstraße 53/57
659 **Tegeler Hafen, Hafenbrücke**, Fußgängerbrücke, 1908–09 von Steffens & Nölle, Brückenkopf-Torbauten, 1921 von Hornig
660 **Treskowstraße 5**, Wohnhaus, 1888 von C. Richter, Waschküchenanbau, 1898, Stall, 1910
661 **Treskowstraße 26/32, Franz-Marc-Schule und Julius-Leber-Oberschule**, 1901–02, Erweiterung 1904–05 von Dietel; Seitenflügel, 1906–07 von Fahrenkrog; Doppelturnhallenanbau, 1957–58 vom Hochbauamt Reinickendorf
662 **Valentinswerder 3–4, Villenkolonie Valentinswerder**, Doppelwohnhaus, 1875 von Paul Haberkern
663 **Valentinswerder 5, Villenkolonie Valentinswerder**, Wohnhaus mit Einfriedung und Gartenpavillon, 1875 von Paul Haberkern
664 **Valentinswerder 32, Villenkolonie Valentinswerder**, Wohnhaus mit Einfriedung, 1902 von Paul Florian
665 **Valentinswerder 82, Villenkolonie Valentinswerder**, Wohnhaus, 1889, Umbau und Einfriedung, 1929–30 von Karl Hermann
666 **Valentinswerder 83, Villenkolonie Valentinswerder**, Sommerhäuschen, um 1880/90, Anbau, 1900–01 von W. Tiebecke
667 **Valentinswerder 84, Villenkolonie Valentinswerder**, Wohnhaus, um 1870, Erweiterung 1889, Erweiterung 1892 von Hermann Streubel
668 **Veitstraße 28**, Mietshaus, 1889–90; Aufstockung, Seitenflügel, Quergebäude und Werkstattbau, 1908, beides von Hermann Valtink
669 **Veitstraße 39**, Mietshaus, 1909–10
670 **Wilhelm-Blume-Allee 1/19, Städtischer Friedhof Tegel**, Friedhofskapelle, 1899–1900, Erbbegräbnis der Familie Marzahn, 1905 von G. Schleicher & Co.
671 **Wittestraße 37, Russisch-Orthodoxer-Friedhof**, Friedhofskapelle, Inspektorwohnhaus, Einfriedung und Eingangstor, 1893–94 von Albert Bohm (D) (*siehe Gartendenkmal* Wittestraße 37)

672 **Ziekowstraße 80/88, Hoffmann v. Fallersleben-Schule**, Schulgebäude mit Turnhalle und Kindergarten, 1957–58 von Alexander Zenk
Altenhofer Weg

673 **Ziekowstraße 161/163, Grünes Haus** (Jugendgästehaus des Senats von Berlin), Jugend-Erziehungsheim mit Einfriedung, Direktorwohnhaus und Werkstattgebäude, 1914 von Franz Hildebrandt

Gartendenkmale

674 **Adelheidallee**, Allee, mit Halbmeilenstein

675 **Adelheidallee 17/21, Schloßpark Tegel**, nach 1766 bis Anfang 19. Jh., ab 1802 von Karl Friedrich Schinkel (D)
(*siehe Gesamtanlage* Adelheidallee 17/21)

676 **Reiherwerder, Villengarten Borsig**, Villengarten, 1913 von Körner & Brodersen (D) (*siehe Einzeldenkmal* Reiherwerder)

677 **Wittestraße 37, Russisch-Orthodoxer-Friedhof**, 1892 von Albert Bohn (D) (*siehe Einzeldenkmal* Wittestraße 37)

Waidmannslust

Denkmalbereiche (Gesamtanlagen)

678 **Nach der Höhe 12–13**, Miethäuser, 1906–07 von Albert Mehl

679 **Oraniendamm 40–43, Pumpstation Waidmannslust**, Beamtenwohnhaus, Maschinenhaus und Wirtschaftsgebäude, 1913–14 vom Kanalbauamt Waidmannslust-Lübars
Dianastraße 1–6

680 **Oraniendamm 66–72, Volta Werke** mit Fabrikationsgebäude, 1888 von F. Fährmann; Verwaltungsbau, 1959–60 von Herbert Noth; Montagehalle, 1959–60 von Anton Schmittlein

681 **Waidmannsluster Damm 82/88A**, Wohnanlage, 1953–54 von G. Beyer & A. Hegner
Bondickstraße 31–35

682 **Zabel-Krüger-Damm 3/5**, Miethausgruppe, 1926–27 von Kurt Heinrich Tischler
Benekendorffstraße 16/18
Gutachstraße 22–29

Einzeldenkmale

683 **Am Dianaplatz 4–5**, Doppelwohnhaus mit Vorgarteneinfriedung, 1913 von Reinhold Lange

684 **Artemisstraße 10**, Wohnhaus, 1899 von Curt Hauffe (?)

685 **Artemisstraße 18/26, Münchhausen-Grundschule**, 1900–01 von Emil Bopst; Erweiterungsflügel, 1936–37 von Haase; Turnhalle, 1909

686 **Bondickstraße 1–4, Résidence du Général**, Villa mit Wirtschaftsgebäude, Vorgarteneinfriedung mit Eckpavillon und zwei Torbauten, 1910 von Emil Bopst
Waidmannsluster Damm 154/160

687 **Bondickstraße 6**, Wohnhaus (Typenholzhaus), 1892

688 **Bondickstraße 14, ev. Königin-Luise-Kirche** mit Einfriedung, 1912–13 von Robert Leibnitz; Umbauten, 1960–61 von Walter Krüger; Jubiläumsbrunnen, 1925 von Josef Breitkopf-Cosel

689 **Bondickstraße 18–20**, Wohnhaus, 1926–27 von Hermann Bamm

690 **Bondickstraße 22**, Wohnhaus mit Vorgarteneinfriedung, 1910 von Albert Mehl

691 **Bondickstraße 76**, ev. Pfarrhaus mit Vorgarteneinfriedung, 1910–11 von Robert Leibnitz

692 **Bondickstraße 78**, Wohnhaus, 1930 von Leo Nachtlicht

693 **Dianastraße**, Eisenbahnviadukt, 1910–12 von der Königlichen Eisenbahndirektion Berlin

694 **Dianastraße 12**, Wohnhaus mit Remise, 1907–08 von Ernst Fröhlich (D)

695 **Dianastraße 22**, Miethaus, 1902 von Ernst Busse

696 **Dianastraße 41–46**, Villa mit Wirtschaftsbauten, 1908 von Ernst Fröhlich

697 **Dianastraße 49**, Villa, 1890 von Hermann Enders (?)

698 **Hubertusstraße 5**, Wohnhaus mit Vorgarteneinfriedung, 1908 von Max Mader

699 **Hubertusstraße 6**, Wohnhaus mit Vorgarteneinfriedung, 1907 von Albert Mehl

700 **Nimrodstraße 1**, Wohnhaus, 1899 von der Königlichen Eisenbahndirektion Berlin
Cyclopstraße

701 **Nimrodstraße 25/27**, Wohnhaus, 1897 von H. Apitz

702 **Nimrodstraße 29**, Wohnhaus, 1902 von Ernst Busse

703 **Nimrodstraße 46/48**, Doppelwohnhaus mit Vorgarteneinfriedung, 1910–14 von Max Brinkmann

704 **Nimrodstraße 53**, Wohnhaus (Typenholzhaus), 1892

705 **Nimrodstraße 54**, Wohnhaus (Typenholzhaus), 1924–25 von Höntsch & Co

706 **Nimrodstraße 91**, Wohnhaus, Garage und Einfriedung, 1937–39 von A. Jürgensen & C. Börner

707 **Waidmannsluster Damm 98**, Villa mit Vorgarteneinfriedung, 1894 von Franz Wähler

708 **Waidmannsluster Damm 112/114**, Wohnhaus mit Vorgarteneinfriedung, 1910 von Albert Mehl

709 **Waidmannsluster Damm 117**, Wohnhaus, 1893 von Franz Wähler

710 **Waidmannsluster Damm 122**, Wohnhaus, 1888

711 **Waidmannsluster Damm 138, Wohnhaus Bondick mit Remise**, 1885 von Carl Sott

712 **Waidmannsluster Damm 152**, Wohnhaus, 1886 von F. Hoff

713 **Waidmannsluster Damm 155**, Miethaus mit Vorgarteneinfriedung, 1906–07 von Ernst Busse

714 **Waidmannsluster Damm 157**, Miethaus mit Laden, 1903–04 von Emil Bopst

715 **Waidmannsluster Damm 170**, Miethaus mit Vorgarteneinfriedung, 1893 von August Seeger

716 **Waidmannsluster Damm 179, S-Bahnhof Waidmannslust**, Bahnhof und Brücke, 1909–10 von Carl Cornelius und Doergé

717 **Zabel-Krüger-Damm 17**, Miethaus mit Stall, 1892 von Wilhelm Wartenberg (?)

718 **Zabel-Krüger-Damm 50/52, Wohnsiedlung Rollberge**, Wohnhochhaus, 1969–71 von Hans Scharoun
Waldshuter Zeile

719 **Zehntwerderweg 41, Jagdschloß Mehlich**, 1890 von Wilhelm Prescher (D)
Straße 30

Gartendenkmale

720 **Dianaplatz**, Stadtplatz, um 1900

721 **Waidmannsluster Damm, Steinbergpark**, Öffentliche Grünanlage, um 1928 von F. Kuhrt (?) und Karl Loewenhagen (?)
(*siehe Denkmalliste REI/WIT, Gartendenkmal* Waidmannsluster Damm)

Wittenau

Denkmalbereiche (Ensembles)

722 **Alt-Wittenau 37–38, Ortskern Wittenau** mit Dorfanger und Straße Alt-Wittenau
Einzeldenkmale siehe: Alt-Wittenau, Dorfanger; 37; 38
Gartendenkmal siehe: Alt-Wittenau, Dorfanger

723 **Alt-Wittenau 34, 64–66, Ortskern Wittenau**
Einzeldenkmale siehe: Alt-Wittenau 34; 66
Weitere Bestandteile des Ensembles:
– Alt-Wittenau 64, Pfarrhaus, 1865
– Alt-Wittenau 65, Gesellschaftshaus Wittenau, Wohnhaus mit Gaststätte, um 1860, Erweiterungen und Umbau, 1893 und 1921; Einbau von Läden, um 1930

724 **Eichborndamm 105/177**, ehem. Deutsche Waffen- und Munitionsfabriken (DWM), Produktions-, Verwaltungs- und Lagergebäude, überwiegend 1906–18 und 1934–42
Holzhauser Straße
Miraustraße 10/30, 38, 42
Gesamtanlage siehe: Eichborndamm 105/177
Weitere Bestandteile des Ensembles:
– Miraustraße 10/14, Stahllager (Geb. Nr. 24), 1906, Erweiterungen (Geb. Nr. 78), 1913 und 1941
– Miraustraße 10/14, Teile des Kessel- und Maschinenhauses (Geb. Nr. 23), 1906
– Miraustraße 10/14, Presserei und Kugelhärterei (Geb. Nr. 5), 1906 und 1910, Umbauten 1935 und 1970
– Miraustraße 10/14, Betriebswerkstatt (Geb. Nr. 12), 1915
– Miraustraße 16/28, Büro- und Montagehalle (Geb. Nr. 79/80), 1940, Umbau 1960
– Miraustraße 16/28, Montagehalle (Geb. Nr. 52), 1939–42
– Miraustraße 16/28, Pförtnerhaus (Geb. Nr. 83), 1940

725 **Eichborndamm 274, 276–288, 290** Wohnhäuser und Gemeindebauten, 1860–1905
Einzeldenkmale siehe: Eichborndamm 274/284; 277; 279
Weitere Bestandteile des Ensembles:
– Eichborndamm 283, Wohnhaus, um 1860, Stall, 1898
– Eichborndamm 285, Wohnhaus, um 1860, Waschküche, 1898, Stall- und Scheune, 1911
– Eichborndamm 286, Gemeindearmenhaus Wittenau, um 1886
– Eichborndamm 287, Mietshaus mit kaiserl. Postamt Dalldorf und Remise, 1905 von Otto Willing
– Eichborndamm 288, Wohnhaus und Stall, 1874 von Gentz, Scheune, 1880
– Eichborndamm 290, Wohnhaus und Stall, 1892, Umbauten 1908–09

726 **Räuschstraße 1–17 A, 57A-74, Kolonie Borsigwalde**, Werkssiedlung der Fa. A. Borsig, Berlin-Tegel, 1899–1901
Conradstraße 2
Ernststraße 60/68
Holzhauser Straße 69/75
Schubartstraße 7/15, 32/36, 38–41, 43/47
Gesamtanlage siehe: Räuschstraße 2–17A …
Einzeldenkmal siehe: Schubartstraße 7
Weitere Bestandteile des Ensembles:
– Räuschstraße 1/Holzhauser Straße 73/75, Mietshäuser, 1921 von der Bauabteilung der Fa. A. Borsig
– Räuschstraße 74/Holzhauser Straße 69/71, Mietshäuser, 1921 von der Bauabteilung der Fa. A. Borsig
– Schubartstraße 32/40, Kolonie Borsigwalde, Mietshausgruppe, 1899–1900 von der Berliner Baugenossenschaft mbH

Denkmalbereiche (Gesamtanlagen)

727 **Breitenbachstraße 7–9, EDEKA Berlin GmbH**, Verwaltungskopfbau, zwei Lagerhallen und Pförtnerhaus, 1957–58 von Henry König

728 **Conradstraße 51–78**, Wohnanlage, 1936–37 von Fritz Buck
Borsigwalder Weg 17/27

729 **Eichborndamm 105/127**, ehem. Deutsche Waffen- und Munitionsfabriken (DWM), Bürotrakt der Kugellagerfabrik (Geb. Nr. 2), Erweiterung 1912; Pförtnerhäuschen (Geb. Nr. 28) und Kantinengebäude (Geb. Nr. 26); Pförterhäuschen (Geb. Nr. 31); Kantinengebäude (Geb. Nr. 25); Bürogebäude (Geb. Nr. 53); Lagergebäude (Geb. Nr. 32); Härterei (Geb. Nr. 39); 1915 von Boswau & Knauer, Anbau 1935, Bürogebäude (Geb. Nr. 55); Bürogebäude (Geb. Nr. 56); Schaftholzlager (Geb. Nr. 42) und Betriebswerkstatt und Zimmerei (Geb. Nr. 43/45) 1906–18 zum großen Teil von Alfred Kühn (D); Hammerschmiede (Geb. Nr. 34), 1915 von O. Leithoff, Belter & Schneevogtsche Werke AG, Erweiterungen 1934 und 1937; Industriehalle (Geb. Nr. 46), 1939; Shedhalle und Bürotrakt (Geb. Nr. 87); Kasino- und Bürogebäude (Geb. Nr. 88); Shed-Lagerhalle (Geb. Nr. 89); Rampen-Gebäude (Geb. Nr. 90), um 1941; Verwaltungskopfbau (Geb. Nr. 91) mit Hallenanbau (Geb. Nr. 81, 82, 85), 1941; Hallen- und Bürogebäude (Geb. Nr. 92), 1941, Erweiterungen, 1942 (*siehe Ensemble* Eichborndamm 105/177)
Miraustraße 10/30, 38, 42

730 **Eichborndamm 238/240, Gutshof der Dalldorfer Irrenanstalt,** Koloniegebäude A und B, 1887 von Erdmann (D)

731 **Fräsersteig 2/86, Siedlung Roter Adler**, Mehr- und Einfamilienreihenhäuser, 1937–38 von Wolfgang Werner
Roedernallee 57–62

732 **Grünlandweg 4/10, 9/29, Siedlung Grünland**, 1926–27 von Erwin Gutkind
Am Kesselpfuhl 57/61, 67/71
In den Kaveln 8/10, 11

733 **Jacobsenweg 41/63, Sauerstoffwerk Borsigwalde – Gesellschaft für Lindes Eismaschinen AG (D), Böhmisches Brauhaus,** Wohnhaus mit Eiskeller und Lagerhalle, 1908–09 von Ernst Sembritzki; Verwaltungsgebäude, Maschinenhallen und Garagen, 1911–29; Abfüllgebäude für Sauerstoflaschen, 1937–38 von Ernst Ziesel

734 **Lübarser Straße 8/38, Werkzeugmaschinenfabrik Herbert Lindner**, Fabrikanlage mit Garten, 1932–40 von Martin Punitzer, Hoppe & Simon (D) (*siehe Gartendenkmal* Lübarser Straße 8/38)

735 **Lübarser Straße 40/46, Fahrzeugfabrik F. G. Dittmann**, Verwaltungsgebäude, Pförtnerhaus und Montagehallen, 1913–14 von Bruno Buch

736 **Miraustraße 46/56, RABOMA- Maschinenfabrik Hermann Schoening** mit Fabrikationshalle, 1914–15, von Bruno Buch und Pförtnerhaus, 1939 von Georg Hell (D)
Holzhauser Straße 121/139

737 **Oranienburger Straße 78–80A**, Mietshausgruppe mit Postamt, 1929 von Alfred Gerschel
Roedernallee 92–94

738 **Oranienburger Straße 186–193, Neubau Bahnhofsvorplatz,** Mietshäuser, 1927 von Helmut Grisebach & Heinz Rehmann

739 **Oranienburger Straße 218–220**, Mietshausgruppe, 1924 von Kalkmann
Alt-Wittenau 15–17
Frommpromenade 1/3

740 **Oranienburger Straße 221–228, Siedlung Wittenau**, Wohnanlage, 1927–28 von Hermann Muthesius (*siehe Gartendenkmal* Oranienburger Straße 221–228)
Alt-Wittenau 74–85 A
Jathoweg 1–23, 25/27
Taldorfer Weg 1–16
Techowpromenade 2/32

741 **Oranienburger Straße 230–284, Siedlung Wittenau**, Miets- und Doppelwohnhäuser, 1924–26 von Hermann Muthesius
Elsenpfuhlstraße 1–11, 12/28, 32/34, 37–60
Im Wolfsgartenfeld 1/5, 6–25
Jansenstraße 4/8, 9–13, 14/20
Kossätenstraße 4/14
Rathauspromenade 2/58
Treutelstraße 3–11

742 **Oranienburger Straße 285, Karl-Bonhoeffer-Nervenklinik**, 1877–79 von Hermann Blankenstein (D)

743 **Pannwitzstraße 42/58 A, Siedlung Stadtpark**, Reihenwohnhäuser, 1938–39 von Wolfgang Werner
Olbendorfer Weg 16/20

744 **Räuschstraße 2–17 A, 57A–73, Kolonie Borsigwalde**, Miestshäuser, 1899–1901 von der Bauabteilung der Fa. A. Borsig, Tegel (*siehe Ensemble* Räuschstraße 1–17A …)
Ernststraße 60/68
Schubartstraße 9/15, 39/47

745 **Techowpromenade 35/43, kath. St-Nikolaus-Kirche** mit Pfarr-, Gemeindehaus, Kindertagesstätte und Pergola zwischen Kirche und Pfarrhaus, 1959–61 von Heinz Völker & Rolf Grosse
Alt-Wittenau
Spießweg 1/3

746 **Tietzstraße 44–59**, Wohnanlage, 1939–40 von Fritz Buck
Borsigwalder Weg 50/54, 60/64
Schubartstraße 68, 72/82
Klinnerweg 55–73

747 **Trettachzeile 15, Wasserwerk der Landgemeinde Tegel**, Verwaltungs- und Wohngebäude, um 1898, Wohn- und Verwaltungsbau, Werkstattgebäude 1927–28 von Swytter, Pförtnerhaus 1957–58 von der Bauabteilung der Berliner Städtischen Wasserwerke AG

748 **Weinbrennerweg 1–10B**, Wohnhauszeilen, 1931 von Erwin Anton Gutkind
Knauerstraße 2–19
Roedernallee 158–164
Thyssenstraße 14/22

749 **Wilhelm-Gericke-Straße 10–14F**, Wohnhauszeilen, 1956–58 von Gerhard Riwalsky

Einzeldenkmale

750 **Alt-Wittenau, Dorfanger, ev. Dorfkirche**, Ende 15. Jh.; Dachturm, 1799; Umbauten um 1830, 1956–57 von Erich Rißmann und Eisenguß-Grabstele neben dem Westportal der Dorfkirche, nach 1799 (*siehe Ensemble* Alt-Wittenau 37–38 *und Gartendenkmal* Alt-Wittenau)

751 **Alt-Wittenau 8–12, Max-Eyth- und Johannes-Lindhorst-Oberschule**, 1928–31 von Jean Krämer und Hans Krecke

752 **Alt-Wittenau 21–22**, Miethausgruppe, 1924 von Fritz Buck

753 **Alt-Wittenau 31, Haus Rißmann**, 1921 von Gotthold Rißmann

754 **Alt-Wittenau 32 A, Villa Schultze**, 1894 von Franz Wähler, Vorgarteneinfriedung, 1910

755 **Alt-Wittenau 34, Hof Witte**, Villa mit Vorgarten- und Hofeinfriedung 1892; Scheune (Werkstatt), 1894, Wagenremise, 1895; Lager- und Bürogebäude, Wiederaufbau nach 1945; Stall, 2. Hälfte 19. Jh.; Garageneinbau, 1930–31 (*siehe Ensemble* Alt-Wittenau 34 …)

756 **Alt-Wittenau 37, Bauernhof Siedtmann**, Wohnhaus, 1895 von Johannes Ernst, Stall (Wohnhaus) 1889 von C. Richter, Scheune (Wohnhaus) um 1890 (D) (*siehe Ensemble* Alt-Wittenau 37–38)

757 **Alt-Wittenau 38, Lehnschulzenhof Rosentreter**, Wohnhaus, 1865; Stall (Wohnhaus) 1855 und 1882; Scheune (Wohnhaus) 1895; Pferdestall (Wohnhaus) um 1870; Kutscher- und Remisenhaus (Wohnhaus) 1908 von Carl Behrend (D) (*siehe Ensemble* Alt-Wittenau 37–38)

758 **Alt-Wittenau 56, Restaurant zur Dorfaue**, um 1860, Stall 1893, Restaurant und Stubenanbau 1896

759 **Alt-Wittenau 66, Gutshof Wittenau**, Wohnhaus (Gartenbauamt), um 1810, Scheune mit Kuhstall (Gartenbauamt) 1886 von Erdmann, Erweiterung 1929, Umbau 1960 (*siehe Ensemble* Alt-Wittenau 34 …)

760 **Alt-Wittenau 69, Kossätenhof Niether**, Wohnhaus, um 1873, Holzveranda 1911, Stall um 1870, Scheune 1894, Vorgarteneinfriedung 1910 (*siehe Gartendenkmal* Alt-Wittenau 69)

761 **Alt-Wittenau 89–91, Geschi-Brotfabrik**, Hallenanbau und Einfriedung, 1933 von Julius Lichtenstein

762 **Alt-Wittenau 95, Mühlengehöft Graetz**, Wohnhaus und Einfriedung, 1880 von Carl Sott

763 **Altenhofer Weg 16, Haus Söll** mit Garage, 1964–65 von Heinz Schudnagies

764 **Am Grüngürtel 9/11, Siedlung Wolfsgarten**, Doppelwohnhaus, 1926 von Erwin Anton Gutkind

765 **Am Priesteracker 6 A/8, Siedlung Steinberg**, Doppelwohnhaus, 1925 von Erwin Anton Gutkind

766 **Am Priesteracker 17/19, Siedlung Steinberg**, Wohnhaus, 1925–26 von Erwin Anton Gutkind

767 **Breitenbachstraße 24–29, Hauptpostwerkstatt für Postkraftwagen**, Wohn- und Verwaltungsgebäude, 1925 von Willy Hoffmann (*siehe Gartendenkmal* Breitenbachplatz 24–29)
Innungsstraße 2

768 **Breitenbachstraße 32, Um- und Abspannwerk Wittenau**, 1925–29 von Hans Heinrich Müller

769 **Cyclopstraße**, Pissoir, um 1910

770 **Eichborndamm 180/182, Siedlung Stadtpark**, Doppelwohnhaus, 1924–25 von Erwin Anton Gutkind

771 **Eichborndamm 215/239, Rathaus Reinickendorf**, 1910–11 von Fritz Beyer, Erweiterungen 1950–55 und 1955–57 vom Hochbauamt Reinickendorf, Vorplatz mit Ostseebrunnen, 1957 von Schultze-Seehof

772 **Eichborndamm 274/284, Gemeindeschule und Gemeindebüro Dalldorf**, um 1900 (*siehe Ensemble* Eichborndamm 274/290)

773 **Eichborndamm 277, Dessinsche Häuser**, Wohnhaus und Stallgebäude, 1893 von H. Reimer (*siehe Ensemble* Eichborndamm 274/290)

774 **Eichborndamm 279, Dessinsche Häuser**, Wohnhaus mit Stallgebäude, 1893 von H. Reimer (D) (*siehe Ensemble* Eichborndamm 274/290)

775 **Gorkistraße 180/182, Siedlung Grünland**, Doppelwohnhaus, 1925 von Erwin Anton Gutkind

776 **Gorkistraße 202, Siedlung Grünland**, Wohnhaus, 1925 von Erwin Anton Gutkind

777 **Gorkistraße 210, Siedlung Grünland**, Wohnhaus, 1924–25 von Erwin Anton Gutkind

778 **Olbendorfer Weg 9/11, Siedlung Stadtpark**, Doppelwohnhaus, 1925 und 1937 von Erwin Anton Gutkind

779 **Oranienburger Straße 34–35, Villa Humboldthöhe**, Wohnhaus (Fachwerk) und Fachwerkremise, 1875 von Carl Reuter, Villa 1889 von C. Bredereck

780 **Oranienburger Straße 70–71**, Doppelwohnhaus, 1924 von Hans Krecke und Reppin

781 **Oranienburger Straße 73**, Wohnhaus mit Vorgarteneinfriedung, 1924 von Hans Krecke und Reppin

782 **Oranienburger Straße 75**, Wohnhaus mit Vorgarteneinfriedung, 1924 von Hans Krecke und Reppin

783 **Oranienburger Straße 77**, Wohnhaus mit Vorgarteneinfriedung, 1924 von Hans Krecke und Reppin

784 **Oranienburger Straße 80B**, Tankstelle, 1931 von der Reichskraftsprit GmbH
Roedernallee
785 **Oranienburger Straße 98A-B, S-Bahnhof Wittenau (Nordbahn)**, Empfangshalle und Bahnsteig mit Aufbauten, 1909–10 von Karl Cornelius, Ernst Schwartz und Lücking, Verlängerung des Bahnsteiges 1977, Umbau um 1987
786 **Oranienburger Straße 170/172, Maschinenfabrik M. E. Queitzsch KG**, Bürokopfbau und Montagehalle, 1935–36 von Martin Punitzer, Pförtnerhaus und Lagerschuppen 1937 von Martin Punitzer, Fabrikgebäude (Stahlbetonskelettbau), 1940 von Wilhelm Wittjen
787 **Oranienburger Straße 204, Landhaus Bausdorf**, 1909–10 von Paul Sommerschuh (D)
788 **Pannwitzstraße 27, Siedlung Stadtpark**, Wohnhaus, 1927 von Erwin Anton Gutkind
789 **Pannwitzstraße 45, Siedlung Stadtpark**, Wohnhaus, 1929 von Erwin Anton Gutkind
790 **Pannwitzstraße 85/87, Siedlung Stadtpark**, Doppelwohnhaus und Ställe, 1924–25 von Erwin Anton Gutkind
791 **Räuschstraße 18–20, kath. Allerheiligen Kirche**, Pfarrhaus, 1938 von Carl Dirk, Kirchenanbau, 1955 von Felix Hinssen
792 **Rathauspromenade** (gegenüber 20, 44), Grenzsteine, um 1869
793 **Roedernallee 118, Mühlengehöft Graetz**, Wohnhaus, um 1850, Seitenwohngebäude 1873 von F. Heine und C. Behrendt, Gaststättenumbau und Einfriedung des Schankgartens an der Roedernallee 1909–10, Stall 1877 von F. Heine und C. Behrendt, Hofeinfriedung an der Straße Alt-Wittenau um 1890
Alt-Wittenau
794 **Rosentreterpromenade 17, Siedlung Steinberg**, Wohnhaus, 1925 von Erwin Anton Gutkind
795 **Rosentreterpromenade 29, Siedlung Steinberg**, Wohnhaus, 1925 von Erwin Anton Gutkind
796 **Rosentreterpromenade 31/33, Siedlung Steinberg**, Doppelwohnhaus, 1925 von Erwin Anton Gutkind
797 **Rotbuchenweg 10/12, Siedlung Stadtpark**, Doppelwohnhaus, 1924–25 von Erwin Anton Gutkind (D)
798 **Sangestraße 8/10, Siedlung Grünland**, Doppelwohnhaus, 1926 von Erwin Anton Gutkind
799 **Schubartstraße 7**, Mietshaus, 1921 von der Bauabteilung der Fa. A. Borsig (*siehe Ensemble* Räuschstraße 1–17A …)
800 **Sommerfelder Straße 2/12**, Mietshausgruppe mit Postamt, 1929 von Alfred Gerschel
Conradstraße 5/7
Jacobsenweg 4/6

801 **Sommerfelder Straße 5/7, Benjamin-Franklin-Oberschule**, Doppelschule mit Turnhalle, 1914 von Fritz Beyer
802 **Thiloweg 1, Siedlung Wolfsgarten, Haus Siebenhaar**, Wohnhaus, 1925–26 von Erwin Anton Gutkind
803 **Thiloweg 2, Städtischer Friedhof Wittenau**, Feierhalle und Einfriedung, 1907–08 von Georg Klinner
804 **Tietzstraße 26/28, Stötzner-Sonderschule** mit Stall- und Toilettengebäuden, 1900–06 von Georg Klinner
805 **Wallenroder Straße 4**, Fernheizwerk mit Schornstein und Gleisanschluß, 1966–72 von Fridtjof F. Schliephacke und Haseloff, Gasag-Reglerhäuschen 1967
806 **Wittenauer Straße 68/70**, Luftschutzbunker, um 1940 vom Baustab Speer
807 **Wittenauer Straße 76/80**, Luftschutzbunker, um 1940 vom Baustab Speer

Gartendenkmale

808 **Alt-Wittenau, Dorfanger** (*siehe Ensemble* Alt-Wittenau 37–38 *und Einzeldenkmal* Alt-Wittenau)
809 **Alt-Wittenau 69**, Vorgarten (*siehe Einzeldenkmal* Alt-Wittenau 69)
810 **Am Rathauspark, Rathauspark**, Öffentliche Grünanlage, um 1934
811 **Breitenbachstraße 24–29**, Vorgarten, 1924–25 (?) (*siehe Einzeldenkmal* Breitenbachstraße 24–29)
812 **Gorkistraße, Triftpark**, Öffentliche Grünanlage, um 1928
813 **Lübarser Straße 8/38, Fabrikgarten der Werkzeugmaschinenfabrik Herbert Lindner**, 1932 von Richard und Ludwig Lesser (D) (*siehe Gesamtanlage* Lübarser Straße 8/38)
814 **Oranienburger Straße, Volkspark Wittenau**, Öffentliche Grünanlage, 1924–27 von Karl Loewenhagen
815 **Oranienburger Straße 221–228, Innenhöfe und Vorgärten der Siedlung Wittenau**, 1929 (*siehe Gesamtanlage* Oranienburger Straße 221–228)
Alt-Wittenau 74–85 A
Jathoweg 1–23, 25/27
Taldorfer Weg 1–16
Techowpromenade 2/32
816 **Rosentreterpromenade**, Promenade, um 1928
817 **Waidmannsluster Damm, Steinbergpark**, Öffentliche Grünanlage, um 1928 von F. Kuhrt (?) und K. Loewenhagen (?) (*siehe Denkmalliste Waidmannslust, Gartendenkmal* Waidmannsluster Damm)

LITERATUR

Amann, Renate; von Neumann-Cosel, Barbara: Freie Scholle. Ein Name wird Programm. 100 Jahre Gemeinnützige Baugenossenschaft »Freie Scholle« zu Berlin eG, Berlin 1995

Bezirksamt Reinickendorf, Kunstamt/Heimatmuseum (Hrsg.): Das letzte Berliner Dorf. 750 Jahre Lübars, Berlin 1997

Engel, Helmut (Hrsg.): Die Humboldt-Mühle. Mittelalterliche Wassermühle, Großmühle, Büro- und Hotel-Centrum, Berlin 1993

Hierl, Rudolf: Erwin Gutkind 1886–1968. Architektur als Stadtraumkunst, Basel, Berlin, Boston 1992

Hildebrandt, Bernd und Rosemarie; Knop, Christiane (Hrsg.): Gartenstadt Frohnau. Frohnauer Bürger erforschen ihren Ortsteil von der Gründung bis heute, Berlin 1985

Hildebrandt, Bernd; Schlickeiser, Klaus: Dalldorf – Wittenau. Bürger erforschen ihren Ortsteil, hrsg. vom Bezirksamt Reinickendorf, Volkshochschule, Berlin 1987

Hoff, Sigrid: Streifzüge durch Berlin. Denkmale der Vergangenheit für die Stadt von morgen, Bde. 1 und 2, Berlin 1985 und 1986

Koischwitz, Gerd: Hermsdorf. Vom Rittergut zur Gartenstadt (= Chronik des Bezirkes Reinickendorf, Teil 1) hrsg. vom Förderkreis für Kultur und Bildung in Reinickendorf e. V. in Zusammenarbeit mit dem Heimatmuseum Reinickendorf, 2. überarb. Aufl. Berlin 1989

Koischwitz, Gerd: Sechs Dörfer in Sumpf und Sand. Geschichte des Bezirkes Reinickendorf von Berlin, Berlin 1983

Lampeitl, Jürgen; Ude, Albert; Wendlandt, Wolf-Borwin: Martin Albrecht Punitzer, Architekt. Eine Collage von …, Berlin 1987

Landesdenkmalamt (Hrsg.): Denkmalpflege nach dem Mauerfall. Eine Zwischenbilanz. Jahrbuch 1995 (= Beiträge zur Denkmalpflege in Berlin, Heft 10), Berlin 1997

Landesdenkmalamt (Hrsg.): Denkmalschutz und Denkmalpflege in Berlin. Jahrbuch 1994 (= Beiträge zur Denkmalpflege in Berlin, Heft 7), Berlin 1996

Lindner, Helmut; Schmalfuß, Jörg: 150 Jahre Borsig Berlin-Tegel (= Schriftenreihe des Museums für Verkehr und Technik Berlin, Bd. 7), Berlin 1987

Mechow, Max: Frohnau. Die Berliner Gartenstadt, 2. neu bearb. Aufl. Berlin 1985

Müller, Jörg: Heiligensee. Ein Angerdorf im Wandel der Zeit (= Chronik des Bezirkes Reinickendorf von Berlin, Teil 3), hrsg. vom Förderkreis für Kultur und Bildung in Reinickendorf e.V in Zusammenarbeit mit dem Heimatmuseum Reinickendorf, 2. veränd. Aufl. Berlin 1990

Müller, Jörg: Konradshöhe. Vom Hinterfeld zum Luftkurort (= Chronik des Bezirkes Reinickendorf von Berlin, Teil 2), hrsg. vom Förderkreis für Kultur und Bildung in Reinickendorf e.V in Zusammenarbeit mit dem Heimatmuseum Reinickendorf 2. veränd. Aufl. Berlin 1990

Müller, Jörg: Vom Heiligenseer Hinterfeld zum Luftkurort Konradshöhe-Tegelort. Daten und Ereignisse aus der Geschichte eines Ortsteils im Bezirk Reinickendorf, Berlin 1987

Norbert Huse (Hrsg.): Verloren, gefährdet, geschützt – Baudenkmale in Berlin, Katalogbuch zur gleichnamigen Ausstellung des Senators für Stadtentwicklung und Umweltschutz im ehemaligen Arbeitsschutzmuseum Berlin-Charlottenburg (7. 12. 1988–5. 3. 1989), Berlin 1988

Norbert Huse (Hrsg.): Vier Berliner Siedlungen der Weimarer Republik. Britz, Onkel Toms Hütte, Siemensstadt, Weiße Stadt, 2. Aufl. des Kataloges »Siedlungen der 20er Jahre – heute« zur gleichnamigen Ausstellung im Bauhaus-Archiv (24. 10. 1984–7. 1. 1985), Berlin 1987

Pauls, Walter; Tessendorff, Wilhelm (Hrsg.): Der Marsch in die Heimat. Ein Heimatbuch des Bezirks Berlin-Reinickendorf, Frankfurt am Main 1937

Pomplun, Kurt: Berlins alte Dorfkirchen, 6. Aufl. Berlin 1984

Rach, Hans-Jürgen: Die Dörfer in Berlin. Ein Handbuch der ehemaligen Landgemeinden im Stadtgebiet von Berlin, Berlin 1988

Rave, Paul Ortwin: Wilhelm von Humboldt und das Schloß zu Tegel, 2. Aufl. Berlin 1956

Reibe, Axel: Reinickendorf (= Geschichte der Berliner Verwaltungsbezirke, Bd. 4), Berlin 1988

Sandvoß, Hans-Rainer: Widerstand in Pankow und Reinickendorf (= Schriftenreihe Widerstand in Berlin von 1933 bis 1945, Bd. 6), 2. veränd. Aufl. 1994

Schlickeiser, Klaus: Borsigwalde einst und jetzt. Wohnen und Industrie, hrsg. von der Arbeitsgruppe »Borsigwalde einst und jetzt«, Berlin 1989

Schmied und Gießer – zwei Torwächter von Borsigs Fabrik, Katalog zur Ausstellung im Heimatmuseum Tiergarten (4. 10. 1992–31. 1. 1993), Berlin 1992

Senator für Stadtentwicklung und Umweltschutz (Hrsg.): Baudenkmale in Berlin. Bezirk Reinickendorf. Ortsteil Reinickendorf (Denkmaltopographie Bundesrepublik Deutschland), bearb. von. Jürgen Tomisch (Baudenkmalpflege) und Rainer Schomann (Gartendenkmalpflege), Berlin 1988

Senatsverwaltung für Stadtentwicklung und Umweltschutz – Landeskonservator (Hrsg.): 1. Tag für Denkmalpflege in Reinickendorf, Juni 1987. Dokumentation der Veranstaltung der … mit dem Bezirksamt Reinickendorf, Berlin 1990

Sri Gnanawimala Maha Thera, A.; Auster, Guido; Leu, Ralf (Hrsg.): 50 Jahre Buddhistisches Haus, gegründet von Dr. Paul Dahlke, 1924–1974, im Auftrag der German Dharmaduta Society Colombo, Berlin 1974

Vorsteher, Dieter: Borsig. Eisengießerei und Maschinenbauanstalt zu Berlin, Berlin 1983

Wahlich, Ulrike: Reinickendorf 1945/46. Die erste Nachkriegszeit (= Beiträge zur Geschichte Reinickendorfs, Bd. 1), hrsg. vom Bezirksamt Reinickendorf, Heimatmuseum, Berlin 1995

Wendlandt, Wolf-Borwin; Koop, Volker (Hrsg.): Ein Stück Russland in Berlin. Die russisch-orthodoxe Gemeinde Reinickendorf, Berlin 1994

Wietholz, August: Geschichte des Dorfes und Schlosses Tegel, Berlin 1922

Wille, Klaus Dieter: 41 Spaziergänge in Reinickendorf und Wedding, Berlin 1979